全国交通土建高职高专规划教材
国家示范性高等职业院校优质核心课程改革教材

Gonglu Gongcheng Shigong Zuzhi Sheji

公路工程施工组织设计

（第二版）

陈华卫　主编
周　瑜［四川跃通公路工程监理有限公司］　主审

U0785495

人民交通出版社

内 容 提 要

本书为全国交通土建高职高专规划教材、国家示范性高等职业院校优质核心课程改革教材。全书共分六章,分别介绍了公路工程施工组织设计概论、施工组织设计原理与方法、网络计划技术、公路工程施工组织设计文件编制、计算机辅助施工组织设计、公路工程施工组织设计示例等内容,并在每章后配套相应的习题。

本书可作为交通高等职业技术教育道路桥梁工程技术专业用教材,也可供从事交通土建类与相关专业的工程技术和管理人员借鉴参考。

图书在版编目(CIP)数据

公路工程施工组织设计/陈华卫主编.—2版.--北京:人民交通出版社,2011.10
ISBN 978-7-114-09418-7

Ⅰ.①公… Ⅱ.陈… Ⅲ.①道路工程-施工组织-设计-高等职业教育-教材 Ⅳ.①U415.2

中国版本图书馆CIP数据核字(2011)第195525号

书　　名:全国交通土建高职高专规划教材
国家示范性高等职业院校优质核心课程改革教材
公路工程施工组织设计(第二版)
著 作 者:陈华卫
责任编辑:卢仲贤　黎小东
出版发行:人民交通出版社
地　　址:(100011)北京市朝阳区安定门外外馆斜街3号
网　　址:http://www.ccpress.com.cn
销售电话:(010)59757969,59757973
总 经 销:人民交通出版社股份有限公司发行部
经　　销:各地新华书店
印　　刷:北京武英文博科技有限公司
开　　本:787×1092　1/16
印　　张:11.5
字　　数:261千
版　　次:2007年9月　第1版
2011年10月　第2版
印　　次:2022年1月　第2版　第8次印刷　总第11次印刷
书　　号:ISBN 978-7-114-09418-7
定　　价:32.00元

总　　序

针对高职高专教材建设与发展问题，教育部在《关于加强高职高专教材建设的若干意见》中明确指出：先用2~3年时间，解决好高职高专教材的有无问题，再用2~3年时间，推出一批特色鲜明的高质量的高职高专教育教材，形成**一纲多本、优化配套**的高职高专教育教材体系。

2001年7月，由人民交通出版社发起组织，15所交通高职院校的路桥系主任和骨干教师相聚昆明，研讨交通土建高职高专教材的建设规划，提出了28种高职高专教材的编写与出版计划。后在交通部科教司路桥工程学科委员会的具体指导下，在人民交通出版社精心安排、精心组织下，于2002年7月前完成了28种路桥专业高职高专教材出版工作。

这套教材的出版发行，首先解决了交通高职教育教材的有无问题，有力支持了路桥专业高职教育的顺利发展，也受到了全国各高职院校的普遍欢迎。

随着高职教育教学改革的深入发展、高职教学经验的丰富与积累，以及本行业有关技术标准、规范的更新，本套教材在使用了2~3轮的基础上，对教材适时进行修订是十分必要的，时机也是成熟的。

2004年8月，人民交通出版社在新疆乌鲁木齐召开了有19所交通高职院校领导、系主任、骨干教师共41人参加的教材修订研讨会。会议商定了本套教材修订的基本原则、方法和具体要求。会议决定本套教材更名为"交通土建高职高专统编教材"，并成立了以吉林交通职业技术学院张洪滨为主任委员的"交通土建高职高专统编教材编审委员会"，全面负责本套教材的修订与后续补充教材的建设工作。

2005年6月，编委会在长春召开了同属交通土建大类、与路桥专业连接紧密的"工程监理专业、工程造价专业、高等级公路维护与管理专业"主干课程教材研讨会，正式规划和启动了这三个专业教材的编写出版工作。

2005年12月，教育部高等教育司发布了"关于申报普通高等教育'十一五'国家级规划教材"选题的通知（教高司函［2005］195号），人民交通出版社积极推荐本套教材参加了"十一五"国家级规划教材选题的评选。

2006年6月，经教育部组织专家评选、网上公示，本套教材中有十五种入选为"十一五"国家级规划教材，2008年1月，又有六种教材在"十一五"国家级规划教材补报中列选，共计21种，标志着广大参与本套教材编写的教师的辛勤劳动得到了社会的认可、本套教材的编写质量得到了社会的认同。

2006年7月，交通土建高职高专统编教材编审委员会及时在银川召开会议，有24所各省区交通高职院校或开办有交通土建类专业的高等学校系部主任、专业带头人、骨干教师以及人民交通出版社领导共39位代表出席了本次会议。会议就全面落实教育部"十一五"国家级规划教材的编写工作进行了研讨。与会代表一致认为必须以入选的十五种国家级规划教材为基本标准，进一步全面提升本套教材的编写质量，编审委员会将严格按照国家级规划教材的要求审稿把关，并决定本套教材更名为**"全国交通土建高职高专规划教材"**，原编委会相应更名为**"全国交通土建高职高专规划教材编审委员会"**。以期在全国绝大多数交通高职院校和开办有交通土建类专业的高等院校的参与、统筹、规划下，本套教材中有更多的进入"十一五"国家级规划教材行列。

2007年5月，编委会在湖南长沙召开工作会议，就“十一五”国家级规划教材主参编人员的确定和教材的编写原则作出了具体安排，全面启动“十一五”国家级规划教材的编写与出版工作。

2008年4月，编委会在广东珠海召开工作会议，研讨了**“工学结合”**高职高专教材编写思路，决定在“十一五”国家级规划教材编写过程中，注重高职教学改革新方向，注重工程实践经验的引入，倡导**“工学结合”**。

本套高职高专规划教材具有以下特色：

——顺应交通高职院校人才培养模式和教学内容体系改革的要求，按照专业培养目标，进一步加强教材内容的针对性和实用性，适应学制转变，合理精简和完善内容，调整教材体系，贴近模块式教学的要求；

——实施开放式的教材编审模式，聘请高等院校知名教授和生产一线专家直接介入教材的编审工作，更加有利于对教材基本理论的严格把关，有利于反映科研生产一线的最新技术，也使得技能培训与实际密切结合；

——全面反映2003年以来的公路工程行业已颁布实施的新标准、规范；

——服务于师生、服务于教学，重点突出，逐章均配有思考题或习题，并给出本教材的参考教学大纲；

——注重学生基本素质、基本能力的培养，教材从内容上、形式上力求更加贴近实际；

——为加强学生的实际动手能力，针对《工程测量》、《道路建筑材料》等课程，本套教材特别配套有实训类辅导教材；

——为方便教学，本套教材配套有《道路工程制图多媒体教材》、《公路工程试验实训多媒体教材》、《路基路面施工与养护技术多媒体教材》、《桥涵设计多媒体教材》、《桥涵施工技术多媒体教材》、《现代道路测量仪器与技术多媒体教材》等。

本套教材的出版与修订再版，始终得到了交通部科教司路桥工程学科委员会和全国交通职教路桥专业委员会的指导与支持，凝聚了交通行业专家、教师群体的智慧和辛勤劳动。愿我们共同向精品教材的目标持续努力。

向所有关心、支持本套教材编写出版的各级领导、专家、教师、同学和朋友们致以敬意和谢意。

全国交通土建高职高专规划教材编审委员会

人民交通出版社

2008年5月

第二版前言

施工组织设计在我国已有几十年的历史，虽然产生于计划经济管理体制下，但在实际的运行当中，对规范建设工程施工管理，起到了相当重要的作用，在目前的市场经济条件下，它已成为建设工程施工招投标和组织施工必不可少的重要文件。

本书第一版为全国交通土建高职高专规划教材，于2007年出版。同年，四川交通职业技术学院被确定为“国家示范性高等职业院校”，本书被入选为学院的课程改革教材，编者对本书重新进行了课程开发。近几年来，我国先后就建设工程施工项目颁布了多个新规范、新标准，如《建设项目工程总承包管理规范》（GB/T 50358—2005）、《建设工程项目管理规范》（GB/T 50326—2006）、《建筑施工组织设计规范》（GB/T 50502—2009）。这些规范的颁布，对于公路施工组织设计的编制，具有重要的指导作用。根据新的课程改革成果及新规范、新标准，编者对本书进行了修订。

在修订过程中，编者对施工组织设计的概念重新进行了定义，并参照规范的分类对公路施工组织进行了分类。由于网络计划技术在我国公路建设领域越来越普及，为施工组织的信息化管理提供了便利条件。为了适应这种变化，编者对第三章的网络计划技术部分也作了大量修改。此外，还增加了各章节例题的数量，以利于理实一体化教学。

本书第二版由四川交通职业技术学院陈华卫主编，四川跃通公路工程监理有限公司周瑜担任主审。在第一版中，本书第一至第六章分别由青海交通职业技术学院尹萍老师、四川交通职业技术学院陈华卫老师、河南交通职业技术学院王菊蕊老师、江西交通职业技术学院陈晓明老师、四川交通职业技术学院李燕老师、四川交通职业技术学院杨兴胜老师编写。在第二版编写时，编写组根据国家及交通运输部的最新规范，对相关章节进行了修订。

本书在修订过程中，得到了人民交通出版社以及四川交通职业技术学院袁杰老师的大力支持和指导，在此表示感谢。

读者在使用本书过程中，如发现错误或不妥之处，敬请批评指正。

编　者

2011年8月

第一版前言

现代公路建设规模大，技术复杂，分工细，协作面广，机械化、自动化程度高，不仅需要现代科学技术，而且需要现代科学管理。对即将要从事公路工程造价的人员来说，一方面，要熟悉施工的各个环节，了解工程成本是如何构成的；另一方面，要掌握各种施工要素的变化会对质量、工期、成本产生怎样的影响，并通过主动改变施工要素在时间和空间上的配置，达到质量最好、工期最短、成本最省。但长期以来，施工组织设计偏重于施工技术、施工工艺的研究，而对于施工方案对工程造价的影响，缺少必要的大量的研究和全国统一的量化指标，在教学上，也缺乏具有针对性的教材。基于此，我们组织了一批教学和实践经验均很丰富的人员编写了此教材。

施工组织设计是公路工程造价专业的必修课。通过本课程的学习，旨在使学生掌握基本的理论知识和基本的施工组织方法，同时还要与本专业紧密结合起来，掌握施工组织的经济技术评价和优化方法，以适应学生毕业后工作实际的需要。本课程与诸多基础课程有关，涉及的内容较广，且具有较强的综合性与实践性。因此，在教学过程中，应突出重点，以掌握基本概念、实际应用为主。

学习本课程之前，需要掌握公路、桥梁设计与施工的基础知识，公路设计、公路施工技术、桥涵设计、桥涵施工技术和公路工程造价，可作为本课程的先修课程。

本书由四川交通职业技术学院陈华卫、江西交通职业技术学院陈晓明主编，全国交通土建高职高专编写委员会特邀重庆交通大学吴国雄教授主审。具体编写分工如下：第一章由青海交通职业技术学院尹萍编写，第二章由四川交通职业技术学院陈华卫编写，第三章由河南交通职业技术学院王菊蕊编写，第四章由江西交通职业技术学院陈晓明编写，第五章由四川交通职业技术学院李燕编写，第六章由四川交通职业技术学院杨兴胜编写，本教材的部分图表由四川交通职业技术学院的王怡绘制，编辑与校对工作由四川交通职业技术学院的郭金英完成。

本教材在编写过程中，得到了人民交通出版社卢仲贤、师云二位编辑以及四川交通职业技术学院曹雪梅老师的大力支持和指导。附于本书书末的参考文献的作者们，对本书的完成给予了大力支持，在此，向他们表示诚挚的谢意。

编　者

2007 年 5 月

目　　录

第一章　公路工程施工组织设计概论

第一节　绪　　论

一、公路施工组织设计研究的对象

施工组织设计，是以施工项目为对象编制的，用以指导施工的技术、经济和管理的综合性文件，见《建筑施工组织设计规范》（GB/T 50502—2009）。公路施工组织设计则是研究公路基本建设过程中众多要素的合理组织与安排的学科。

对公路行业来说，基本建设即是一个建设项目（从立项到竣工验收）的实施过程（其中最复杂的环节是施工过程），基本建设过程离不开人、材料、机械、资金等。

要进行基本建设，就必须要有一定的劳动力、劳动资料和劳动对象，这三者是公路基本建设不可缺少的三要素。劳动对象即建筑产品。公路建筑产品有路基、路面、桥梁、涵洞、隧道、排水设施、防护设施等。

具体来说，公路施工组织设计就是统筹考虑整个施工过程，即对人力、材料、机械、资金、施工方法、施工现场（空间）等主要要素，根据其所处的环境、自然条件、施工工期等进行合理的组织、安排，使之有条不紊，以实现有计划、有组织、均衡地施工，使其达到工期上尽可能短、质量上尽量高、资金上尽量省、成本上尽量低。

二、公路施工组织设计的任务

为了确保工程质量、施工进度及资金合理使用等，在施工前必须完成以下具体任务：

（1）确定开工前必须完成的各项准备工作，如核对设计文件、补充调查资料、先遣人员进场等；

（2）计算工程数量（防止漏算、重算），确定劳动力、机械台班、各种材料、构件等的需要量和供应方案等；

（3）确定施工方案（多种施工方案应经过比选），选择施工机具；

（4）安排施工顺序（由整体到局部）；

（5）编制施工进度计划，确定每月或每季度人力、材料、机械需用量；

（6）进行施工平面布置，即设备停放场、料场、仓库、拌和场、预制场、生活区、办公室等的布置；

（7）制订确保工程质量及安全生产的有效技术措施。

通过以上几点可以看出，施工组织设计合理与否，直接影响工程的工期、工程质量及工程的成本，因此施工组织设计在整个工程建设过程中是必不可少的。

三、公路施工组织设计在公路建设中的作用和地位

现代交通运输业是由铁路、公路、航空、水路及管道运输组成。这五种运输方式各有其适用性和特点，其中公路运输具有机动、灵活、直达、迅速、适应性强、服务面广等优点，因此在整个交通运输中占有较大比重。

发展公路运输业，首先必须进行公路工程建设。现代公路建设具有周期长、规模大、技术复杂、分工细、协作面广、机械化、自动化程度高的特点。为保证公路建设在一定时间内顺利完成，且使人力、资金、材料、机械发挥最大效力，就要求我们根据工程特点、自然条件、资源情况、周围环境等对工程进行科学、合理地安排，使之在一定的时间和空间内有组织、有计划、有秩序地施工，以期达到工期短、质量好、成本低的目标。这是本课程所研究讨论的内容。

公路建设是一个复杂过程，从规划、测设、施工到竣工养护，每一个过程都离不开施工组织设计。

在公路规划阶段，要设想提出一个施工组织计划，供上级主管部门立项时审批；在设计阶段，不论采用几阶段设计，每一阶段都必须作出相应的施工组织设计计划（即在初步设计阶段拟订施工方案，在技术设计阶段提出修正的施工方案，在施工图设计阶段编制施工组织计划），供施工单位参考。随着我国社会主义市场经济体制的建立和发展，施工任务主要通过参加投标，通过建筑市场中的平等竞争而取得，投标书中不可缺少的一部分内容就是施工组织设计。在施工阶段编制实施性的施工组织设计，是最关键、最重要的一步。

在目前日趋规范的建筑市场中，对工期的要求越来越严格，工程质量的目标也逐步提高；同时注重环保，保护生态平衡，少占耕地的议案也已提上日程。这一切都要求施工组织设计要科学、合理，不能固守过去的常规，要适应社会的发展。随着我国公路建设的迅速发展，机械化施工已成为公路施工的主要施工方法，它具有降低工程成本、缩短施工工期、提高工程质量、节约劳动力等优势。由于公路施工周期长、流动性大、施工协作性高、受外界干扰及自然因素影响大，采用机械化施工必须事先做好机械化施工组织设计。

由此可见，施工组织设计贯穿整个公路基本建设，在施工阶段尤为重要。

四、公路施工组织设计课程与其他学科的关系

由于本课程是一门实用性很强的课程，所以要求学生：①理论和实践相结合；②定性分析和定量分析相结合；③注意各学科知识的综合运用。也就是说，不仅要有必需的基础知识和专业知识，还要经过一定时间的施工实习，对施工过程、施工现场有初步的了解和认识。所以本课程应在专业课程完成之后安排学习。

与本课程有关的基础课程有数学知识、逻辑知识及统筹学等；专业课程有建筑材料、路基工程、路面工程、桥梁工程、筑路机械知识及现有各类公路工程定额的使用。

第二节　公路基本建设

一、公路建设的内容

公路建筑产品，如路基、路面、桥涵等构造物都是固定资产。简单而言，公路建设就是固定资产的简单再生产和扩大再生产。

公路建设的内容,按其任务与分工的不同可以分为以下三个方面。

(一)公路工程的小修、保养

公路工程构造物在长期使用过程中,受到行车和自然因素的作用不断磨蚀而损坏,只有通过定期和不定期的维修、保养,才能保证公路产品的正常使用。公路工程的小修、保养是属于固定资产的简单再生产。

(二)公路工程大、中修与技术改造

由于公路建筑产品受到材料、结构、设备等功能方面的制约,每种材料承受荷载的能力不同,抵抗自然因素侵蚀的能力不同,造就了不同的使用寿命,从而使公路建筑产品各组成部分的寿命不同,尽管经过了小修、保养,但还是无法永久地使用下去,这就需要对公路建筑产品的某些部位完全更新,如局部改线、改造不合标准路段、路面等级提高、某些小型构造物重建等。所以公路工程大、中修与技术改造属于固定资产的简单再生产和部分扩大再生产。

(三)公路工程基本建设

为了不断适应生产和流通的需要,公路运输业必须通过新建、扩建、重建三种基本形式来达到不断扩大公路运输能力的目的。所以,公路工程基本建设属于固定资产的扩大再生产。

以上三个方面虽然都属于公路建设的内容,都需要消耗一定的人力、财力和物力,但是,它们在资金来源和管理方式方法上还是有所区别的。

1. 资金方面

固定资产的简单再生产即公路工程的小修、保养及部分大中修的费用由燃油税开支。燃油税是指政府对燃油在零售环节征收的专项性质的税收。通过征税的办法从油价中提取一定比例作为养路等费用。

固定资产的扩大再生产,即公路工程扩建、重建及基本建设等,由基本建设投资开支。基本建设资金主要有国家预算拨款、银行贷款(国内银行、国外银行)、地方投资、个人投资(国内和国外)、经国家批准的自筹资金(如发行债券、股票投资)等。

2. 管理方式

公路小修、保养由管养部门如各地市交通局下属的养路段、养路道班、养护站等自行安排和管理。高速公路日常养护和管理由各高速公路管理部门负责。

公路大、中修及技术改造,由养路部门提出计划报上级主管部门批准后,按国家有关基本建设的规定,或自行管理和安排。

对于新建、改建和扩建的公路工程一般由省、市政府主管部门下达任务。新建高速公路由省级主管部门上报国家主管部门审批。

总之,一切基本建设活动必须按照国家规定和要求进行管理,一切基本建设资金活动必须通过中国人民建设银行进行拨款监督和办理结算。

二、公路建设的特点

公路建设的特点包含两方面:一是公路建筑产品的特点;二是公路工程施工的特点。只有充分了解这两个特点,才能更好地组织和管理公路工程建设的进程。

(一)公路建筑产品的特点

公路建筑产品具有固定性、产品形体庞大性、产品部分结构的易损性等特点。

(二)公路工程施工的特点

1. 工程线形分布,施工流动性大

公路是沿地面延伸的线形人工构筑物,因而公路建设点多线长,工程数量分布不均匀。大、中型桥梁,隧道,高填深挖路段的路基土石方工程等,往往是控制工期的集中工程。小桥及涵洞、路面工程、交通工程、沿线设施及环境绿化等,属于线形分布工程。

由于这些产品都属固定型的,只能组织人力、物力围绕这一固定产品在同一工作面不同时间或同一时间不同工作面进行施工活动。因此,要科学、合理地安排时间组织和空间组织,尽量减少空间上的混乱和时间上的浪费,使施工队伍有条不紊地沿着产品延伸方向进行施工。当某一公路工程竣工后,施工队伍要向新的施工现场转移。

2. 产品类型繁多,施工协作性高

公路工程类型多种多样,标准化难度大,必须个别设计,施工组织也需个别进行。即使是相同技术等级的公路,由于施工时的技术条件(如供应地点、机具设备、施工单位技术水平等)、自然条件(环境、气候)和工期要求等不尽相同,也不可能采用同样的施工组织。

为了保质保量按期完成施工任务,每项工程都需要建设、设计、施工、监理等单位密切配合,材料、动力、运输等各部门的通力协作,以及地方各级政府部门和施工沿线各相关单位的大力支持。因此,公路施工过程中的综合平衡和合理调度,严密的计划和科学的管理显得尤为重要。

3. 工程形体庞大,施工周期长

公路工程是线形构造物,具有形体庞大、系统性强的特点,产品固定并且不能分割,同一地点要依次进行多个分部作业(如要进行路面工程施工,首先必须依次进行清理现场、施工放样、路基工程、涵洞等构造物的施工),施工周期长。特别是集中的土石方工程、大桥工程、隧道、特殊地质地段处,在较长时间内占用和消耗大量的人力、物力资源,直到整个施工期结束,才能使公路建筑产品投入运营。

在施工过程中,各阶段各环节必须有机地结合成整体,在时间上不间断,空间上不闲置,施工过程稳定有序,才能保证工期不延误,使人力、物力、财力得到最好的发挥。

4. 受外界干扰及自然因素影响大

公路工程施工主要是在野外露天作业,受自然条件、地理环境的影响很大,特别是不良天气(夏季高温、洪水,冬季冰冻、大雪,春秋大风,漫天沙尘)、不良地质(泥沼、熔岩、流沙等)等,不但影响施工,而且还会给工程造成损失。在施工组织设计时,要详细调查,充分加以考虑,才能保证质量,按期完成。

另外,设计变更、物资供应临时发生变化、地质条件突变以及一些人为的因素等,都会直接影响工程质量、工程成本及工期。为此,在进行施工组织设计时必须充分考虑上述因素,并留有周转的余地。

三、基本建设及内容构成

(一)基本建设的定义

公路工程基本建设是指固定资产的建筑、添置和安装,是公路行业为了扩大再生产而进行的增加固定资产的建设工作。具体来讲,就是把一定的建筑材料、设备等,通过购置、建造和安装等活动,转化为固定资产的活动。如一条公路、一座桥梁的建设,以及机具、车辆、各种设备等的添置和安装。

公路工程基本建设是通过勘察、设计、施工以及有关的经济活动来实现的。

(二)基本建设的内容

按投资额的构成和工作性质分为:建筑安装工程;设备及工具、器具购置;其他基本建设三部分。

1. 建筑安装工程

建筑安装工程指兴工动料的施工活动,是投资额最高的一部分,也是基本建设中最复杂的一部分。它包括建筑工程和设备安装活动。

(1)建筑工程包括:路基、路面、桥梁、隧道、防护工程及沿线设施等。

(2)设备安装活动包括:高速公路、大型桥梁所需各种机械、设备、仪器的安装测试等。

2. 设备及工具、器具购置

设备及工具、器具购置指为公路营运、服务管理、养护等需要所购置的设备、工具、器具,以及为保证新建、改建公路初期正常生产、使用和管理所需办公和生活用家具的采购或自制。

3. 其他基本建设工作

其他基本建设工作,指不属于上述各项的基本建设工作,如公路筹建阶段和建设阶段的管理工作、勘察设计、科研试验、征用土地、青苗补偿、拆迁补偿等。

四、基本建设基层单位、项目

(一)基本建设的基层单位

直接参与基本建设工作的基层单位共有五个,分别为建设单位、勘察设计单位、施工单位、中国人民建设银行、工程质量监督和监理单位。

1. 建设单位

凡是负责执行国家基本建设计划的基层单位,称为基本建设单位(即业主或甲方)。它在行政上有独立的组织形式,在经济上独立进行核算。建设单位是基本建设投资的支配人,也是基本建设的组织者、监督者,它对国家负有一定的政治和经济责任。

建设单位的主要工作包括:

(1)提供设计所需的基础资料;

(2)编制年度基本建设计划和财务计划;

(3)在中国人民建设银行开立账户;

(4)同施工单位签订合同;

(5)购置设备和其他基本建设工作;

(6)办理工程交工验收,编制竣工决算等。

2. 勘察设计单位

设计院、设计室等(持有上级主管发证机关颁发的设计许可证)通称为勘察设计单位。勘察设计单位受建设单位或主管部门的委托,负责编制设计文件。

3. 施工单位

它是通过投标,被建设单位选定的承担建筑安装工程施工的企业(即承包商)。

4. 中国人民建设银行

中国人民建设银行负责管理基本建设的支出预算和财务,办理基本建设拨款、结算和放款,进行财政监督。

5. 工程质量监督和监理单位

工程质量监督是各级政府授权管理和监督工程质量的部门。

监理单位是指承担公路工程施工监理任务的单位（这些单位必须具有交通部审批的工程施工监理资质等级证书）。它依据建设单位和施工单位签订的合同文件以及监理单位与业主（建设单位）签订的监理合同内容，对基本建设工程实施“三控制”，即质量、进度、资金的控制；“二管理”，即合同管理、信息管理；“一协调”，即协调业主与承包商（施工单位）以及各方矛盾和关系。它既能维护业主的利益，又不损害承包商（施工单位）的合法权益，按照合同文件规定的职责、权限，独立公正地为工程建设服务。

（二）基本建设项目的组成

1. 基本建设项目

基本建设项目简称建设项目，一般指符合国家总体建设计划，能独立发挥生产能力或满足生活需要，其项目建议书经批准立项和可行性研究报告经批准的建设任务。如一条公路、一条铁路、一个港口。

按国家计划及建设主管部门的规定，一个建设项目应有一个总体设计，在总体设计的范围内可以由若干个单项工程组成（如一个建设项目划分为几个标段），经济上实行统一核算，行政上实行统一管理；也可以分批分期进行修建。

一个建设项目可以由一个单项工程或几个单项工程组成。

2. 单项工程

单项工程又称工程项目，它具有独立的设计文件，在竣工后能独立发挥设计规定的生产能力或效益的工程，如独立的桥梁工程、隧道工程。这些工程一般包括与已有公路的接线，建成后可以独立发挥交通功能。但一条路线中的桥梁或隧道，在整个路线未修通前，并不能发挥交通功能，也就不能作为一个单项工程。

一个单项工程可以由几个单位工程组成。

3. 单位工程

单位工程是单项工程的组成部分，是指在单项工程中具有单独设计文件和独立施工条件，并可单独作为成本计算对象的部分。如同一合同段内的路线、桥涵等。由此可见，单位工程一般不能独立发挥生产能力和使用效益。

一个单位工程可以包含若干分部工程。

4. 分部工程

分部工程是单位工程的组成部分，一般是按单位工程中的主要结构、主要部位来划分的。如：路基工程、路面工程、桥涵工程等；按工程结构和施工工艺划分为：土石方工程、混凝土工程和砌筑工程等。

一个分部工程包含若干分项工程。

5. 分项工程

分项工程是分部工程的组成部分，是根据分部工程划分的原则，再进一步将分部工程分成若干个分项工程。分项工程是按照不同的施工方法、不同的施工部位、不同的材料、不同的质量要求和工作难易程度来划分的，它是概预算定额的基本计量单位，故也称为工程定额子目或工程细目。如 $10m^3$ 浆砌块石、$100m^3$ 沥青混凝土路面等。

一般来说，分项工程只是建筑或安装工程的一种基本构成要素，是为了确定建筑或安装工程费用而划分出来的一种假定产品，以便作为分部工程的组成部分。因此，分项工程的独立存在是没有意义的。关于公路建设中单位、分部、分项工程划分见表1-1。

公路一般建设项目单位、分部及分项工程的划分 表1-1

单位工程	分部工程	分项工程
路基工程(每10km或每标段)	路基土石方工程*(1~3km路段)	土方路基*,石方路基*,软土地基*,土工合成材料处治层*等
路基工程(每10km或每标段)	排水工程(1~3km路段)	管节预制,管道基础及管节安装*,检查(雨水)井砌筑*,土沟,浆砌排水沟*,盲沟,跌水,急流槽*,水簸箕,排水泵站等
路基工程(每10km或每标段)	小桥及符合小桥标准的通道*,人行天桥,渡槽(每座)	基础及下部构造*,上部构造预制、安装或浇筑*,桥面*,栏杆,人行道等
路基工程(每10km或每标段)	涵洞、通道(1~3km路段)	基础及下部构造*,主要构件预制、安装或浇筑*,填土,总体等
路基工程(每10km或每标段)	砌筑防护工程(1~3km路段)	挡土墙*,墙背填土,抗滑桩*,锚喷防护*,锥、护坡,导流工程,石笼防护等
路基工程(每10km或每标段)	大型挡土墙*,组合式挡土墙*(每处)	基础*,墙身*,墙背填土,构件预制*,构件安装*,筋带,锚杆、拉杆,总体*等
路面工程(每10km或每标段)	路面工程(1~3km路段)*	底基层,基层*,面层*,垫层,联结层,路缘石,人行道,路肩,路面边缘排水系统等
桥梁工程(特大、大中桥)	基础及下部构造*(每桥或每墩、台)	扩大基础,桩基*,地下连续墙*,承台,沉井*,桩的制作*,钢筋加工安装及安装,墩台身(砌体)浇筑*,墩台身安装,墩台帽*,组合桥台*,台背填土,支座垫石和挡块等
桥梁工程(特大、大中桥)	上部构造预制和安装*	主要构件预制*,其他构件预制,钢筋加工及安装,预应力筋的加工和张拉*,梁板安装,悬臂拼装*,顶推施工梁*,拱圈节段预制,拱的安装,转体施工拱*,劲性骨架拱肋安装*,钢管拱肋制作*,钢管拱肋安装*,吊杆制作和安装*,钢梁制作*,钢梁安装,钢梁防护*等
桥梁工程(特大、大中桥)	上部构造现场浇筑*	钢筋加工及安装,预应力筋的加工和张拉*,主要构件浇筑*,其他构件浇筑,悬臂浇筑*,劲性骨架混凝土*,钢管混凝土拱*等
桥梁工程(特大、大中桥)	总体、桥面系和附属工程	桥梁总体*,桥面防水层施工,桥面铺装*,钢桥面铺装*,支座安装,搭板,伸缩缝安装,大型伸缩缝安装*,栏杆安装,混凝土护栏,人行道铺设,灯柱安装等
桥梁工程(特大、大中桥)	防护工程	护坡,护岸*,导流工程*,石笼防护,砌石工程等
桥梁工程(特大、大中桥)	引道工程	路基*,路面*,挡土墙*,小桥*,涵洞*,护栏等
互通立交工程	桥梁工程*(每座)	桥梁总体、基础及下部构造*,上部构造预制、安装或浇筑*,支座安装,支座垫石,桥面铺装*,护栏,人行道等
互通立交工程	主线路基路面工程*(1~3km路段)	见路基、路面等分项工程
互通立交工程	匝道工程(每条)	路基*,路面*,通道*,护坡,挡土墙*,护栏等

续上表

单位工程	分部工程	分项工程
隧道工程	总体	隧道总体*等
	明洞	明洞浇筑,明洞防水层,明洞回填*等
	洞口工程	洞口开挖,洞口边仰坡防护,洞门和翼墙的浇(砌)筑,截水沟、洞口排水沟等
	洞身开挖	洞身开挖*,(分段)等
	洞身衬砌	(钢纤维)喷射混凝土支护,锚杆支护,钢筋网支护,仰拱,混凝土衬砌*,钢支撑,衬砌钢筋等
	防排水	防水层,止水带、排水沟等
	隧道路面	基层*,面层*等
	装饰	装饰工程
	辅助施工措施	超前锚杆,超前钢管等
环保工程	声屏障(每处)	声屏障
	绿化工程(1~3km 路段或每处)	中央分隔带绿化,路侧绿化,互通立交绿化,服务区绿化,取弃土场绿化等
交通安全设施(每 20km 或每路段标段)	标志*(5~10km 路段)	标志*
	标线、突起路标(5~10km 路段)	标线*,突起路标等
	护栏*、轮廓标(5~10km 路段)	波形梁护栏*,缆索护栏*,混凝土护栏*,轮廓标等
	防眩设施(5~10km 路段)	防眩板、网等
	隔离栅、防落网(5~10km 路段)	隔离栅、防落网等
机电工程	监控设施	车辆检测器,气象检测器,闭路电视监视系统,可变标志,光电缆线路,监控(分)中心设备安装及软件调测,大屏幕投影系统,地图板,计算机监控软件与网络等
	通信设施	通信管道与光电缆线路,光纤数字传输系统,数字程控交换系统,紧急电话系统,无线移动通信系统,通信电源等
	收费设施	入口车道设备,出口车道设备,收费站设备及软件,收费中心设备及软件,IC 卡及发卡编码系统,闭路电视监视系统,内部有线对讲及紧急报警系统,收费站内光、电缆及塑料管道,收费系统计算机网络等
	低压配电设施	中心(站)内低压配电设备,外场设备电力电缆线路等
	照明设施	照明设施
	隧道机电设施	车辆检测器,气象检测器,闭路电视监视系统,紧急电话系统,环境检测设备,报警与诱导设施,可变标志,通风设施,照明设施,消防设施,本地控制器,隧道监控中心计算机控制系统,隧道监控中心计算机网络,低压供配电等

注:表内标注"*"号者为主要工程,评分时给予 2 的权值;不带"*"号者为一般工程,权值为 1。

五、基本建设程序

基本建设项目从规划立项到竣工验收的整个建设过程中各项工作的先后次序称为基本建

设程序，这个程序是由基本建设的客观规律决定的。

公路基本建设受自然条件（地质、气候、水文）、技术条件（技术人员水平、机械化程度等）、物资条件（各种原材料供应、运输等）以及环境等的制约，需要各个部门、各个环节密切配合，并且要求按照既定的需要和科学的总体设计进行建设。基本建设是一项内容比较复杂的工作，建设过程中任何计划不周或安排不当，都会造成经济损失，带来不良后果。所以，一切基本建设都必须严格按照规定的程序进行。对于小型项目，可视具体情况，简化程序。

公路工程基本建设程序应当是：根据国民经济长远规划以及公路网建设规划，提出项目建议书；进行可行性研究，编制可行性研究报告；经批准后进行初步设计；再经批准后列入国家年度基本建设计划，并进行技术设计和施工图设计；设计文件经审批后组织施工；施工完成后，进行竣工验收，然后交付使用。这一程序必须依次进行，一步一步地实施。其具体内容如下。

1. 项目建议书

根据国民经济发展的长远规划和公路网建设规划，提出项目建议书。项目建议书应对拟建项目的目的、要求、主要技术标准、原材料及资金来源等提出文字说明。项目建议书是进行各项前期准备工作和进行可行性研究的依据。

2. 可行性研究

可行性研究是基本建设前期工作的重要组成部分，是建设项目立项、决策的主要依据。2010 年 4 月，交通运输部重新制定了《公路建设项目可行性研究报告编制办法》。该办法适用于各类公路建设项目，但小型项目可适当简化。

公路建设项目可行性研究，是对对项目建设的必要性、经济合理性、技术可行性、实施可能性，进行综合研究论证的工作，是公路建设项目前期工作的重要组成部分，是建设项目决策的重要依据。

公路建设项目可行性研究，按其工作阶段分为预可行性研究和工程可行性研究。编制预可行性研究报告，应以项目所在地区域经济社会发展规划、交通发展规划和其他相关规划为依据；编制工程可行性研究报告，原则上以批准的项目建议书为依据。

公路建设项目预可行性研究，要求通过实地踏勘和调查，重点研究项目建设的必要性和建设时机，初步确定建设项目的通道或走廊带，并对项目的建设规模、技术标准、建设资金、经济效益等进行必要的分析论证，编制研究报告，作为项目建议书的依据。公路建设项目工程可行性研究，要求进行充分的调查研究，通过必要的测量和地质勘察，对可能的建设方案从技术、经济、安全、环境等方面进行综合比选论证，研究确定项目起、终点，提出推荐方案，明确建设规模，确定技术标准，估算项目投资，分析投资效益，编制研究报告。工程可行性研究报告一经批准，即为初步设计应遵循的依据。

公路建设项目可行性研究报告的主要内容，应包括：项目影响区域经济社会及交通运输的现状与发展、交通量预测、建设的必要性、技术标准、建设条件、建设方案及规模、投资估算及资金筹措、经济评价、实施安排、土地利用评价、工程环境影响分析、节能评价、社会评价等，特殊复杂的重大项目，还应进行风险分析。

公路建设项目可行性研究报告，应在对可能的工程建设方案进行初步比选的基础上，筛选出有比较价值的方案，进一步做同等深度的技术、建设费用、经济效益比选。二级及以上公路的预可行性研究、工程可行性研究阶段的路线方案，应分别在 1∶50 000、1∶10 000 或更大比例尺地形图上进行研究，其中特殊困难路段需分别在 1∶10 000、1∶2 000 地形图上进行研究；工程可行性研究阶段应进行必要的地质勘探，对长大桥梁、隧道等控制性工程，可采用遥感、物探、地质调绘等进行专项的地质勘探和调查，地质条件复杂时需进行必要的钻探分析。工程可行性研究阶段投资估算与初步设计概算之差，应控制在投资估算的 10% 以内。

3. 设计文件

设计文件是安排建设项目、控制投资、编制招标文件、组织施工和竣工验收的重要依据。2007 年，交通部下发了关于公布《公路工程基本建设项目设计文件编制办法》和《公路工程基本建设项目设计文件图表示例》的通知，其适用于新建和改(扩)建的公路工程基本建设项目，公路养护的大、中修工程可参照执行。

公路工程基本建设项目一般采用两阶段设计，即初步设计和施工图设计。对于技术简单、方案明确的小型建设项目，也可采用一阶段设计，即一阶段施工图设计。对于技术上复杂、基础资料缺乏和不足的建设项目，或建设项目中的特大桥、互通式立体交叉、隧道、高速公路和一级公路的交通工程及沿线设施中的机电设备工程等，必要时采用三阶段设计，即初步设计、技术设计和施工图设计。高速公路、一级公路必须采用两阶段设计。

(1)初步设计

初步设计阶段的目的是基本确定设计方案。必须根据批复的可行性研究报告、测设合同的要求，拟订修建原则，选定设计方案、拟订施工方案，计算工程数量及主要材料数量，编制设计概算，提供文字说明及图表资料。经审查批复后的初步设计文件，则为订购主要材料、机具、设备，安排重大科研试验项目，联系征用土地、拆迁，进行施工准备，编制施工图设计文件和控制建设项目投资等的依据。采用三阶段设计时，经审查批复的初步设计为编制技术设计文件的依据。

初步设计在选定方案时，应对路线的走向、控制点和方案进行现场核查，征求沿线地方政府、建设单位及规划、土地、环保等相关部门的意见，基本落实路线布设方案。对建设条件复杂地段的路线、路基、路面、特大桥、大桥、特长及长隧道、互通式立体交叉、服务设施，一般应选择两个或两个以上的方案进行同深度、同精度的测设工作和方案比选，提出推荐方案。

(2)技术设计

技术设计阶段，应根据初步设计批复意见、测设合同的要求，对重大、复杂的技术问题通过科学试验、专题研究，加深勘探调查及分析比较，解决初步设计中未解决的问题，落实技术方案，计算工程数量，提出修正的施工方案，修正设计概算，批准后则为编制施工图设计的依据。

(3)施工图设计

不论几阶段设计，都要进行施工图设计。

两阶段(或三阶段)施工图设计阶段应根据初步设计(或技术设计)批复意见、测设合同，进一步对所审定的修建原则、设计方案、技术决定加以具体和深化，最终确定各项工程数量，提出文字说明和适应施工需要的图表资料以及施工组织计划，并编制施工图预算。

一阶段施工图设计应根据可行性研究报告批复意见、测设合同的要求，拟订修建原则，确定设计方案和工程数量，提出文字说明和图表资料以及施工组织计划，编制施工图预算，满足审批的要求，适应施工的需要。

4. 列入年度基本建设计划

当建设项目的初步设计和概算报上级审查批准后，才能列入国家基本建设年度计划，这是国家对基本建设实行统一管理的手段。年度计划是年度建设工作的指令性文件，一经确定后，如果需要增加投资额或调整项目时，必须上报原审批机关批准。项目列入国家基本建设年度计划后，建设单位应根据国家发展和改革委员会颁发的年度基本建设计划控制数字，按照初步设计文件编制本单位的年度基本建设计划。建设单位年度基本建设计划报经上级批准后，再编制物资、劳动力、财务计划。这些计划分别经过主管机关审查平衡后，作为国家安排生产、物资分配、劳动力调配和财政拨款（或贷款）的依据，并通过招投标或其他方式落实施工单位。

5. 施工准备

为了保证施工的顺利进行，在施工准备阶段，建设单位、勘测设计单位、监理单位、施工单位和建设银行等都应做好各自的准备工作。建设单位，应根据计划要求的建设进度组建专门的管理机构，办理登记及征地、拆迁等工作，做好施工沿线各有关单位和部门的协调工作，抓紧配套工程项目的落实，提供技术资料、建筑材料、机具设备的供应。工程监理单位，应组织监理机构或建立监理组织体系，熟悉施工设计文件和合同文件；组织工程监理人员和设备进入施工现场；根据工程监理制度规定的程序和合同条款，对施工单位的各项施工准备工作进行审批、验收、检查，合格后，使其按合同规定要求如期开工。勘测设计单位，应按照技术资料供应协议，按时提供各种图纸资料，做好施工图纸的会审及移交工作。施工单位，应首先熟悉图纸并进行现场核对，编制实施性施工组织设计和施工预算，同时组织先遣人员、部分机具、材料进场，进行施工测量，修筑便道及生产、生活用临时设施，组织材料及技术物资的采购、加工、运输、供应、储备，提出开工报告。建设银行，应会同建设、设计、施工单位做好图纸的会审，严格按计划要求进行财政拨款或贷款，做好建设资金的供应工作。

6. 工程施工

施工准备工作完成后，施工单位必须按上级下达的开工日期或工程承包合同规定的日期开始施工。在建设项目的整个施工过程中，应严格执行有关的施工技术规程，按照设计要求确保工程质量，安全施工。坚持施工过程组织原则，加强施工管理，大力推广应用新技术、新工艺，尽量缩短工期，降低工程造价，做好施工记录，建立技术档案。

7. 竣工验收、交付使用

建设项目的竣工验收是公路工程基本建设全过程的最后一个程序。工程验收是一项十分细致而又严肃的工作，必须从国家和人民的利益出发，按照中国人民建设银行颁发的《关于基本建设项目竣工验收暂行规定》和交通运输部颁发的《公路工程竣（交）工验收办法》的要求，认真负责地对全部基本建设工程进行总验收。竣工验收包括对工程质量、数量、工期、生产能力、建设规模和使用条件的审查。对建设单位和施工企业编报的固定资产移交、清单、隐蔽工程说明和竣工决算（竣工验收时，建设单位必须及时编制竣工决算，核定新增固定资产的价值，考核分析投资效果）等进行细致检查。

当全部基本建设工程经过验收合格，完全符合设计要求后，应立即移交给生产部门正式使用。在验收时对存在的问题要明确责任、确定处理措施和期限。

第三节　施工组织设计的类型

施工组织设计按编制对象，可分为施工组织总设计、单位工程施工组织设计和分部（分项）工程施工组织设计。

施工组织设计文件按其在生产中所起的作用，可分为设计阶段文件和施工阶段文件两大类。

一、设计阶段的施工组织设计文件

设计阶段编制的施工组织设计，也称初步施工组织设计，它是由勘察设计单位负责编制的。由于设计阶段不同又分为:施工方案、施工组织计划和修正施工方案。

(一)两阶段设计

1."施工方案"

施工方案是初步设计文件的组成部分。施工方案的作用主要如下。

(1)对工程进行初步的施工方案设计,供业主(主管部门)对工程是否列入年度计划进行审查和决策。

(2)为编制工程概算提供依据。

(3)施工方案本身的质量对工程的经济效益具有重大影响。

2."施工组织计划"

不论采用几阶段设计,在施工图设计阶段,都应编制施工组织计划,并列入施工图设计文件。施工组织计划的作用是:

(1)编制工程预算的依据。

(2)建设、施工单位进行招投标和施工准备的依据。

(3)施工单位编制施工阶段施工组织设计的依据和参考文件。

(二)三阶段设计

大型工程项目需按三阶段设计,即在初步设计会审后,根据会审意图修改设计方案,编制技术设计。此时的施工组织设计文件应编制"修正施工方案",它是技术设计的组成部分。三阶段设计中,初步设计阶段的"施工方案"和施工图设计阶段的"施工组织计划"与前面所述内容相同。"修正施工方案"的主要作用是:

(1)贯彻会审意图,对原定"施工方案"作出修改。

(2)为编制修正概算提供依据。

二、施工阶段的施工组织设计文件

施工阶段编制的施工组织设计也成为实施性施工组织设计,它是由施工单位负责编制的,为适应工程招投标以及工程监理制度的实施需要,按照它的作用和使用层次对象不同,施工阶段施工组织设计文件又分为:用于工程投标的"指导性施工组织设计";中标后(非招投标的施工任务)编制的"实施性施工组织总设计";以单位工程、分部(分项)工程为对象编制的"单位工程或分部(分项)工程实施性施工组织设计"。

1.指导性施工组织设计

指导性施工组织设计,是施工单位(投标单位)在深入了解和研究设计文件、设计图纸和招标文件,以及调查和复核现场情况,与建设单位、设计单位协商解决设计变更,经施工设计和施工辅助设计之后着手编制的。它是投标文件中的必备文件,施工单位中标后,它是承包合同文件的重要组成部分,是建设单位(业主)和监理工程师对承包单位进行监督管理的依据之一,同时也是施工单位编制投标报价的依据。

2.实施性施工组织总设计

实施性施工组织总设计,是施工单位中标后,在设计阶段的"施工组织计划"和投标时编制的"指导性施工组织设计"的基础上,为进一步落实和确保指导性施工组织设计按期或提前实现,以整个建设项目为对象,着手编制的施工组织设计文件。它是施工单位在进一步详细研究设计文件、图纸、合同条款文本,以及现场反复调查复核的情况下,对指导性施工组织设计文件的内容逐一研究落实,并经分析和科学优化,重新进行补充和完善。

3. 单位工程和分部(分项)工程实施性施工组织设计

单位工程和分部(分项)工程实施性施工组织设计,是施工过程中基层施工单位根据单位工程(如路基工程、路面工程、桥梁工程、隧道工程等)、分部工程(如大桥的基础工程、墩台工程、上部构件预制和安装工作等)或分项工程(如箱涵、拱涵、顶入法施工的桥涵等)的具体情况,以及承担施工的队或班组的人力、机具等配备情况进行编制。它是实施性施工组织总设计分期、分部、分项辅助进行的具体化。

第四节　施工组织设计内容

在公路工程设计和施工的各个阶段,都必须编制相应的施工组织设计文件,本节主要对不同设计阶段和施工阶段的施工组织设计文件的内容作如下介绍。

一、设计阶段的施工组织设计文件

1. 施工方案

施工方案一般由下列内容组成。

(1)施工方案说明。

施工方案说明的主要内容是:①施工组织、施工力量的设想和工期的安排,关键工程项目的施工方案比较、论证情况;②主要工程、控制工期的工程和特殊工程的施工方案;③主要材料的供应,机具、设备的配备及临时工程的安排;④下一阶段应解决的问题及注意事项。

(2)工程概率进度图。

根据劳动力、工期、施工条件以及施工方案等按年和季度进行概略安排。图中应列出工程项目单位、数量,按年和季度示出各项工程起止时间、机动时间、衔接时间。

(3)人工、主要材料及机具、设备安排表。

列出人工和材料、机具、设备的名称、单位、数量,并按年和上半年、下半年分别列出其需要量。主要材料一般指钢材、木材、水泥以及施工中用量大的沥青、砂石材料等。

(4)临时工程一览表。

列出临时工程的名称(如便桥、便道、预制场、电力设施、电信设施等)、地点或桩号、工程项目及数量等。

(5)公路临时用地表。

列出临时用地的位置或桩号、工程名称、隶属(县、乡、个人)关系、长度、宽度、土地类别及数量等。

2. 修正施工方案

修正施工方案的编制深度和提交的文件内容,介于施工方案和施工组织计划之间。

3. 施工组织计划

施工组织计划一般由下列内容组成。

(1)说明。

其主要内容有:①初步设计(或技术设计)批复意见执行情况;②施工组织,施工期限,主要工程的施工方案、工期、进度及措施;③劳动力计划及主要施工机具的使用安排;④主要材料供应、运输方案及临时工程的安排;⑤对缺水、风沙、高原、严寒等地区以及冬季、雨季施工所采取的措施;⑥对高速公路和一级公路的交通工程及沿线设施施工协调和分期实施有关问题的说明;⑦施工准备工作的意见,如拆迁、用地、修便道、便桥、临时房屋、架设临时电力、电信设施等。

(2)工程进度图。

编制内容和步骤:①对施工图纸、有关技术经济资料及施工条件进行研究;②划分施工项目,计算工程量;③确定劳动量和机械台班数量;④计算各施工过程的实际工作量;⑤确定各施工项目的施工天数或生产周期;⑥设计并绘制施工进度图的初始方案;⑦检查、调整和优化施工进度计划;⑧正式绘制施工进度图。

(3)主要材料计划表。

表中列出主要材料的名称及规格、单位、数量、来源、运输方式、年和季度的计划用量等。

(4)主要施工机具、设备计划表。

表中列出主要机具名称及规格、数量(台班数、台数)、使用期限(开始、结束时间),年和季度的计划用量等。

(5)临时工程数量表。

包括便道、便桥、预制场、施工场地、电力及电信线等。表中应列出各项临时工程的地点或桩号、工程名称、工程说明、工程数量等。

(6)工程临时用地表。

表中应列出临时用地的位置或桩号、工程名称、隶属(县、乡、个人)关系、长度、宽度、土地类别及数量。

二、施工阶段的施工组织设计文件

1. 指导性施工组织设计

指导性施工组织设计的内容、文件组成,通常与设计阶段的"施工组织计划"内容相似,但更加具体和详细,并应满足招标文件的要求。其主要内容一般有:主要工程项目的施工方案、施工方法;各分项工程的施工顺序、施工工艺;确保工程质量和工期的措施;施工安全和环境保护措施;冬季和雨季施工安排;施工总体计划;各种资源(劳动力、机具、材料、资金)需要量计划;施工准备工作计划;施工现场总平面布置图设计和规划;施工设计和施工辅助设计有关资料;其他图表。

2. 实施性施工组织设计

实施性施工组织设计文件的内容,目前尚无统一规定,通常与指导性施工组织设计文件内容相同,但更详细、科学和合理。同时图表中应增加降低工程成本及措施的计划。

实施性施工组织设计的任务如下:

(1)规定最合适的施工方法和施工程序,以保证在承包合同规定的工期内或提前完成施工任务;

(2)及时而周密地做好施工准备、供应和服务工作;

(3)合理地组织劳动力和施工机具,使其均衡生产避免出现骤增骤减的现象,并尽量发挥其工作效率;

(4)科学地规划施工场地,合理地布置生产、生活、交通等设施,最大限度地节约临时用地,保护环境,节约时间,方便生活,便于安全和管理;

(5)施工进度计划及劳动力、机具、材料供应计划要详细到按月安排,以便于具体进行组织供应和管理工作;

3. 单位工程或分部(分项)工程实施性施工组织设计

单位工程或分部(分项)工程实施性施工组织设计的内容同上述的实施性施工组织总设计的内容一样。

单位工程或分部(分项)工程实施性施工组织设计的任务如下:

(1)它是用来指导施工的计划,因此应按工作日程制订出具体详细的施工进度计划图表,这是它的核心内容;

(2)根据施工进度计划,具体计划出劳动力、机具、材料等日程需要量,并在施工进度计划图中形象地显示出工作班组序号、人数和施工机具的名称、数量以及两者的移动路线及日程;

(3)在施工方法上,要结合具体情况考虑工程细目的具体施工细节,如土方和石方应根据不同类别,采用不同施工方法和使用不同的施工机械;桥梁不同水深的基坑围堰修筑方法不同;不同部位的混凝土模板安装、混凝土浇筑方法也不相同等;

(4)工序的划分、劳动力的组织及机具的配备,既要满足施工方法的需要,还应考虑施工队、班组的组织结构和设备实际情况,使其既充分发挥效率,又便于实行承包和结算,还要保证工程质量和生产安全。

复习思考题

1. 什么是施工组织设计?施工组织设计的任务是什么?

2. 基本建设的内容是什么?

3. 什么是单项工程?什么是单位工程?什么是分部工程?什么是分项工程?请举例说明。

4. 什么是基本建设程序?基本建设程序的内容是什么?

5. 施工组织设计的类型有哪些?

6. 施工组织设计的内容包括哪些?

第二章　施工组织设计原理与方法

第一节　施工过程的概念、分类及组织原则

一、施工过程的概念

施工过程就是生产建筑产品的过程，是劳动者利用劳动工具作用于劳动对象，按照预定的目标完成社会所需的公路工程产品的过程。施工过程由一系列相联系的施工活动组成，为了合理地组织施工生产，必须了解施工过程的内容。

施工过程的基本内容包括劳动过程和自然过程。公路工程是在野外的施工生产，就是劳动过程和自然过程的结合。因此，公路工程施工组织不仅要考虑劳动生产过程，而且还要考虑自然因素对施工产生的影响。

根据施工过程所需的劳动资料及其对产品所起的作用，将公路工程施工过程划分为施工准备过程、施工生产过程、辅助和临时工程施工过程、服务施工过程。

1. 施工准备过程

施工准备过程指建筑产品在投入生产前所进行的生产技术准备工作，其主要内容包括：项目施工组织机构及其人员配备与主要机械的计划名单，是否进场或将于何日进场；用于工程的进口材料及机械、仪器和设备是否进场或将于何日进场，是否会影响施工进度，并提交材源分布图及供料计划清单；施工驻地及临时工程建设进展如何，应提交驻地规划及平面布置图；工地试验室和流动试验室及其设备是否准备就绪或将于何日安排就绪，应提交试验室布置图、流动试验室分布图及仪器设备清单；施工测量的基础资料是否已经落实并经过复核，施工放线是否进行或将于何日完成，并提交施工测量计划及有关资料；履约保函和动员预付款保函及各种保险是否已经办理或将于何日办理完毕；为驻地监理工程师提供的住房、交通、通信、办公等设备及服务设施是否具备；其他与项目开工有关的内容及事项。

2. 施工生产过程

施工生产过程是指完成建筑产品而进行的一系列施工活动，它是建设项目中单位、分部、分项工程的统称。公路工程施工生产过程的基本内容见前文中表1-1。

3. 辅助工程及临时工程施工过程

辅助工程不构成永久性工程的实体，只是辅助其形成，因此有其具体要求和一定的适用范围及其施工规定。辅助工程无统一的工程数量计算标准，必须根据工程项目实际情况，分析研究确定其内容及工程数量。临时工程与辅助工程的性质相似，但不同点在于临时工程一般不单作专一的服务对象。现行标准规定公路工程项目临时工程内容有：汽车便道、临时便桥、临时码头、轨道铺设、输电线路和通信线路等六项。辅助工程和临时工程在永久性工程完工后都必须拆除，恢复生态环境。值得注意的是，办公室、宿舍、仓库、加工房、机械工棚等临时房屋，生活区内的汽车便道、便桥、变压器或发电机房以及施工现场和生活用电的输电线路，架子车

和机动翻斗车行驶的便道，施工机械搁置场地，以及现场临时围墙等均属于施工现场临时设施。

4. 服务施工过程

服务施工过程是指为施工生产过程和辅助工程及临时工程施工过程进行的各种服务工作，如物资、料具的采购、运输及保管等。

二、施工过程的层次划分

在单位工程、分部工程及分项工程施工中，按施工工艺的特点和施工组织的要求，可将施工过程进一步分解为工序、操作、动作等层次。

1. 工序

工序是指施工技术相同，在施工组织时不可分割的施工过程。分项工程的施工过程由若干道工序组成。例如，钢筋混凝土预制分项工程的施工过程由立模板、绑扎或焊接钢筋、浇筑混凝土、养护和拆模等工序组成。

2. 操作

它是指生产工人为完成施工工序所进行的生产活动，施工工序由若干个操作组成。例如，上述立模板工序由制作模板、取运模板、拼装模板等操作组成。

3. 动作

它是施工中一次完成的基本生产活动，操作由若干个动作组成。例如，上述取运模板操作由领取模板、运输到拼装处、将模板放到拼装位置上等动作组成。

若干个相互关联的动作就组成操作，若干个操作则组成工序。但有些分项工程的施工过程不能分解为上述各个层次，但至少能分解到工序，所以工序是施工组织的基本单元。为此研究施工过程中的层次划分的目的在于：正确划分工序，确定合理的工序持续时间，以便编制切合实际的施工进度计划，科学地组织施工生产。

三、施工过程的组织原则

影响公路施工过程的因素很多，如施工地点、施工性质、建筑产品结构、材料、机械设备条件、自然条件等，这都导致施工过程的组织灵活多样，没有完全相同的模式。但是不管施工过程的组织怎样变化，为了降低工程成本，缩短施工工期，保证工程质量，都应遵守以下基本原则。

1. 施工过程的连续性

施工过程的连续性是指建筑产品的施工过程各阶段、各工序的进行在时间上是紧密衔接的，不发生各种不合理的中断现象，即在施工过程中，劳动对象始终处于被加工、检验状态，或处于自然过程中（如水泥混凝土的硬化）。

施工过程的连续，既包括施工工艺本身的连续，又包括施工组织的连续。只有采用先进的施工组织方法才能保证连续施工，从而加快进度、缩短工期、节约成本，避免不必要的窝工，提高劳动生产率。

2. 施工过程的协调性

施工过程的协调性（也称比例性）是指建筑产品施工过程的各阶段、各工序之间，生产能力要保持一定的比例关系，不发生脱节和比例失调的现象（如某专业队人数多，生产能力强，造成产品过剩；而另一专业队人数少，生产能力较差，产品供应不上，这就属于比例失调，施工过程中应当避免)。

具有协调性的施工组织,可以充分发挥施工进程中人力和物力,避免在各个施工阶段和工序之间出现停顿和等待,从而缩短施工周期。

协调性在很大程度上取决于施工组织设计的正确性。在施工过程中,由于材料原因(如品种变化、货源改变等)、采用新工艺、自然因素的变化等的影响,都会使实际生产能力发生变化,造成产品比例失调。因此,施工组织工作必须根据变化了的情况,采取措施,及时调整各种比例关系,保证施工过程的协调性。

3. 施工过程的均衡性

施工过程的均衡性(也称节奏性)是指施工过程的各个环节,都要按照施工计划的要求,在一定时间内,生产出相等或递增数量的产品,使各生产班组或设备的任务量保持相对稳定(即各施工段劳动量大致相等),不发生时松时紧现象(即,使用同一种材料、机械或半成品的项目尽量不要安排在同一时间施工)。

均衡性施工有利于劳动力和机械设备的调配,避免发生突击赶工现象,有利于保证生产质量、降低成本。

实现生产的均衡性,必须保持生产的比例性,加强计划管理,强化生产指挥系统,做好施工技术和物资准备。

4. 施工过程的经济性

施工过程的经济性是指施工过程满足技术要求外,必须追求经济效益,要用最小的劳动消耗取得较大的生产成果。

施工组织的根本目的是降低工程造价,但又不能影响工程进度和质量,所以经济性是施工组织的出发点亦是归宿点,施工过程的连续性、协调性和均衡性三项原则最终也把是否经济可靠作为衡量的标准。

上述连续、协调、均衡、经济四项原则是合理组织施工过程的前提条件,它们相互制约、相互联系,在进行施工过程的组织时,必须全面符合上述四项原则要求,不得有所偏废。

第二节　施工过程的空间组织

工程项目的施工过程组织,包括空间组织和时间组织两个方面的问题。

对于公路施工生产,生产过程的空间组织主要是解决加工厂内部或施工现场各生产作业单位的设置问题和具体工程项目的各种生产、生活、运输、行政等设施的空间分布问题,亦即施工平面设计问题。

施工总平面图是拟建项目施工现场的总体布置图,它是一个具体指导施工部署的行动方案,对于指导现场进行有组织、有计划的文明施工具有重大的意义。

施工总平面图按照施工部署、施工方案和施工总进度计划的要求,对施工现场的交通道路、材料仓库、附属生产企业、临时房屋建筑和临时水、电管线等作出合理的规划布置,从而正确处理全工地施工期间所需各项设施和永久性建筑物以及拟建工程之间的空间关系。施工总平面图按照规定的图例进行绘制,一般比例为1:1 000或1:2 000。

一、施工总平面图的设计原则

施工总平面图的设计应遵循以下原则:

(1)充分利用原有地形、地物、少占农田,因地制宜,以降低工程成本;
(2)充分考虑水文、地质、气象等自然条件的影响;
(3)场区规划必须科学合理;
(4)场内运输形式的选择及线路的布设,应尽量减少二次倒运和缩短运距;
(5)一切设施和布局,必须满足施工进度、方法、工艺流程及科学组织生产的需要;
(6)必须符合安全生产、保安防火和文明施工的规定和要求。

二、施工总平面图的设计内容

施工总平面图的设计应包含以下内容:
(1)原有地形地物;
(2)沿线的生产、行政、生活等区域的规划及期设施;
(3)沿线的便道、便桥及其他临时设施;
(4)基本生产、辅助生产、服务生产设施的平面布量;
(5)安全消防设施;
(6)施工防排水临时设施;
(7)主要结构物平面位量等。

三、施工总平面图的设计步骤

施工总平面图的设计,首先从研究大宗材料、成品、半成品和生产工艺设备的供应情况及运人施工现场的运输方式开始,其设计可按下列步骤进行。

1. 场外交通道路的引入与场内布置

当大量物资采用公路运输时,公路应与加工厂、仓库的位置结合布置,使其尽可能布置在最经济合理的地方,并与场外道路连接,符合标准要求。

2. 确定仓库和材料堆场的位置

仓库和材料堆场应设置在运输方便、位置适中、运距较短并且安全防火的地方,并应区别不同材料、设备和运输方法来设置。

当采用公路运输时,中心仓库可以布置在工地中心区或靠近使用的地方,也可以布置在工地入口处。大宗材料的堆场和仓库,可布置在相应的搅拌站、预制场或加工场附近。如砂、石、水泥、石灰、木材等仓库或堆场宜布置在搅拌站、预制场和材料加工厂附近,以减少二次搬运;砖、瓦和预制构件等应布置在垂直运输机械工作范围内,靠近用料地点。

3. 搅拌站的布置

工地混凝土搅拌站的布置有集中、分散、集中与分散相结合三种方式。

(1)当现场有足够的混凝土输送设备时,混凝土搅拌站宜集中布置;或现场不设搅拌站,而使用商品混凝土。

(2)当运输条件较差时,混凝土搅拌站宜分散布置在使用地点附近或垂直运输设备旁。

(3)临时混凝土预制构件加工场尽量利用建设单位和空地设置,一般宜布置在工地边缘,材料堆场专用线转弯的扇形地带或场外临近处。

4. 场内运输道路的布置

(1)首先根据施工项目及其与堆场、仓库或加工场相应位置,认真研究它们之间物资转运路径和转运量的大小,区分场内运输道路的主次关系,然后进行规划;优化确定场内运输道路主次和相互位置,应考虑车辆行驶安全、运输方便和道路修筑费用低。

(2)临时道路要把仓库、加工场、堆场和施工点贯穿起来;要尽可能利用原有道路或充分利用拟建的永久性道路,提前修建永久性道路或先修其路基和简单路面,为施工服务,以达到节约投资的目的。

5. 临时生活设施的布置

工地临时生活设施包括:办公室、汽车库、职工休息室、开水房、食堂和浴室等,其所需面积应根据工地施工人数进行计算。

(1)应尽量利用现有的或拟建的永久性房室为施工服务,数量不足时再临时修建,临时房室应尽量利用活动房室。

(2)全工地行政管理用房宜设在全工地入口处,以便对外联系;亦可设在工地中间,便于全工地管理;现场办公室应靠近施工地点。

(3)职工宿舍一般设在场外,距工地 500 ~ 1 000m 为宜,并应避免设在低洼潮湿及有烟尘不利于健康的地方;食堂可布置在生活区。

6. 临时水电管网及其他动力设施的布置

临时水电管网的布置可能有两种情况:

(1)当有可以利用的水源、电源时,可以将水电从外面接入工地,沿主要干道布置干管、主线,然后与各用户接通。临时总变电站应设置在高压电引入处,不应设在工地中心,以免高压电线经过工地内部遭致危险;临时水池应放在地势较高处。

(2)当无法利用现有的水电时,为了解决电源,可在工地中心或靠近中心处设置临时发电站;为了获得水源可以利用地上水或地下水,并设置抽水设备和加压设备(简易水塔或加压泵),以便储水和提高水压。

7. 绘制正式施工总平面图

必须指出,以上各设计步骤,并不是截然分割各自孤立地解决,施工现场平面布置是一个系统工程,应全面考虑、统筹安排,正确处理各项内容的相互联系和相互制约的关系,精心设计,反复修改;当有几种方案时,尚应进行方案比较、择优,然后绘制正式施工总平面图。该图应使用标准图例进行绘制,并按照制图规则的要求绘制完善。

第三节　施工过程的时间组织

施工过程组织,要求在时间上进行合理、科学的组织。进行生产过程时间组织的目的,就是要求在时间上,使各生产作业单位之间,按设计的工序顺序,紧密衔接,在符合工艺要求、充分利用工时和设备的条件下,尽量缩短生产周期。

一、时间组织的任务与类型

1. 生产过程时间组织的主要任务

(1)对于建筑施工性生产类型,主要是解决具体工程项目施工的时间分配问题,其中包括工程项目(各工段)之间的施工次序的排序问题。

(2)对于加工装配性生产类型,一方面要解决劳动对象在工序之间的移动方式问题;另一方面要解决加工任务在关键设备上的排序问题。

具体到公路工程施工生产过程,主要是研究建筑施工性生产类型的时间组织问题。

2. 时间组织的类型

在施工过程中，把施工对象（工程项目）人为地划分成若干段（有些是自然形成的），这些段叫做施工段。

公路施工过程时间组织类型主要有以下三种。

（1）单施工段多工序型。

单施工段多工序型是指生产任务不能划分或不需要划分为若干施工段而只有一个施工段，而且在这单一的施工段中包含若干项工序的生产过程。这种类型的生产过程的时间组织比较简单，一般只要解决各工序的生产力配置以及按工艺顺序确定总工期即可。

（2）多施工段多工序型。

多施工段多工序型是指施工任务包含或可以划分为多个施工段，而且每个施工段又包含多项工序的生产过程。这种类型的生产过程时间组织，可以采用多种方法进行组织。

（3）混合型。

混合型是指在一个任务中，既包含有单段多工序型又包含有多段多工序型的生产过程。这种类型实质是立体交叉作业。

3. 施工过程时间组织的表示方法

由于公路工程施工生产自身特点以及其复杂性的原因，在施工生产过程的时间组织表示方法上，为达到便于指导实际工程项目施工，满足简洁实用、直观方便的要求，最终用一种含有大量有关数据、各种信息的图表方式表示出来，这就是通常的工程施工计划进度图。目前，公路工程施工生产过程时间组织所采用的工程施工计划进度图主要有如下几种：

（1）横道式工程施工进度图，也叫横道图或甘特图（包括带有进度曲线图的横道图）。

（2）垂直坐标式工程施工进度图，也叫斜线图或坐标图。

（3）网络图形式的工程施工进度图（包括双代号、单代号、时间坐标、搭接等多种形式网络工程施工进度图）。

这三种图表之间可以互换。有关它们的具体编制方法、应用、特点等，将在以后的章节中介绍。

二、施工过程时间组织的基本作业方法

根据作业单位（即施工班组）对各施工段间施工顺序的不同，可分为顺序作业法、平行作业法和流水作业法三种基本作业方法。在进行生产过程时间组织时，这三种方法可以单独运用，也可以组合运用。其表示方法既可以用横道图表示，也可以用网络图表示，本章主要介绍横道图表示法。

例如，要完成 4 座小桥的施工任务（假定 4 座小桥的劳动量相等，施工条件、技术配备、工程数量等完全相同）。

分析：4 座小桥自然形成 4 个施工段，可把每一个施工段分成三道工序，即基础、下部构造和上部构造，可以采用下面三种基本作业方法完成该施工任务。

1. 顺序作业法

顺序作业法是当一个施工任务有若干个施工段时（或者有若干个施工任务），由同一个施工队（班组）按照工程的施工顺序，完成一个施工段的所有工序后，再去完成另一个施工段的所有工序，直至完成全部施工段的一种作业方法。它是一种最基本的施工组织方式，如图 2-1 所示。

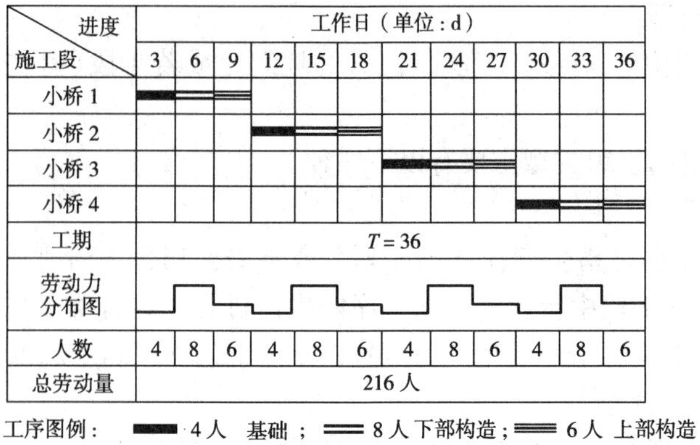

图 2-1　顺序作业法

顺序作业法的特点是：

(1)不能充分利用作业面去争取时间，所以工期最长。

(2)由于始终只有一个施工队(班组)在作业，故不能实现专业化施工，不利于提高工程质量和劳动生产率；即使按照工艺专业化原则成立专业施工队(班组)施工，各队(班组)作业时有时间间隔，不能保持连续性，出现了窝工现象。

(3)劳动力需要量波动大，很不均衡。

(4)单位时间内的资源需求量较少，资源供应相对容易。

(5)因为只有一个施工队(班组)在施工，所以临时设施较少，现场管理、协调容易。

2. 平行作业法

平行作业法是当一个施工任务有若干个施工段时(或者有若干个施工任务)，每个施工段上都配置有劳动力和机械设备，各个施工段同时开工、平行生产、同时完工的一种作业方法。如图 2-2 所示。

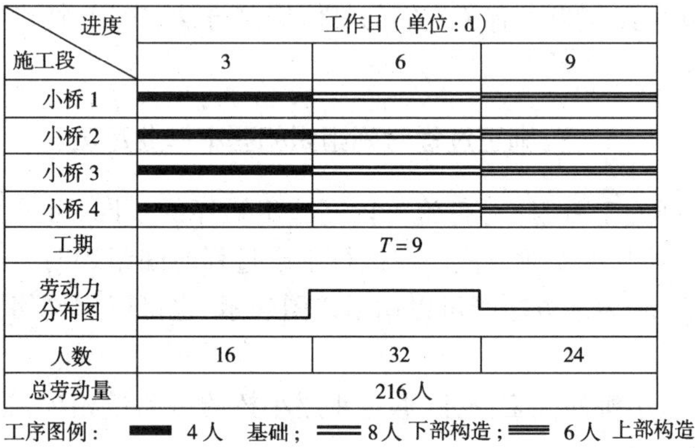

图 2-2　平行作业法

平行施工的主要特点是：

(1)可以充分利用工作面时间和空间，工期最短。

(2)适合于综合施工队(班组)施工，但不利于专业施工队(班组)的施工；对工程质量和生产率的提高不利；如采用专业化施工队(班组)施工，各施工队(班组)作业无法连续。

(3)劳动力需要量出现高峰，协调性、均衡性差。

(4)单位时间内需要投入的资源成倍增长，给材料供应、机械设备高度等带来困难，临时设施投入过多。

(5)由于施工队多,人员集中,所以施工现场的组织管理复杂、协调调度困难。

3. 流水作业法

流水作业法是当一个施工任务有若干个施工段时(或者有若干个施工任务),将它们按不同的工作内容划分为若干道工序或施工过程,依据工序或施工过程数建立专业班组,由各专业班组依照施工顺序完成各个施工段上的施工过程,即相同的工序顺序进行,不同的工序平行进行的一种作业方法。如图 2-3 所示。

流水作业法的工期比顺序作业短,比平行作业法长。通过比较可以看出,流水作业法消除了以上两种作业法的缺点,其特点是:

(1)由于流水作业法科学地利用了工作面,所以总工期比较合理。

(2)施工队采用专业化施工,可使工人的操作技术水平由于熟练而不断提高,为进行技术改造、革新创造了条件,更能保证工程质量,同时获得更高的劳动生产率。

(3)专业施工队实行连续作业,相邻专业施工队之间搭接紧凑,体现了施工的连续性。

(4)单位时间内投入的资源数量较为均衡,有利于资源供应的组织工作。

(5)施工有节奏,为文明施工和进行施工现场的科学管理创造了条件。

通过上面的举例,可以看出:流水作业法是平行作业法和顺序作业法相结合的一种搭接施工方法,它保留了平行施工和顺序施工的优点,消除了它们的缺点。在工序相同的多个施工段的施工安排中,其优越性是显而易见的。采用流水作业法组织施工,施工段的数量和工作面的大小必须满足一定的要求,流水作业法才能更好地发挥它的优越性。

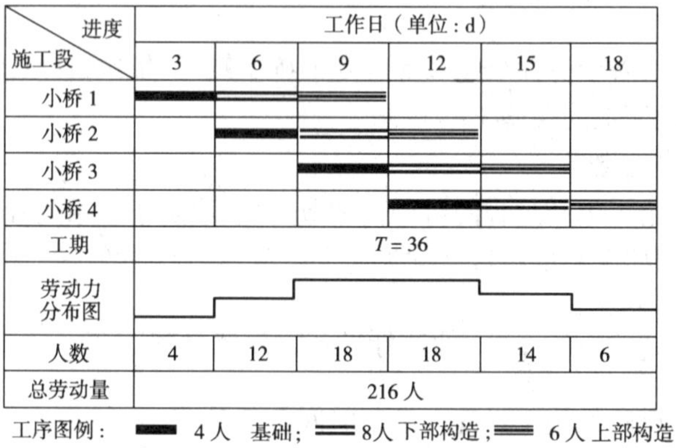

图 2-3 流水作业法

以上是假定在施工条件、技术水平、工程数量等完全相同的条件下,仅就三种施工组织方法的施工工期和劳动力需要进行比较,而实际工程中的情况相对于此要复杂得多。

第四节 流水作业法的原理

一、流水作业法的组织原则及步骤

不论是单位工程、分部分项工程,还是基本建设项目,都可以组织流水作业,即小到一道工序,大到一个基本建设项目,都可以按流水作业法组织施工。

1. 组织流水作业的基本原则

(1)保证专业队连续工作。

公路施工,一定要合理安排和使用劳力,要保证工人连续不断地进行工作,要使整个工地呈现出团结、紧张、严肃、活泼的气氛。这是保证企业全面完成各项施工任务的重要条件。一定要防止劳动力的安排和使用不当,出现干干停停的窝工现象。这样安排和使用劳动力会导致施工现场松松垮垮,工人懒散、思想麻痹、精神颓废,其结果是工期一拖再拖,质量粗制滥造,工程成本大幅度提高,经济效益愈来愈差,最终拖垮了企业。

(2)充分、合理利用工作面。

在公路施工中,工作面的利用既要充分又要合理,这样可以缩短工程的工期,提高施工的经济效益。

2. 组织流水作业的步骤

(1)划分流水施工段。

将拟建的工程对象,根据已选择的施工方案和工程结构特点、空间位置及施工工艺过程(工序),确定出可以组织流水作业的施工段。如一个标段上有若干小涵洞,可以把每一个小涵洞看作是一个施工段,这就自然形成了若干施工段。如果把一个标段的路线工程部分划分成1km一段,就属于人为地把劳动对象划分成了若干施工段。

(2)划分工序。

将组织流水作业的劳动对象(工程项目),从工艺上分解为若干工序或操作过程,确定其工艺上的顺序,每道工序或操作过程分别按工艺原则建立专业班组来进行施工。

(3)确定施工顺序。

确定施工顺序就是各个专业班组按照一定的施工顺序,依次、连续地由一个施工段转移到下一个施工段,不断地完成同类施工。

(4)确定流水作业参数。

流水作业法组织施工生产过程的协调性和节奏性,取决于一系列参数的确定,以及它们之间的相互关系,反映这些关系的参数就称为流水参数。

二、流水作业法的主要参数

按照流水参数所反映的施工过程空间与时间关系特征,一般把流水参数分为:时间参数、空间参数和工艺参数。

(一)时间参数

在组织流水施工时,用以表达流水施工在时间排列上所处状态的参数,称为时间参数。它主要包括:流水节拍、流水步距、流水展开期、技术间歇时间和组织间歇时间。

1. 流水节拍 t_i

流水节拍 t_i 是指承担某一工序的专业队(或者作业班组)在一个施工段上完成该作业的持续时间。如图2-4中,施工放样工序在各施工段上的流水节拍都等于1d,挖基坑工序在各施工段上的流水节拍都等于2d等。

当施工段数目确定后,流水节拍的长短,直接关系到投入劳力、机械和材料的数量,决定着施工速度和施工的节奏性,影响总工期。从理论上讲,流水节拍越短越好。但是实际上,由于工作面的限制,流水节拍 t_i 有一个界限。流水节拍 t_i 有以下几种计算方法。

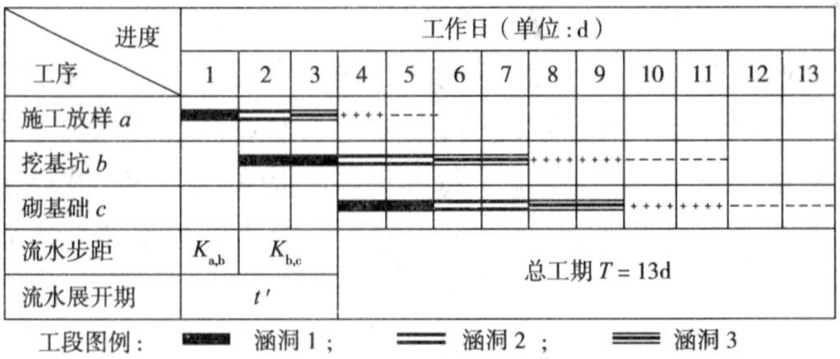

图 2-4　流水节拍

（1）定额计算法：如果有定额标准，可以采用定额来计算流水节拍 t_i。

$$t_i = \frac{Q_i \cdot S}{R \cdot n} \tag{2-1}$$

式中：t_i——流水节拍；

Q_i——某施工段的工程数量；

S——某工序的时间定额；

R——施工人数或机械台数（指每一班）；

n——作业班数，即 1 班、2 班、3 班。

（2）工期反算法：如果必须在规定日期内完成施工任务，可采用倒排进度的方法求流水节拍。首先根据要求的总工期 T 倒排进度，确定某一工序（施工过程）的施工作业总持续时间 T_i，再根据施工段数 m 反求流水节拍 t_i：

$$t_i = \frac{T_i}{m_i} \tag{2-2}$$

然后检查反求的流水节拍 t_i 是否大于最小流水节拍 t_{min}，如果不满足可通过调整施工段数和专业队人数及作业班次确定。t_{min} 的计算公式为：

$$t_{min} = \frac{A_{min} \cdot Q_i \cdot S}{A} \tag{2-3}$$

式中：A_{min}—— 每个人或每台机械所需的最小工作面；

A—— 一个施工段实际具有的工作面数值；

Q_i—— 某施工段的工程数量；

S—— 某工序的时间定额。

2. 流水步距 K

流水步距 K，是指相邻两个专业队先后进入施工现场进行施工的时间间隔，即开始时间之差。在图 2-4 中，施工放样专业队第一天开始作业，挖基坑专业队从第二天开始作业，则这两支专业队之间的流水步距 $K=1$。

流水步距 K 的大小，对总工期有很大影响。在施工段数目和流水节拍确定的条件下，流水步距越大，则总工期就越长；反之，则相反。确定流水步距时，在考虑正确的施工顺序、合理的技术间歇、适当的工作面和施工的均衡性的同时，一般还应遵循以下原则：

（1）流水步距要满足相邻两个专业工作队在施工顺序上的相互制约关系。

（2）流水步距要保证各专业工作队都能连续作业。

（3）流水步距要保证相邻两个专业工作队在开工时间上最大限度的、合理的衔接。

（4）流水步距的确定要保证工程质量，满足安全生产。

3. 流水展开期

从第一个施工专业队开始作业起，到最后一个施工专业队开始作业止，其时间间隔叫流水展开期，常用 t' 表示。显然，流水展开期之后，全部施工专业队都进入流水作业（当 $m>n$ 时），每天的各种资源需要量保持不变，各专业队每天完成相应的工作量，开始了连续、均衡而紧凑的流水作业阶段。由图 2-4 可见，流水展开期 t' 的数值等于各流水步距 K 值之和。

（二）空间参数

执行任何一项施工任务，都要占用一定范围的空间。在组织流水作业中，用工作面、施工段数这两个参数表达流水作业在空间上所处的状态，这些参数称为空间参数。

1. 工作面

工作面又称工作前线，是指某种专业工种的工人在从事建筑产品施工生产过程中，所必须具备的活动空间。

工作面大小可表明施工对象能安置多少工人操作和布置机械地段的大小，也即反映施工过程在空间布置上的可能性。在确定一个施工过程必要的工作面时，不仅要考虑前一施工过程为这个施工过程可能提供的工作面大小，同时要遵守安全技术规程和施工技术规范的规定。工作面的大小可以采用不同的单位来计量，通常使用 m/人、m^2/人等单位。

2. 施工段数 m

为了有效地组织流水施工，通常把拟建工程项目在平面上划分成若干个劳动量大致相等的施工段落，这些施工段落称为施工段。施工段的数目，通常以 m 表示，它是流水施工的基本参数之一。一般情况下，一个施工段内只能安排一个施工过程的专业工作队进行施工。在一个施工段上，只有前一个施工过程的工作队提供足够的工作面，后一个施工过程的工作队才能进入该段从事下一个施工过程的施工。

划分施工段应注意以下几点：

（1）为了保证拟建工程项目的结构整体完整性，不能破坏结构的力学性能，不能在不允许留施工缝的结构构件部位分段，应尽可能利用伸缩缝、沉降缝等自然分界线。

（2）为了充分发挥工人、主导施工机械的效率，每个施工段要有足够的工作面，使其所容纳的劳动力人数或机械台数，能满足合理劳动组织的要求。

（3）尽量使主导施工过程的工作队能连续施工。施工段的划分，应考虑机械使用的效能、工人的劳动组合、施工规模、资源供应等，通常以主导工序的组织为依据。

（4）人为划分施工段时，要使各施工段劳动量大致相等，相差不宜太大，以不超过 10% ~ 15% 为宜。

（三）工艺参数

任何一项施工任务的施工，都由若干不同种类和特性的工序（施工过程）组成，每一道工序都有其特定的施工工艺。在组织流水作业时，用工序（施工过程）和流水强度这两个参数来表达流水作业施工工艺开展顺序及特征，这些参数称为工艺参数。

1. 工序数 n

根据具体情况，把一个工程项目（分部工程）划分为若干道具有独自施工工艺特点的个别施工过程，叫做工序。例如，桥梁钻孔灌注桩工程可分为：埋护筒、钻孔、灌混凝土等；预制混凝土构件可分为：钢筋组、木工组、支模板组、试验组、混凝土拌和站、混凝土运输、混凝土浇灌、混凝土振捣。工序数也叫施工过程数，常用 n 来表示。每一道工序由一个专业班组来承担施工。

工序数要根据构造物的复杂程度和施工方法来确定，划分工序应注意以下几点：

(1)工序划分的粗细程度,应以流水作业进度计划的性质为依据。对于实施性的流水作业进度计划,应划分得细一些,可划分到分项工程。对于控制性的进度计划,应划分得粗一些,可以是单位工程,甚至是单项工程。

(2)结合所选择的施工方案划分工序。如钢筋混凝土结构的现场浇注与预制安装,沥青混凝土路面的机械摊铺施工与人工摊铺施工,两者划分施工工序的差异是很大的。

(3)划分工序应重点突出,抓住主要工序,不宜太细,使流水作业进度计划简明扼要。如路面工程可以划分为底基层、基层和面层。

(4)一个流水作业进度计划内的所有工序应按施工先后顺序排列,所采用的工序名称应与现行定额的项目名称一致。

2. 流水强度 V

流水强度又称流水能力、生产能力,某一施工过程在单位时间内所完成的工程量,称为该施工过程的流水强度,一般用 V 表示。流水强度越大,专业队应配备的机械、需用的人工及材料等也就越多,工作面相应增大,施工期限将会缩短。

(1)机械施工时的工序流水强度按下式计算:

$$V_i = \sum_{i=1}^{x} R_i \cdot C_i \tag{2-4}$$

式中:V_i——工序 i 的机械作业流水强度;

R_i——某种施工机械台数;

C_i——该种施工机械的台班产量定额(时间定额的倒数);

x——投入同一工序的主导施工机械种类。

(2)人工操作时的工序流水强度按下式计算:

$$V_i = R_i \cdot C_i \tag{2-5}$$

式中:V_i——工序 i 的人工作业流水强度;

R_i——每一专业班组人数;

C_i——平均每一个工人每班产量即产量定额(时间定额的倒数)。

三、流水作业法的分类及总工期

由于工程构造物的复杂程度不同,受地理环境影响不同,造成了流水参数的差异,使流水施工作业分为有节拍流水作业和无节拍流水作业。

(一)有节拍流水作业

有节拍流水又分为全等节拍流水、成倍节拍流水和分别流水。

1. 全等节拍流水

(1)定义。

在组织流水施工时,如果所有的施工过程在各个施工段上的流水节拍彼此相等,这种流水施工组织方式称为全等节拍流水,也称为固定节拍流水或同步距流水,如图 2-5 所示。

(2)特点。

①流水节拍彼此相等,流水步距彼此相等,而且两者的数值也相等,即 $t_i = k_i =$ 常数。这也是组织全等节拍流水作业的条件。

②按每一道工序各组织一个施工专业队,即施工专业队的数目等于工序数 n。

③每个施工专业队都能连续作业,施工段没有空闲,实现了连续、均衡而又紧凑的施工,是

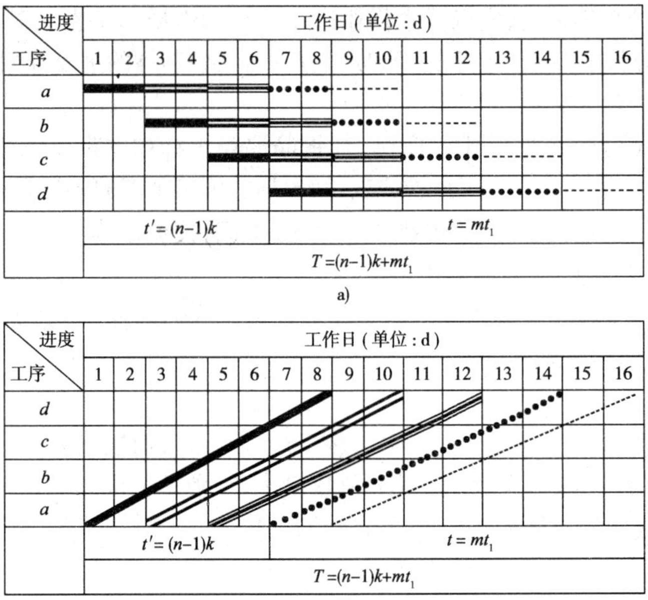

图 2-5　全等节拍流水施工进度图

a）横道图；b）斜条图

一种理想的组织方式。但是实际工程中，这种情况并不多见。

（3）总工期计算。

由图 2-5 可知，流水展开期 t' 为各施工专业队（即工序）之间的流水步距 K 值之和。因此，施工专业队（即工序）数为 n 时，流水步距必然只有 $(n-1)$ 个，则：

$$t' = (n-1)K \tag{2-6}$$

最后一个施工专业队（即工序）应在每个施工段上依次作业，它的全部作业时间 t 应为，

$$t = mt_i \tag{2-7}$$

式中：各符号意义同前。

流水作业的总工期 T 等于 t' 与 t 之和，即：

$$T = t' + t \tag{2-8}$$

$$T = (n-1)k + mt_i = (m+n-1)k \tag{2-9}$$

式中：各符号意义同前。

2. 成倍节拍流水

（1）定义。

成倍节拍流水，是指同一条流水线上的所有流水节拍都相同，而不同流水线之间的流水节拍则成倍数关系，按此条件组织的流水作业称为成倍节拍流水。

（2）特点。

①同一工序在各个施工工段上的流水节拍彼此相等，不同工序在同一施工段上的流水节拍彼此不相等，但互为整数倍数关系。这也是组织成倍节拍流水作业的条件。

②施工专业队的数目大于工序数。

③各施工专业队都能保持连续施工，施工段没有空闲，整个施工过程是连续、均衡的，各施工专业队按自己的节奏施工。

（3）成倍节拍流水施工组织。

如果仍按全等节拍流水组织施工,则会造成专业队窝工或作业面间歇,从而导致总工期延长。为了使各专业队仍能连续、均衡地依次在各施工段上施工,应按成倍节拍流水组织施工。其步骤如下:

①求各工序的流水节拍的最大公约数 K_k。与原流水步距 K 意义不同,K_k 是作为按成倍流水节拍组织流水作业的一个参数,是各道工序都共同遵守的“公共流水步距”。

②求各工序的施工专业队数目 B_i。每道工序的流水节拍 t_i 是 K_k 的几倍,就相应安排几个施工专业队,即施工专业队数目:$B_i = t_i/K_k$。同一道工序的各个施工专业队就依次相隔 K_k 天投入流水作业施工,这样才能保证均衡、连续地施工。

③将施工专业队数目的总和 $\sum B_i$ 看作是“总工序数 n”,将 K_k 看作是“流水步距”,然后,按全等节拍流水作业安排施工进度。

④计算总工期 T。将 $n = \sum B_i, K_k = k$ 代入公式(2-9)得:

$$T = (m + n - 1)k = (m + \sum B_i - 1)K_k \tag{2-10}$$

图2-6是一个成倍节拍流水作业图,共有7个施工段(A、B、C、D、E、F、G),每个施工段有3道工序(a、b、c),a 工序(专业队)在各个施工段上的流水节拍 $t_a = 2$;b 工序在各个施工段上的流水节拍 $t_b = 6$;C 工序在各个施工段上的流水节拍 $t_c = 4$。

各工序的流水节拍的最大公约数 $K_k = 2$。由 $B_i = t_i/K_k$ 计算得:a 工序需要1个专业队;b 工序需要3个专业队;c 工序需要2个专业队。

该例 $m = 7, \sum B_i = 6, K_k = 2$,代入式(2-10)得:

$$T = (7 + 6 - 1) \times 2 = 24(\text{d}) \tag{2-11}$$

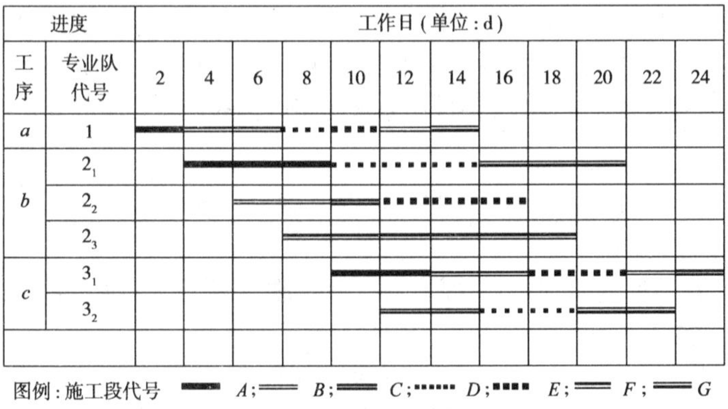

图2-6 成倍节拍流水施工进度图

3. 分别流水

(1)定义。

分别流水指各施工过程的流水节拍各自保持不变($t_i = c$),但不存在最大公约数,流水步距是一个变数的流水作业。

组织分别流水作业时,首先应保持各施工段本身均衡而不间断地进行,然后将各工序彼此衔接协调。既要避免各工序之同发生矛盾,也要尽可能减少作业面的空闲时间,使整个施工安排保持最大限度的紧凑,以达到缩短工期的目的。

(2)作图。

由于流水步距是一个变数,其作图不能像全等节拍流水作业,也不能像成倍节拍流水作业那样,采取单一方式作图。应分别流水作业作图,即采用两种方法:①紧凑法(只要具备开工要素就开工),见图2-7a);②潘特考夫斯基法(各专业队连续作业),见图2-7b)。

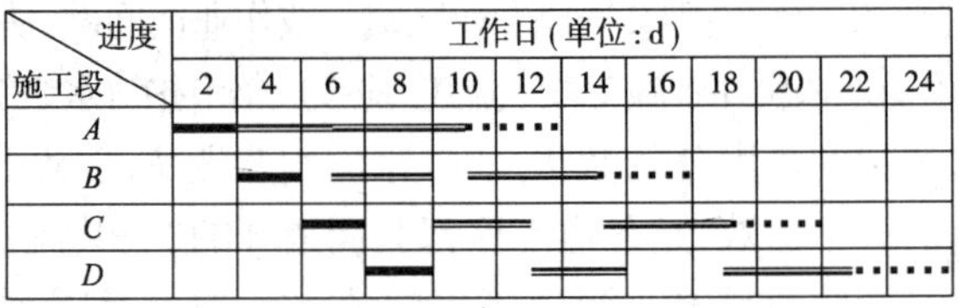

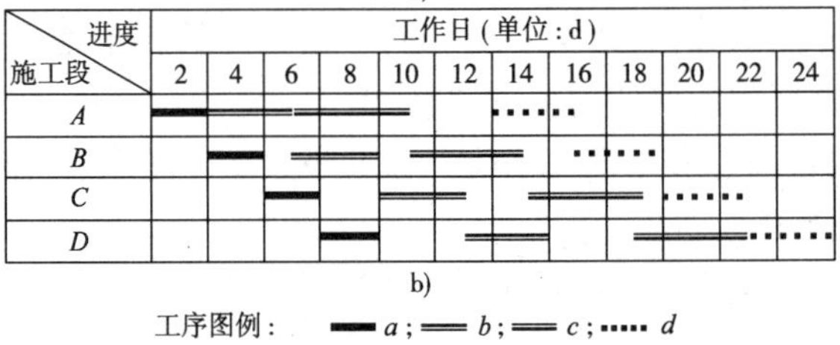

图 2-7 分别流水作业进度图

a)紧凑法;b)潘特考夫斯基法(作业队连续作业)

由图 2-7a)和图 2-7b)可见,总工期都等于 24d,即 $T=24$,不同的组织方法,总工期相同(这是一个特例)。一般来说,应采用工期短的组织方法。但是,该例采用了后一种组织方法,原因是在工期相同的条件下,作业队连续作业更经济。

分别流水作业的施工总工期,一般采用作图法确定。因为有两种作图方法,会有两种工期,因此不能用一个公式表达。

(3)计算工期。

地于分别流水作业,其施工总工期可据施工组织方法的不同而选择不同的工期计算方法:如果采用紧凑法组织施工,可利用直接编阵法求算工期;如果采用专业队连续作业法组织施工,可利用"累加数列错位相减取大差法"求得最小流水步距后再利用公式法或者作图法确定工期。

①直接编阵法计算工期。

在实际工程中,对于小型施工项目,我们可以通过直接编阵法计算工期,而不必每一次都画出进这图来确定施工工期。

直接编阵法计算工期的原理是:只要具备了开工要素就开工,属于紧凑法施工组织安排。具体计算见下例(表 2-1)。

流水节拍表 (单位:d) 表 2-1

施工段 / 工序	A	B	C	D
a	6	4(10)	7(17)	9(26)
b	3(9)	5(15)	6(23)	4(30)
c	5(14)	6(21)	8(31)	7(38)
d	4(18)	7(28)	8(39)	3(42)

注:( )中的数值为新元素,施工总工期是 42d。

说明:a. 对于第一行各新元素,可以直接累加得到。因为,对于 *a* 工序来说,所有施工段上的工作面都是闲置的,只要有生产力就可以开工,所以,可以直接用旧元素值加左边新元素、值得到该新元素值。也就是说,到第 26d,口工序(作业队)就完成了所有施工段上的施工任务。b. 对于第一列(即首施工队 *A*)各新元素,也是直接用旧元素值加上面新元素值得到该新元素值。因为,所有工序(专业队)都是闲置的,即生产力能满足要求,只要有工作面就可以开工了,所以,每累加一个数,也就是一道工序已完成了在首施工段 *A* 上的操作。c. 对于其他新元素值，用旧元素值加上面或左边两个新元素中的较大值（之所以加较大值是为了具备开工要素，上面的数值说明有无工作面，左边的数值说明了无生产力）；得该新元素值，从第二行起顺序进行，直至完成。具体计算结果见表 2-1。

②"累加数列错位相减取大差法"。

见下文中"四、流水作业的作图"。

（二）无节拍流水作业

1. 定义

无节拍流水作业是指同类工序的流水节拍在各施工段上不完全相同，而不同类工序的流水节拍相互之间也不完全相等。

对于公路工程来说，沿线工程量并非均匀分布，如大、中型桥梁或路基土、石方的高填、深挖等属于集中型工程。在实际工程中，各施工专业队在机具和劳动力固定的条件下，流水作业速度不可能总保持一致。所以，有节拍流水作业很少出现，大多是无节拍流水作业，即 $t_i \neq$ 常数，$K \neq$ 常数。

2. 作图

无节拍流水作业的作图与分别流水作业一样，也有两种方法即：①紧凑法（只要具备开工要素就开工），见图 2-8a）；②潘特考夫斯基法（各专业队连续作业），见图 2-8b）。

无节拍流水作业的施工总工期，一般采用作图法确定。但是，为了求得最短的总工期，首先对施工段的施工次序进行排序（在第四部分讲），然后才能以作图法确定其最短总工期。

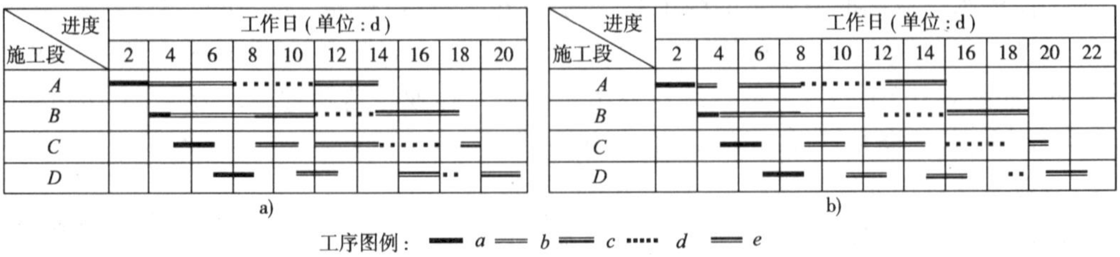

图 2-8　无节拍流水作业进度图

a）紧凑法；b）潘特考夫斯基法（作业队连续作业）

3. 计算工期

与分别流水作业法相同。

四、流水作业的作图

（一）流水作业图的形式

按流水作业图中的图形和线条形态及其所表达的内容可分为：

（1）横线工段式［如图 2-5a）］；

（2）横线工序式（如图 2-8）；

（3）斜线工段式［如图 2-5b）］；

（4）斜线工序式［如图 2-9，由图 2-7b）改画而成］。

（二）流水作业的作图

流水作业法的施工组织意图和内容，可通过流水作业图的形式表达出来。有关作图的要点如下：

1. 开工要素

任何一道工序开工时，必须具备工作面和生产力（工人、机械、材料等资源）两个开工要素。两者中缺少任何一个，工序都不具备开工条件。如图2-8a)中，b工序在C施工段上，必须在第8d开工，因为在这之前，虽有工作面，但无生产力；又如图2-7a)中，d工序在B施工段上，只能在第14d开工，在第13d虽有生产力，但无工作面。

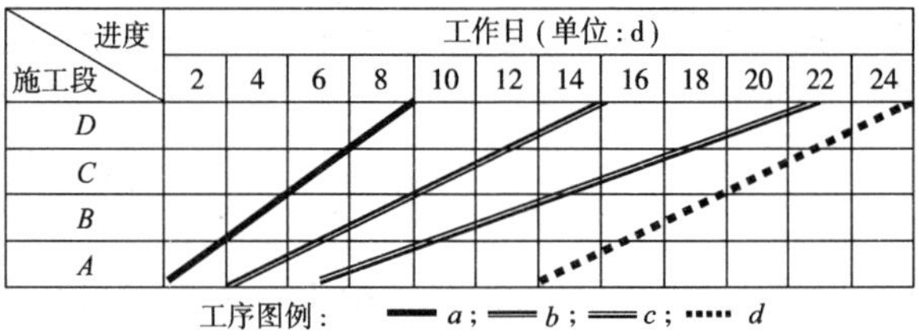

图2-9 斜线工序式流水作业进度图

2. 工序衔接原则

(1)相邻工序之间及工序本身，应尽可能衔接，以取得最短的施工总工期。

(2)工序衔接必须满足工艺要求和自然过程(混凝土的硬化等)的需要。

(3)尽量使得同工序在各施工段上能连续作业，并尽量使得相邻不同工序在同一施工段上能连续作业。

(4)图中的首工序和末工序，均可按需要与可能采取连续作业或间歇作业。

3. 工序紧凑法流水作业组织

为了使流水作业图取得最短的施工总工期，在作图时，各相邻工序之间，尽量紧凑衔接，即尽量使所排工序向作业开始方向靠拢(一般向图的左端)。如图2-8a)为按工序紧凑法组织的流水作业；如图2-8b)为按专业队连续作业组织的流水作业。这两种组织方法，工期相差1d；在实际生产中，若工期紧，应取图2-8a)的组织方式。

4. 专业队连续作业法的组织

在流水作业组织中，可使各个专业队在各施工段间连续作业，以避免"停工待面"和"干干停停"等现象；这样尽管不能保证工期最短，但可以提高经济效益。

专业队实现连续作业，不等于总工期最短；但总工期最短，不等于不能实现连续作业，如前文中图2-7所示。

为了组织在总工期尽可能短的条件下，各施工专业队能在各个施工段间进行连续作业，必须确定相邻各专业队(相邻工序)间最小流水步距K_{min}。最小流水步距K_{min}可以用潘特考夫斯基法和"纸条串法"确定。

(1)潘特考夫斯基法。

此法也叫"累加数列错位相减取大差法"。下面以具体示例介绍其具体步骤：

①作表。按施工段和工艺顺序，将各工序(施工专业队)在各施工段上的流水节拍值列于表2-2中。

流水节拍表 (单位:d) 表2-2

工序＼施工段	A	B	C	D
a	2	3	3	2
b	2	2	3	3
c	3	3	3	2

②求首施工段上各最小流水步距。

a. 求 K_{ab}^{A}，计算如下：

将 a 工序的 t_a 依次累计叠加，可得数列：2　5　8　10；

将 b 工序的 t_b 依次累计叠加，可得数列：2　4　7　10；

将后一工序的数列向右错一位，进行两数列相减，即：

a：	2	5	8	10	
b：		2	4	7	10
	2	3	4	3	−10

则所得数列中的最大正数 4，即为 a、b 两工序的最小流水步距 $K_{ab}^{A}=4$。

b. 同理求 K_{bc}^{A}，计算如下：

b：	2	4	7	10	
c：		3	6	9	11
	2	1	1	1	−11

则所得数列中的最大正数 2，即为 b、c 两工序的最小流水步距 $K_{bc}^{A}=2$。

如果还有更多的工序，施工段也比此例多，最小流水步距的求法也与此例相同。

③绘制流水作业图。根据求得的最小流水步距和流水节拍填表 2-2，绘制流水作业图，如图 2-10。

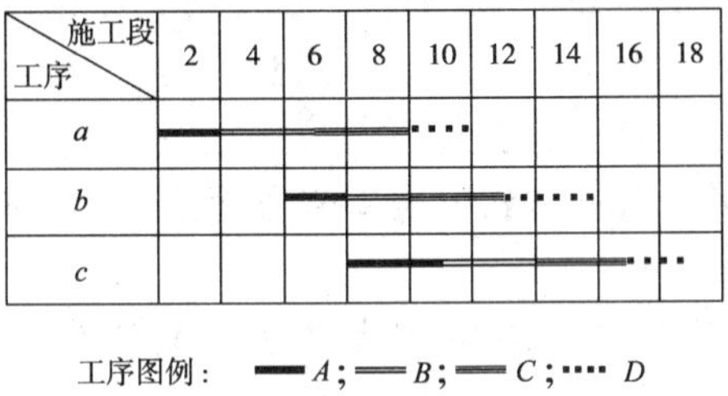

图 2-10　最小流水步距流水作业进度图

④结论。由图 2-10 可得总工期 $T=17\text{d}$，若采用紧凑法组织施工，可得总工期 $T=16\text{d}$。在实际生产中，根据具体情况选取组织方法。

(2)纸条串法。

此法只适用于横线工段式。以图 2-10 为例来说明纸条串法求 K_{min} 的步骤：

①作流水节拍表，同填列表 2-2 一样。

②绘制“流水作业进度图”的图框，填好施工进度日历和工序名称（以下简称进度图）。

③在各个施工段上，将首工序（即 a 工序）的流水节拍直接连续地绘于进度图上，并标明施工段名称。

④在各施工段上，将 b 工序的流水节拍连续地绘在纸条上，并标明施工段名称。然后，将纸条在“进度图”的 b 工序行内由左向右调整，调整的原则是：相同符号的施工段不能重叠（重叠说明两个不同的施工专业队进入了同一个施工段，即上一道工序还没有完工，还不具备工作面，下一道工序就进入了现场），但要做到衔接最紧凑。调整好后，将纸条固定。

⑤在各个施工段上，将 c 工序的流水节拍连续地绘在纸条上，并重复上述方法，调整好后，将纸条固定。若还有更多的工序，可以一直重复上述方法。实践证明，纸条串法简捷、直观、准确、不必计算。

第五节　合理施工次序的确定

对于无节拍流水作业的施工总工期,必须通过工程项目合理排序才能解决其最短总工期问题,下面我们研究 m 个施工段 n 道工序的排序问题。

这里所指的 m 个施工段,是指那些施工内容相同的单位工程、分部、分项工程(而不同施工内容的施工段无法排序);n 道工序是指 m 个施工段中,受某种客观条件(如关键设备等)制约的工序,或指那些人为合并的工序。

一、M 个施工段 2 道工序时,施工次序的确定

对于这类问题可以用约翰逊—贝尔曼法则来解决。这个法则的基本原则是:先行工序施工工期短的要排在前面施工,而后续工序施工工期短的要排在后面施工。

具体步骤通过示例详解如下:

(1)填列"流水节拍表",如表 2-3。

流水节拍表　(单位:d)　　表 2-3

工序＼施工段	A	B	C	D	E	F
a	4	4	6	8	3	2
b	7	4	5	1	6	3

(2)绘制"施工次序排列表"的表格,见表 2-4(熟练后可不绘制此表,而在表 2-3 下边加一栏,直接排序)。

(3)填表排序。即按约翰逊—贝尔曼法则填充表 2-4,从而可将各个施工段的施工次序排列出来。

施工次序排列表　　表 2-4

填表次序＼施工次序	1	2	3	4	5	6
1						D
2	F					
3		E				
4					B	
5			A			
6				C		
列中最小数	2	3	4	5	4	1
施工段号	F	E	A	C	B	D

根据表 2-3,本示例中各施工段的施工次序排列如下:

第一个最小数是 1,属于后续工序,所以填列在表 2-4 中施工次序的最后一格,并将表 2-3 中 D 施工段这一列划去。

第二个小数是 2,属于先行工序,所以填列在表 2-4 中施工次序的最前面一格,并将表 2-3 中 F 施工段这一列划去。

余此类推，将表 2-4 填列完毕，可确定各个施工段的最优施工次序为：F、E、A、C、B、D。

(4)绘制施工进度图，确定施工总工期。本示例按流水作业法组织施工，其施工进度图如图 2-11，其总工期为 28d。

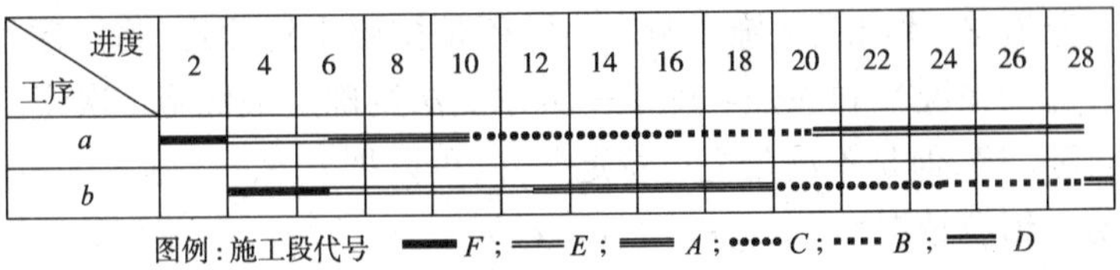

图 2-11　最优施工次序流水作业进度图

若不按约翰逊—贝尔曼法则所确定的施工次序，一般不能取得最短施工总工期。如本示例，若接表 2-3 的施工次序，即按 A、B、C、D、E、F 的次序施工，则总工期至少需要 34d，比采用约翰逊—贝尔曼法则的 28d 多 6d。

二、M 个施工段 3 道工序时，施工次序的确定

对于这类问题，如果符合下列两种情况中的一种，就可采用约翰逊—贝尔曼法则，这两种情况是：

(1)第 1 道工序中最小的施工期 a_{min}，大于或等于第 2 道工序中最大的施工期 b_{max}，即 $a_{min} \geqslant b_{max}$；

(2)第 3 道工序中最小的施工期 c_{min}，大于或等于第 2 道工序中最大的施工期 b_{max}，即 $c_{min} \geqslant b_{max}$。

对于 M 个施工段 3 道工序时，施工次序的排序问题，只要符合上述两条中的一条时，即可按下述步骤来求得最优施工次序。

第一步：将各个施工段中第 1 道工序 a 和第 2 道工序 b 的流水节拍(施工期)依次加在一起，即 $a+b$；

第二步：将各个施工段中第 2 道工序 b 和第 3 道工序 c 的流水节拍(施工期)依次加在一起，即 $b+c$；

第三步：将上两步中得到的流水节拍表(施工工期表)，看作两道工序的流水节拍表(施工工期表)，见表 2-5 中的 $a+b$ 和 $b+c$；

第四步：按上述 M 个施工段 2 道工序时的排序方法，求出最优施工次序；

第五步：按所确定的施工次序绘制施工进度图，确定施工总工期。

现举例说明，流水节拍表见表 2-5。

流水节拍表　(单位：d)　　　　表 2-5

工序 \ 施工段	A	B	C	D	E
a	3	2	8	10	5
b	5	2	3	3	4
c	5	6	7	9	7
a + b	8	4	11	13	9
b + c	10	8	10	12	11
最优次序	B	A	E	D	C

本例按上述方法确定出最优施工次序为：B、A、E、D、C，总工期为39d；若按A、B、C、D、E的顺序施工，则总工期为42d。

如果m个施工段3道工序，不满足上述特定条件，应如何确定最优施工次序呢？对于这种情况，可以采用穷举法，找出最优施工顺序。即还是按照上述原理，将工序重新组合成2道工序（包括所有可能的情况），再按照约翰逊—贝尔曼法则确定最优施工次序。如：表2-6所示为4个施工段，3道工序，但是不满足上述特定条件，可以把a、b、c三道工序重新组合成以下2道工序（包括了所有组合情况）：$(a,b+c)$；$(a+c,b)$；$(a+b,c)$；$(a+b,b+c)$；$(a+c,b+c)$；$(a+b,a+c)$。但要注意先行工序和后续工序的顺序不能颠倒，即$(a+c,a+b)$的组合是错误的。

流水节拍表（单位：d） 表2-6

工序 \ 施工段	A	B	C	D
a	3	4	7	9
b	3	5	6	4
c	5	6	8	7

三、M个施工段工序多于3道时，施工次序的确定及工期计算

当工序多于3道时，求解最优施工次序变得比较复杂，可以将工序按一定方式进行组合，将其变成虚拟的2道工序，然后再按约翰逊—贝尔曼法则确定较优施工次序。

由于组合方式很多，每一次只能得到较优施工次序，因此只有借助计算机，列出所有组合方式，从众多较优解中找到最优施工次序。但是，即使我们没有列出所有组合方式，也可以得到相对最优解。下面举一例说明本法的应用。

[例2-1] 某施工任务有4个施工段，每个施工段有4道相同工序，其流水节拍表（作业时间表）如表2-7，求其最优施工次序及最短施工总工期。

流水节拍表（单位：d） 表2-7

工　序 \ 施工段	A	B	C	D
a	6	2(8)	5(13)	3(16)
b	4(10)	7(17)	1(18)	2(20)
c	8(18)	9(27)	3(30)	6(36)
d	1(19)	5(32)	4(36)	8(40)

若不排序，按直接编阵法（见下文）得的施工总工期为43d。

解：(1)组合1（表2-8）：

流水节拍表（单位：d） 表2-8

工　序 \ 施工段	A	B	C	D
$a+b$	10	9	6	5

续上表

工序 \ 施工段	A	B	C	D
$c+d$	9	14	7	14
较优次序	D	C	B	A
a	3	5(8)	2(10)	6(16)
b	2(5)	1(9)	7(17)	4(21)
c	6(11)	3(14)	9(26)	8(34)
d	8(19)	4(23)	5(21)	1(35)

按直接编阵法得施工总工期为35d。

(2)组合2(表2-9):

流 水 节 拍 表 (单位:d) 表2-9

工序 \ 施工段	A	B	C	D
$a+c$	14	11	8	9
$b+d$	5	12	5	10
较优次序	D	B	C	A
a	3	2(5)	5(10)	6(16)
b	2(5)	7(12)	1(13)	4(20)
c	6(11)	9(21)	3(24)	8(32)
d	8(19)	5(26)	4(30)	1(33)

按直接编阵法得施工总工期为33d。

(3)组合3(表2-10):

流 水 节 拍 表 (单位:d) 表2-10

工序 \ 施工段	A	B	C	D
$a+d$	7	7	9	11
$b+c$	12	16	4	8
较优次序	B	A	D	C
a	2(2)	6(8)	3(11)	5(16)
b	7(9)	4(13)	2(15)	1(17)
c	9(18)	8(26)	6)(32)	3(35)
d	5(23)	1(27)	8(40)	4(44)

按直接编阵法得施工总工期为44d。

(4)组合4(表2-11):

流 水 节 拍 表 （单位:d） 表2-11

施工段 / 工 序	A	B	C	D
a	6	2	5	3
b + c + d	13	21	8	16
较优次序	B	D	C	A
a	2(3)	3(5)	5(10)	6(16)
b	7(9)	2(11)	1(12)	4(20)
c	9(18)	6(24)	3(27)	8(35)
d	5(23)	8(32)	4(36)	1(37)

按直接编阵法得施工总工期为37d。

(5)组合5(表2-12)：

流 水 节 拍 表 （单位:d） 表2-12

施工段 / 工 序	A	B	C	D
a + b + c	18	18	9	11
d	1	5	4	8
较优次序	D	B	C	A
a	3	2(5)	5(10)	6(16)
b	2(5)	7(12)	1(13)	4(20)
c	6(11)	9(21)	3(24)	8(32)
d	8(19)	5(26)	4(30)	1(33)

按直接编阵法得施工总工期为33d。结果同组合2。

从以上五种组合中找出相对较优顺序为：D、B、C、A，总工期为33d，比按A、B、C、D顺序施工总工期减少了11d。还有其他组合方式，有兴趣的同学可以继续做下去。

第六节　作业法的综合运用

在前面已经讨论了顺序作业法、平行作业法和流水作业法，在实际工程中，这三种作业法不仅可以单独使用，而且可以根据具体条件将三种基本作业方法综合运用。在实际工程中常用的有：平行流水作业法、平行顺序作业法和立体交叉平行流水作业法。

一、平行流水作业法

在工程量相同的情况下，平行作业法工期最短，但劳动力、材料、机械等物资的需要量不平衡。如根据实际情况，组织平行流水作业法，则既能缩短工期，又能克服平行作业法的缺点，发挥流水作业法的优势。如下例图2-12中，孔1和孔2、孔3和孔4、孔5和孔6、孔7和孔8等为平行作业，孔1和孔3、孔2和孔4、孔5和孔7、孔6和孔8等为流水作业。以钻孔为主导工序进行安排，从孔1～孔8之间的作业组织属于平行流水作业法；从孔9～孔16之间的作业组织也属于平行流水作业法。

二、平行顺序作业法

平行顺序作业法适合于人力、财力、物力都十分充足，工期又相当紧张的工程任务。虽然没有克服平行作业法造成的人力、物力、机械等的过分集中使用和顺序作业法的不连续等缺点，但在某些特定的情况下可以考虑应用。

三、立体交叉平行流水作业法

这种方法综合运用了平行、顺序、流水作业方法的特点。在空间上，利用一切可以利用的工作面，使实际拥有的机械、材料、人力发挥其最大效率。以主导工序和主导机械为依据，进行时间组织安排。它有效地缩短了施工工期，使整个施工过程处于节奏当中，它非常适合于工序繁多、工程量大而又集中的大型构造物的施工。如立交桥、特大桥的钻孔灌注桩工程、桥墩、桥台施工等。

［**例 2-2**］ 某工程队承包了一座桥的基础工程，该桥基础为桩基础，共有 16 根钢筋混凝土桩。该工程队的施工组织方法见图 2-12。

在图 2-12 中，每 8 个孔分成一组，按平行流水作业组织，这两组之间又进行立体交叉施工。由图 2-12 可见，埋护筒作业队一支，清理现场作业队一支，灌混凝土作业队一支，钻孔设备四套，这四个专业队都是连续作业。整个施工过程有条不紊，充分体现了连续、协调、均衡的施工组织原则。

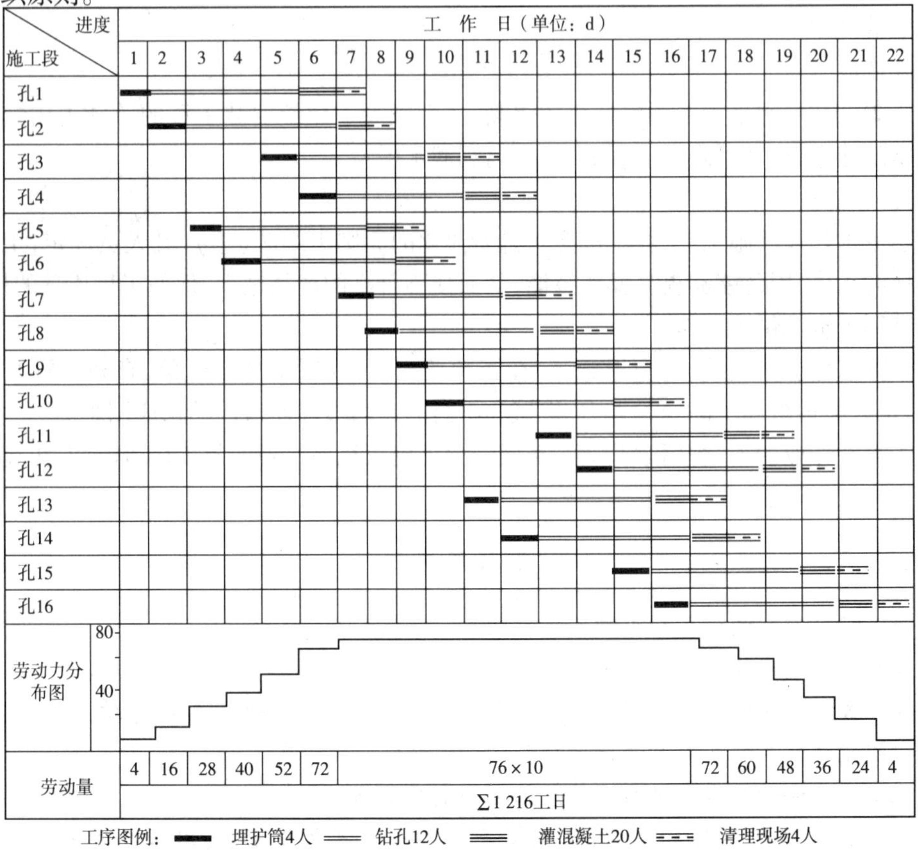

图 2-12　立体交叉平行流水作业进度图

第七节　流水作业法的经济效果

在建筑施工中采用流水作业法，有助于提高施工企业的工作效率。采用流水作业法组织施工时，可以广泛采用装配式结构、高效率的施工机械和运输设备。由此可使公路建筑安装工程和运输工作的综合机械化达到更高的水平，能够更充分地利用施工机械、建筑材料和其他资源。

流水作业法的经济效果，主要是提高劳动生产通用性、缩短工期、降低成本、提高质量等几方面，现分述如下：

1. 提高劳动生产率

采用流水作业法组织施工，由于前一道工序能够迅速地给后一道工序让出工作面，使各道工序都紧密地衔接起来，平行流水，因而消灭了停工窝工的时间，加快了施工进度，因此提高了劳动生产率。此外，由于工人多次重复固定的工序，从而能不断提高技术熟练程度，提高工作效率。由于采用了先进的施工技术和施工方法，以及施工机械在最优的条件下工作，从而减少了劳动力需要量。

2. 缩短工期

施工工期的缩短，是因为采用了流水作业法，使各道工序紧凑地流水施工，施工队伍依次转移，减少了停工窝工的时间，加快了工程进度。从而使拟建工程项目尽早竣工，交付使用，发挥投资效益。

3. 降低成本

由于工人技术水平和劳动生产率的提高，从而减少了建筑安装工程的劳动占用量和施工临时设施的建造量，即可降低工程成本，提高利润水平。

4. 提高质量

采用流水作业法施工，一般是按照工艺专业化的原则组织队（组），其人员固定，工人由于重复同样的工作，因此能够提高操作技能，从而使不合格的产品减少，促使工程质量的提高。

5. 有利于资源供应工作

由于流水作业是连续、均衡地施工，在资源使用上，克服了高峰现象，有利于资源供应工作；同时也大大地缓和了高峰时人力、机械和材料的突然增加而造成的供应困难。

由于流水作业的连续性和均衡性，从而减少了施工机械设备的停工闲置时间，更充分地利用了施工机械和运输工具。

复习思考题

1. 施工进度控制的含义和目的各是什么？

2. 工程项目进度控制的任务是什么？

3. 施工过程时间组织的类型有哪些？基本作业方法及各自的特点是什么？

4. 组织流水作业的基本方法是什么？

5. 流水作业法的分类有哪些？其总工期分别应如何计算？

6. 在下表中，专业队连续作业，请根据表中给出的流水节拍，使用潘特考夫斯基法求算工期。

工序 \ 施工段	*A*	*B*	*C*	*D*
a	4	5	5	4
b	4	4	5	5
c	5	5	5	4

7. 某施工任务有4个施工段,每个施工段有4道相同工序,其流水节拍表(作业时间表)如下表所示,求其最优施工次序及最短施工总工期,并绘制横道图。

流水节拍表 (单位:d)

工序 \ 施工段	*A*	*B*	*C*	*D*
a	13	9	12	10
b	11	14	8	9
c	15	16	10	13
d	8	12	11	15

第三章 网络计划技术

第一节 概 述

我国道路工程施工作业计划,过去一般采用的是横道图法或垂直图法。横道图法直观易懂、简单明了,但它不能反映各项工作之间的衔接关系,看不出某一工作的变化对整个工程的影响。垂直图法以横轴表示路程、纵轴表示时间,斜率表示工作速度,虽然能了解各个工序活动之间的关系,但比较复杂,不能区别各工作在实际施工中的重要地位,不利于抓住关键工作。

1956年,美国杜邦公司在国家通用电子计算机研究中心的协助下,研究出一种新的计划方法——CPM法,经试用取得很好的效果。1958年,美国海军部武器局在编制"北极星导弹"研制计划时,又创造另一种新的计划方法——PERT法。由于使用了这种计划方法,使该项研制项目进展十分顺利,最后提前3年完成,并节约了大量资金。CPM法和PERT法都是采用由箭线、节点组成的网络图形表达进度计划的方法,因此称为网络计划法。

网络计划技术是一种符合统筹兼顾、适当安排思想的科学的计划管理方法,由于效果极为显著,故而引起了世界性的轰动,为各国广泛应用。因此,许多国家制定有推行和应用网络计划技术的政策法规。

1965年,著名数学家华罗庚教授将此方法引入我国。在华教授的倡导下,网络计划技术在各行业、尤其是建筑业得到广泛推广和应用,一些大工程应用网络计划技术取得了良好的效果。20世纪80年代初,国家乃至全国各地相继成立了研究和推广网络计划技术的组织机构我国先后于1991上、1992年颁发了《工程网络计划技术规程》(JGJ 1001—91)和《网络计划技术》国家标准(GB/T 13400.1~3—92)。该规程和标准的颁发,把我国网络计划技术的应用推向一个新的阶段,使我国进入该领域的世界先进行列。

随着计算机技术的发展,网络计划技术在组织管理中的优越性将日益显著。工程实践表明,网络计划法特别适用于道路工程等建筑施工的组织与管理,它主要被用来编制施工进度计划。道先是绘制工程施工网络图,分析各个施工过程(或工序)在网络图中的地位,找出关键工序和关键线路,然后按照一定的目标(或约束条件)不断调整网络图,最后得到最优的施工进度方案。同时,在计划的执行程中,还可利用网络图进行有效的控制与监督,从而确保最大的工程效益。

一、网络计划的基本原理

网络计划技术的基本原理可归纳为:

(1)把一项工程的全部建造过程分解为若干项工作,并按其开展顺序和相互制约、相互依赖的关系,绘制出网络图。

(2)进行时间参数计算,找出关键工作和关键线路。

(3)利用网络计划最优化原理,改进初始方案,寻求最优网络计划方案。

(4)在网络计划执行过程中,进行有效监督与控制,力求以最少的消耗,获得最佳的经济效果。

二、网络图的特点

网络图和横道图都是时间组织的成果,所有的横道图都可以改画成网络计划图。相比横道图,网络图主要有以下特点:

(1)能充分反映出各项工作之间的相互制约、相互依赖关系。

(2)可以区分关键工作和非关键工作,并能反映出各项工作的机动时间。

(3)可以更好地运用和调配人、材料、机械等各种物资。

(4)可以利用计算机进行计算工作。

(5)能够进行计划的优化比较,选出最优方案。

由此可见,采用网络计划法,能加强工程的管理。目前,网络计划技术在公路工程中得到普遍采用,尤其是大型工程项目和重点工程项目。在公路施工招投标中,网络计划图是施工组织设计中不可缺少的一部分。

三、网络计划的分类

按照不同的分类原则,可以将网络计划分成不同的类别。

1. 按性质分类

(1)肯定型网络计划

指工作与工作之间的逻辑关系以及工作持续时间都肯定的网络计划。在这种网络计划中,各项工作的持续时间都是确定的单一的数值,整个网络计划有确定的计划总工期。公路工程多属于肯定型。

(2)非肯定型网络计划

指工作与工作之间的逻辑关系和工作持续时间中一项或多项不肯定的网络计划。在这种网络计划中,各项工作的持续时间只能按概率方法确定出三个值,整个网络计划无确定的计划总工期。计划评审技术和图示评审评技术就属于非肯定性网络计划。

2. 按表示方法分类

(1)单代号网络计划

指以单代号表示法绘制的网络计划。在网络图中,每个节点表示一项工作,箭线仅用来表示各项工作间相互制约、相互依赖的关系。如图示评审技术和决网络计划等就是采用的单代号网络计划。

(2)双代号网络计划

指以双代号表示法绘制的网络计划。网络图中,箭线用来表示工作并用在箭线两端的代号来标记该项工作。目前,我国的施工企业多采用这种网络计划。

3. 按目标分类

(1)单目标网络计划

指只有一个终点节点的网络计划,即网络图只具有一个最终目标。

(2)多目标网络计划

指终点节点不止一个的网络计划,即它具有若干个独立的最终目标。

4. 按有无时间坐标分类

(1)时标网络计划

指以时间坐标为尺度绘制的网络计划。在网络图中,每项工作箭线的水平投影长度,与其持续时间成正比。如编制资源优化的网络计划即为时标网络计划。

(2)非时标网络计划

指不按时间坐标绘制的网络计划。在网络图中,工作箭线长度与持续时间无关,可按需要绘制。通常绘制的网络计划都是非时标网络计划。

5. 按层次分类

(1)总网络计划

指以整个计划任务为对象编制的网络计划,如群体网络计划或单项工程网络计划。

(2)局部网络计划

指以计划任务的某一部分为对象编制的网络计划,如分部工程网络图。

6. 按工作衔接特点分类

(1)普通网络计划

指其工作间的关系均按首尾衔接,即按紧前工作完成之后工作才能开始的关系绘制的网络计划,如单代号、双代号和概率网络计划。

(2)搭接网络计划

指按照各种规定的搭接关系和搭接时距绘制的网络计划。搭接关系是指在实际中有时紧后工作的开始并不以紧前工作的完成为前提,而是只要紧前工作开始一段时间并能为紧后工作开始提供一定的条件后,紧后工作便可以开始并与紧前工作平行进行的工作衔接关系。

(3)流水网络计划

充分反映流水施工特点的网络计划称为流水网络计划,包括横道流水网络计划、搭接流水网络计划和双代号流水网络计划。

第二节　双代号网络计划图的绘制

双代号网络计划是目前国内普遍应用的一种网络计划表达形式。

一、双代号网络图的组成

双代号网络图主要由工作、节点和线路三个要素组成。

1. 工作

(1)概念

工作是指将计划或任务按实际需要的粗细程度划分而成的既消耗时间也消耗资源的子项目或子任务。它代表了某个专业队(工序)在某个施工段上的操作过程。根据施工组织设计阶段的不同,工作可能是单位工程,也可能是分部、分项工程。一个工作通常需要消耗时间和能源,需要注意的是即使不消耗人力、物力,但要消耗时间的活动过程仍然是工作。例如,混凝土浇筑后的凝结硬化,几乎不消耗资源,但需要时间去完成,仍然是工作。

(2)表示方法

一个工作用一条箭线和两个节点表示,如图 3-1,其中节点 i 表示工作的开始,节点 j 表示工作的结束。

(3)分类

按照网络图中工作之间的相互关系,可将工作分为以下几种类型,结合图 3-2 进行说明。

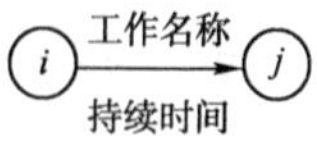

图 3-1　双代号网络图工作表示法

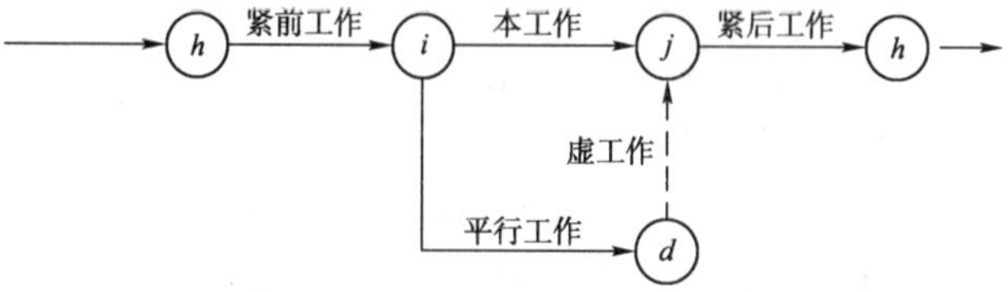

图 3-2　网络图中工作关系示意

①紧前工作。相对于工作 $i-j$ 而言,紧排在本工作 $i-j$ 之前的工作 $h-i$ 称为工作 $i-j$ 的紧前工作,紧前工作完成后本工作才可开始 ,若不完成,本工作不能开始。

②紧后工作。紧排在本工作 $i-j$ 之后的工作 $j-h$ 称为工作 $i-j$ 的紧后工作,在本工作完成之后,紧后工作才可开始,否则,紧后工作就不能开始。

③平行工作。可以和本工作 $i-j$ 同时进行的工作,如图中的工作 $i-d$ 就是 $i-j$ 的平行工作。

④先行工作。本工作开始节点之前自网络起点节点开始的各条线路上的所有工作统称为本工作的先行工作。

⑤后续工作。本工作结束节点之后至网络终点节点之前各条线路上的所有工作均称为本工作的后续工作。

⑥虚工作。指既不消耗时间也不消耗资源的工作,只表示工作之间的逻辑关系,如工作$d-j$。

2. 节点

节点表示工作与工作之间的衔接关系,它表示前一项工作结束的同时后一项工作开始,因而具有相对性。它的表示方法为圆圈并在内部加一编号。

3. 线路

网络图中从起点节点开始,沿箭线方向连续通过一系列箭线与节点,最后到达终点节点所经过的通路,称为线路。它表明各项工作的工艺关系和完成某些操作过程所需要的各种资源。

二、双代号网络计划图的表示方法

双代号网络计划图的表示方法如表 3-1。

双代号网络计划图的表示方法　　表 3-1

序号	工作之间的逻辑关系	网络图中的表示方法	说　明
1	A 工作完成后进行 B 工作	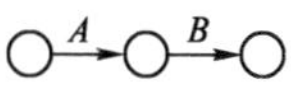	A 工作制约着 B 工作的开始,B 工作依赖着 A 工作
2	A、B、C 三项工作同时开始	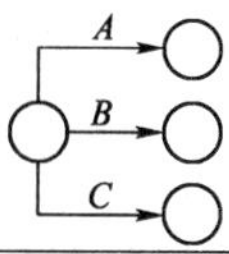	A、B、C 三项工作称为平行工作
3	A、B、C 三项工作同时结束	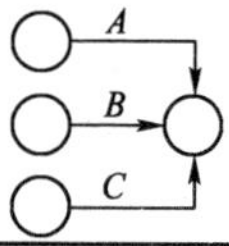	A、B、C 三项工作称为平行工作

序号	工作之间的逻辑关系	网络图中的表示方法	说明
4	有 A、B、C 三项工作。只有 A 完成后 B、C 才能开始	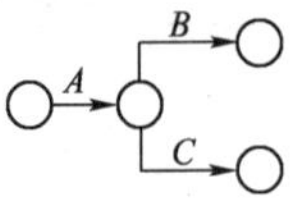	
5	有 A、B、C 三项工作。C 工作只有在 A、B 完成后才能开始	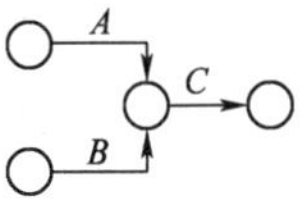	C 工作依赖着 A、B 工作，A、B 为平行工作
6	有 A、B、C、D 四项工作。只有当 A、B 完成后，C、D 才能开始	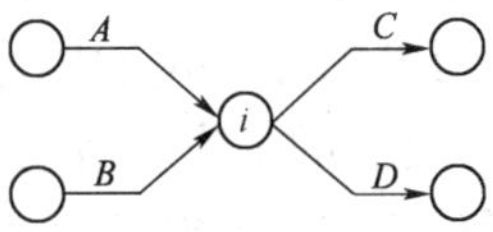	通过中间节点 i 正确地表达了 A、B、C、D 工作之间的关系
7	有 A、B、C、D 四项工作。A 完成后 C 才能开始，A、B 完成后 D 才能开始	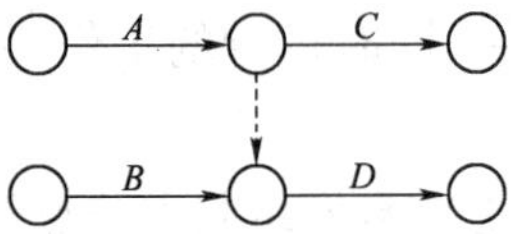	D 与 A 之间引入了逻辑连接（虚工作），从而正确地表达了它们之间的制约关系
8	有 A、B、C、D、E 五项工作。A、B 完成后 C 才能开始，B、D 完成后 E 才能开始	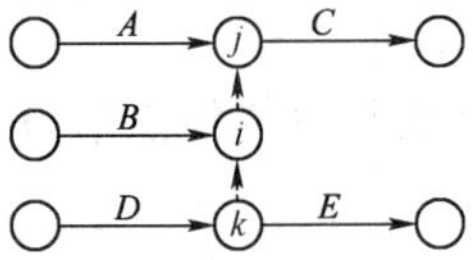	虚工作 i－j 反映出 C 工作受到 B 工作的制约；虚工作 i－k 反映出 E 工作受到 B 工作的约束
9	有 A、B、C、D、E 五项工作。A、B、C 完成后 D 才能开始，B、C 完成后 E 才能开始	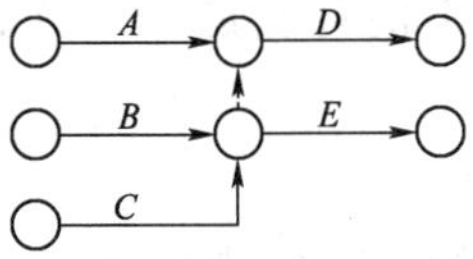	虚工作反映出 D 工作受到 B、C 工作的制约
10	A、B 两项工作分三个施工段，平行施工	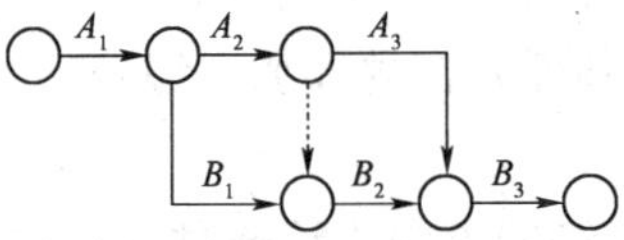	每个工种工程建立专业工作队，在每个施工段上进行流水作业，虚工作表达了工种间的工作面关系

三、绘制双代号网络计划图基本规则

绘制网络图时必须遵循以下规则：

(1)一个网络计划图中只有一个开始节点和一个结束节点。若有多个起点节点和多个终点节点，则需增加虚箭线来确保一个开始节点和一个结束节点，如图 3-3 所示。

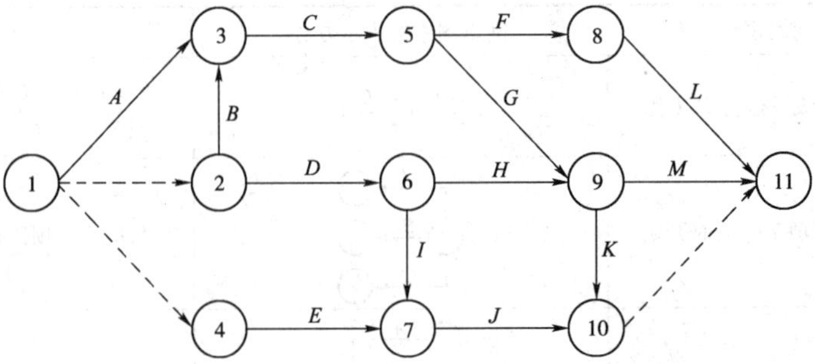

图 3-3　多个起点和多个终点的处理示例图

(2)网络图必须附有表明基本信息的图例,以标明工作名称、工持续时间、节点编号和各种时间参数,如图 3-4 所示。

(3)在绘制网络图时,不允许有相同编号的节点或相同代码的工作。编号应由大到小或由小到大,编号可以跳跃。

(4)网络图中不允许出现循环线路。所谓循环线路是指从一个节点出发经过一系节点又回到原出发点的线路。这种线路在逻辑关系上是错误的。

(5)在网络图中尽量避免箭线的交叉,当表示两项工作的箭线发生交叉时,需用图 3-5 的"过桥"方式来表示。

图 3-4　双代号网络图标注

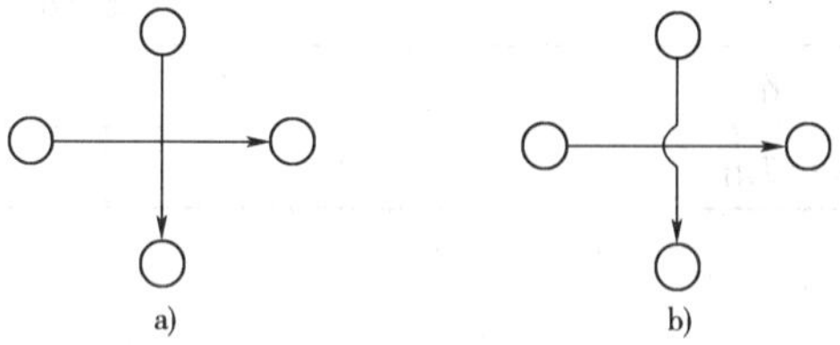

图 3-5　箭线交叉画法示意图

a)不正确的箭线交叉;b)正确的箭线交叉

四、双代号网络图的绘制

双代号网络图的绘制步骤如下:

1. 根据工程要求编制工作逻辑关系表

工人在进行作业时,客观上存在一种先后顺序关系。在绘制网络图时首先要明确这种关系。如图 3-6 是某基础工程网络计划,其中五道工作的先后关系完全是由工艺要求决定的,是不能改变的;此外,在施工过程中,由于人力、机械、材料和构件等资源的组织安排需要造成人为对各工作安排有先后顺序。在绘制双代号网络图时,要先弄清工作关系。

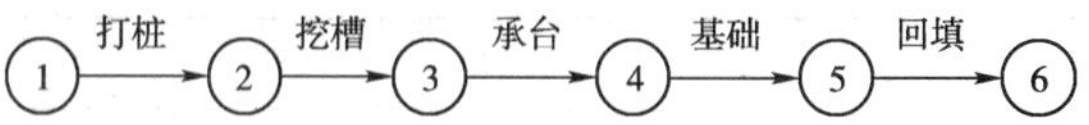

图 3-6　基础工程工作关系示例

逻辑关系分析完成之后,应根据工作间的工作关系和组织关系编制逻辑关系表。

2. 由已知的紧前工作确定紧后工作

3. 确定各工作的开始节点位置号和结整节点位置号

(1)无紧前工作的工作,其开始节点位置号为"0"。

(2)有紧前工作的工作,其开始节点位置号为其紧前工作的起始节点位置号的"最大值加 1"。

(3)有紧后工作的工作,其结束节点的位置号为其紧后工作的开始节点位置号的"最小值"。

(4)无紧后工作的工作,其结束节点的位置号为网络图中各个工作的结束节点位置号的"最大值加 1"。

4. 按表 3-1 所示的逻辑关系表示方法编制双代号网络图,并按逻辑关系作些调整,绘制正确的网络图(结合例题说明)

[**例 3-1**]　根据表 3-2 的逻辑关系,绘制双代号网络图,见图 3-7。

逻辑关系　　表 3-2

工作	A	B	C	D	E	F
紧前工作	—	—	—	A、B	B	C、D、E

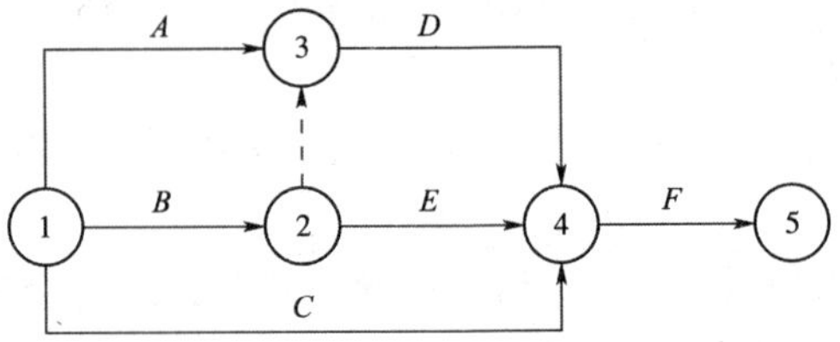

图 3-7 双代号网络图

［例 3-2］ 根据表 3-3 的逻辑关系，绘制双代号网络图，见图 3-8。

逻 辑 关 系

表 3-3

工作	A	B	C	D	E	F
紧前工作	—	A	A	A	B、C、D	D

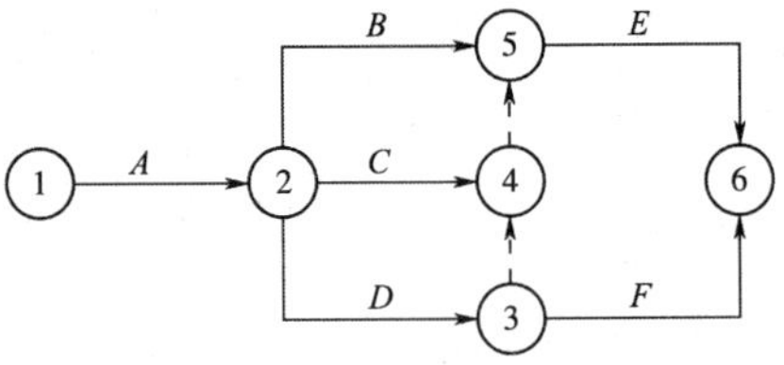

图 3-8 双代号网络图

［例 3-3］ 根据表 3-4 的逻辑关系，绘制双代号网络图，见图 3-9。

逻 辑 关 系

表 3-4

工作	A	B	C	D	E	F	G	H	I
紧前工作	B、C	D、E	E、F	H	H、G	G	I	I	—

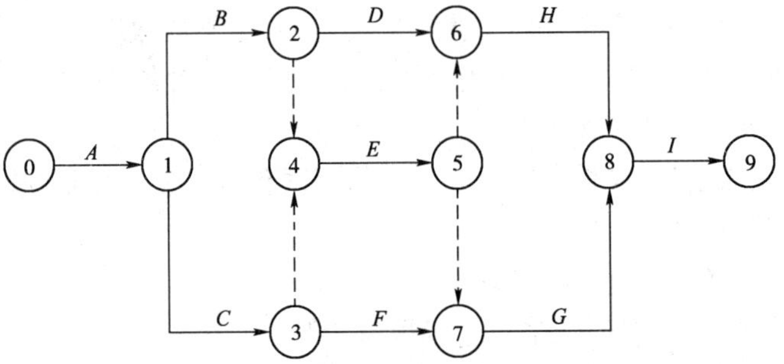

图 3-9 双代号网络图

［例 3-4］ 根据表 3-5 的逻辑关系，绘制双代号网络图，见图 3-10。

逻 辑 关 系

表 3-5

工作	A	B	C	D	E	G	H
紧前工作	—	—	—	—	A、B	B、C、D	C、D

［例 3-5］ 根据表 3-6 的逻辑关系，绘制双代号网络图，见图 3-11。

逻 辑 关 系

表 3-6

工作	A	B	C	D	E	F	G	H	I
紧前工作	—	A	A	B	C、D	C	E、F	E	G、H

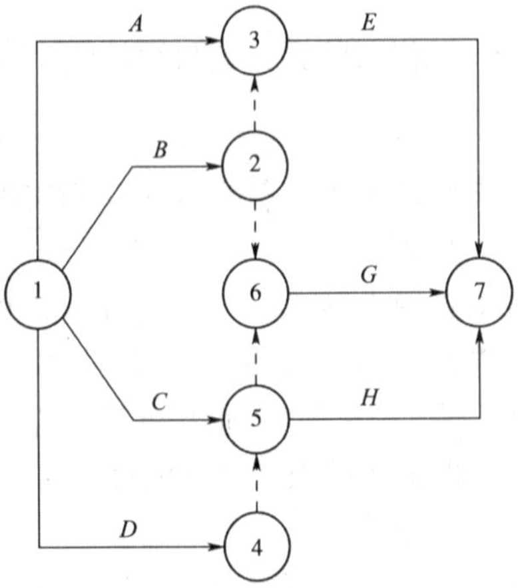

图 3-10　双代号网络图

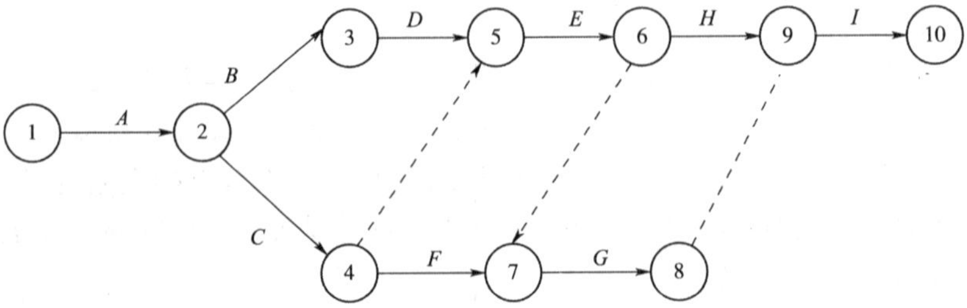

图 3-11　双代号网络图

［**例 3-6**］　根据表 3-7 的逻辑关系，绘制双代号网络图，见图 3-12。

逻 辑 关 系　　　表 3-7

工作	A_1	A_2	A_3	B_1	B_2	B_3	C_1	C_2	C_3	D_1	D_2	D_2
紧前工作	—	A_1	A_2	A_1	A_2、B_1	A_3、B_2	B_1	B_2、C_1	B_3、C_2	C_1	C_2、D_1	C_3、D_2

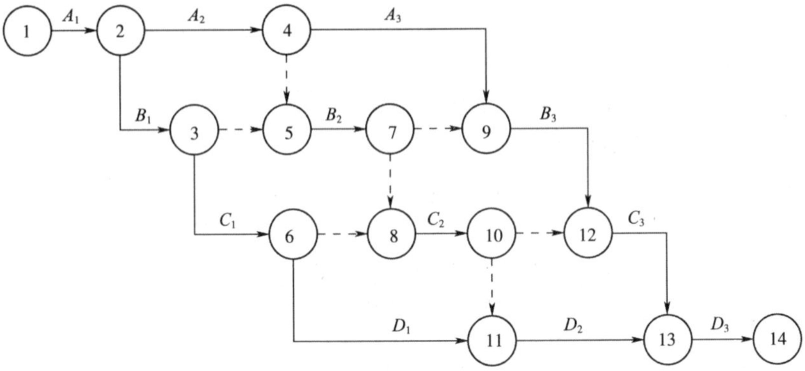

图 3-12　双代号网络图

第三节　时间参数的计算及关键线路

分析和计算网络计划的时间参数，是网络计划方法的一项重要技术内容。计算网络计划的时间参数，区分出关键工作与非关键工作，可以确定完成整个计划的工期，是网络计划调整与优化的前提。

一、双代号网络计划时间参数计算

1. 节点参数

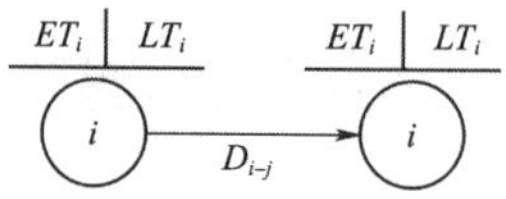

图 3-13　节点参数

节点参数包含节点最早时间 ET_i 和节点最迟时间 LT_i，见图 3-13。

(1)节点最早时间 ET_i

在网络图中某节点的节点最早时间是指该节点所有紧后工作的最早可能开始的时刻，表示该节点的紧前工作已全部完工。由于开始节点①代表整个网络计划的开始，其所有紧前工作最早全部完成的时间为 0，故可假定 $ET_1=0$。并设 D_{i-j}为工作 $i-j$ 的持续时间，则节点 j 的最早时间可用下式计算：

$$ET_j=(ET_i+D_{i-j})_{\max} \tag{3-1}$$

计算节点最早时间时，应从起点节点开始计算，并假定开始节点 $ET_1=0$。

按节点编号递增的顺序进行，直至终点节点为止。

(2)节点最迟时间 LT_i

表示节点开工不能迟于这个时刻，若迟于这个时间工作就要推迟开始，整个网络计划的工期就要延误。由于终点节点代表整个网络计划的结束，因此为了保证计划总工期，终点节点的最迟时间应等于总工期。当事先规定了总工期 T 时，可令终点节点的最迟时间 $LT_n=T$；若总工期无规定，则可令终点节点的最迟时间等于终点节点最早可能开始时间，即 $LT_n=ET_n$，其他节点的最迟时间可用下式计算：

$$LT_i=(LT_j-D_{i-j})_{\min} \tag{3-2}$$

节点最迟时间的计算是从终点节点开始，首先确定 LT_n，然后逆箭线方向，依次计算每个节点，直到开始节点为止。

2. 工作参数

工作时间参数包括工作最早时间（ES_{i-j} 和 EF_{i-j}）、最迟时间（LS_{i-j}和 LF_{i-j}）和工作时差（TF_{i-j} 和 FF_{i-j}），见图 3-14。

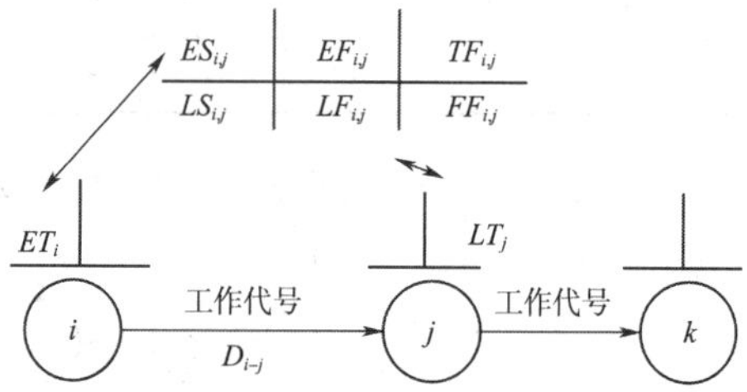

图 3-14　工作参数

(1)工作最早时间

①工作最早开始时间 ES_{i-j}。指该工作的全部紧前工作已全部完成，本工作可以开始的最早时刻，它等于表示该工作的箭尾节点的最早时间，即：

$$ES_{i-j}=ET_i \tag{3-3}$$

②工作最早完成时间 EF_{i-j}。指该工作的全部紧前工作已全部完成，本工作可以完成的最早时刻，即：

$$EF_{i-j}=ES_{i-j}+D_{i-j} \tag{3-4}$$

(2)工作最迟时间

①工作最迟完成时间 LF_{i-j}。指在不影响整个任务按期完成的前提下，本工作必须完成的最迟时刻，它等于表示该工作的箭头节点的最迟时间，即：

$$LF_{i-j}=LT_j \tag{3-5}$$

②工作最迟开始时间 LS_{i-j}。指在不影响整个任务按期完成的前提下，本工作必须开始的最迟时刻，即：

$$LS_{i-j}=LF_{i-j}-D_{i-j} \tag{3-6}$$

(3)工作时差

时差反映工作在一定条件下的机动时间范围，通常分为总时差 TF_{i-j} 和自由时差（也称为局部时差）FF_{i-j}，见图 3-15。

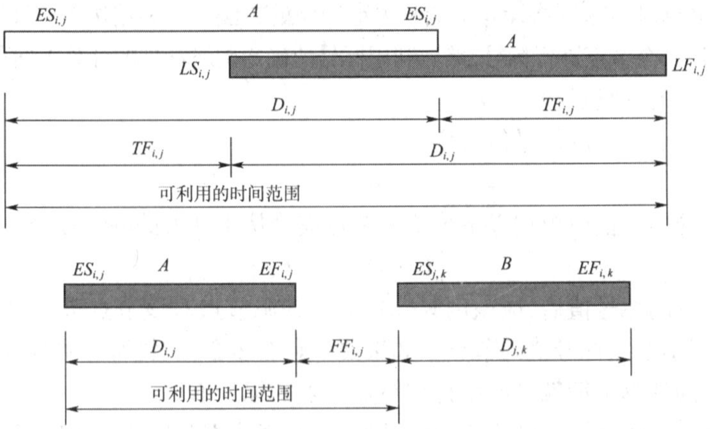

图 3-15　工作时差

①工作总时差 TF_{i-j}。指在不影响总工期的前提下，一项工作可以利用的机动时间，工作总时差 TF_{i-j} 的计算公式如下：

$$TF_{i-j}=LT_j-FT_i-D_{i-j} \tag{3-7}$$

$$\text{或 } TF_{i-j}=LF_{i-j}-EF_{i-j}=LS_{i-j}-ES_{i-j} \tag{3-8}$$

由上两式看出，对于任何一项工作 $i-j$，其总时差可能有以下三种情况：

a. $TF_{i-j}>0$，说明该项工作存在机动时间，为非关键工作；

b. $TF_{i-j}=0$，说明该项工作不存在机动时间，为关键工作；

c. $TF_{i-j}<0$，说明该项工作有负时差，计划工期长于规定工期，应进行调整。

②工作的自由时差 FF_{i-j}。指在不影响其紧后工作最早开始的前提下，一项工作可以利用的机动时间。FF_{i-j} 的计算公式如下：

$$FF_{i-j}=ET_j-ET_i-D_{i-j} \tag{3-9}$$

$$\text{或 } FF_{i-j}=ES_{j-k}-ES_{i-j}-D_{i-j}=ES_{j-k}-EF_{i-j} \tag{3-10}$$

上两式表明，对于任何一项工作 $i-j$，其自由时差可能出现以下两种情况：

a. $FF_{i-j}>0$，说明工作有自由利用的机动时间；

b. $FF_{i-j}=0$，说明工作无自由利用的机动时间。

总结：总时差与自由时差存在如下关系。一项工作的自由时差是总时差的一部分；自由时差属于本工作，不能传递；自由时差对紧后工作的时差无影响，但对其紧前可能有影响，如动用，则有可能使紧前工作的时差减少。

二、关键工作和关键线路的确定

关键工作和关键线路的确定方法有以下几种：

(1)通过计算所有线路的线路时间 T_s 来确定，线路时间最长的线路即为关键线路，位于其上的工作即为关键工作，这种方法在网络较为复杂时则难以做到。

(2)通过计算工作的总时差来确定。当 $TF_{i-j}=0$ 或 $TF_{i-j}=T_r-T_p$ 时，工作 $i-j$ 即为关键工作，所组成的线路为关键线路。

(3)通过计算节点时间参数来确定。若工作 $i-j$ 的开始节点时间 $EF_i = LT_i$，完成节点时间 $ET_j = LT_j$，且 $ET_j - LT_i = D_{i-j}$ 时，则该项工作为关键工作，所组成的线路为关键线路。

(4)通过标号法确定。

标号法是一种快速寻求网络计算工期和关键线路的方法。它利用按节点计算法的基本原理，对网络计划中的每一个节点进行标号，然后利用标号值确定网络计划的计算工期和关键线路。

下面是标号法的计算过程。

①网络计划起点节点的标号值为零：

$$b_1 = 0$$

②其他节点的标号值应根据以下公式按节点编号从小到大的顺序逐个进行计算：

$$b_j = \max\{b_i + D_{i-j}\}$$

当计算出节点的标号值后，应该用其标号值及其源节点对该节点进行双标号。所谓源节点，就是用来确定本节点标号值的节点。如果源节点有多个，应将所有源节点标出。

③网络计划的计算工期就是网络计划终点节点的标号值。

④关键线路应从网络计划的终点节点开始，逆着箭线方向按源节点确定。

[**例 3-7**]　某已知网络计划如图 3-16 所示，试用标号法求出工期并找出关键线路。

在关键工作和关键线路确定之后，通常在网络图中用粗实线或双线箭杆将关键线路标出。

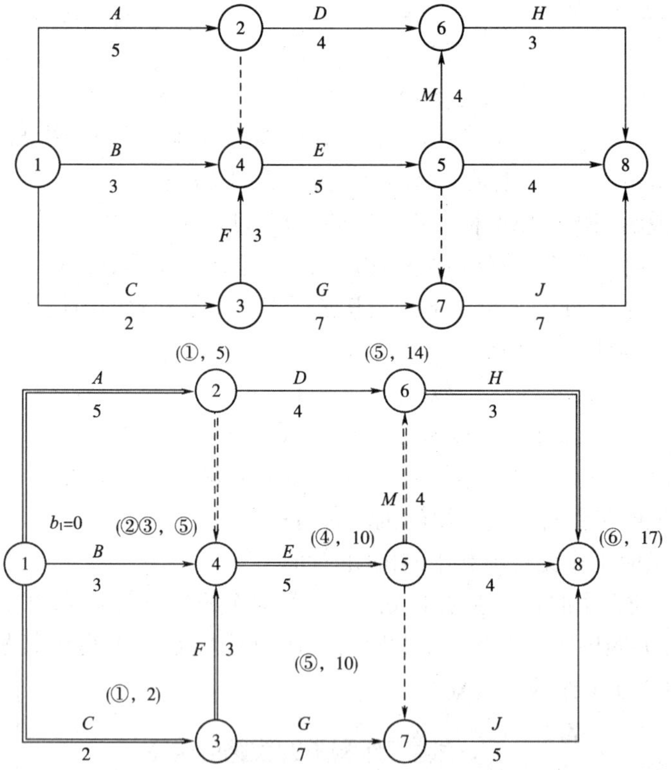

图 3-16　源节点号、标号值

三、时间参数计算

网络计划时间参数计算的方法有分析法、图算法、表算法、矩阵法和机算法等。其中，图算法是按照各项时间参数的计算公式和计算程序，直接在网络图上计算时参数的方法，时间参数的标注方法如图 3-17 所示有三种形式：二时标注法、四时标注法和六时标注法。

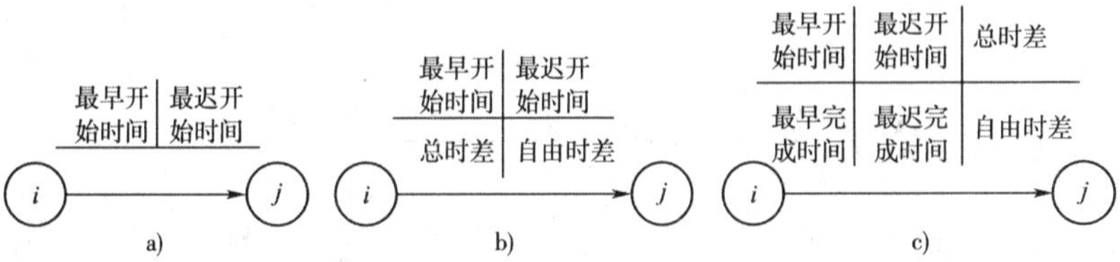

图 3-17　时间参数标注形式

图算法具有方便快捷、直观明确、便于检查和修改的特点，故此法在实际中比较常用。以下举例图算法。

［**例 3-8**］　计算图 3-18 的时间参数。

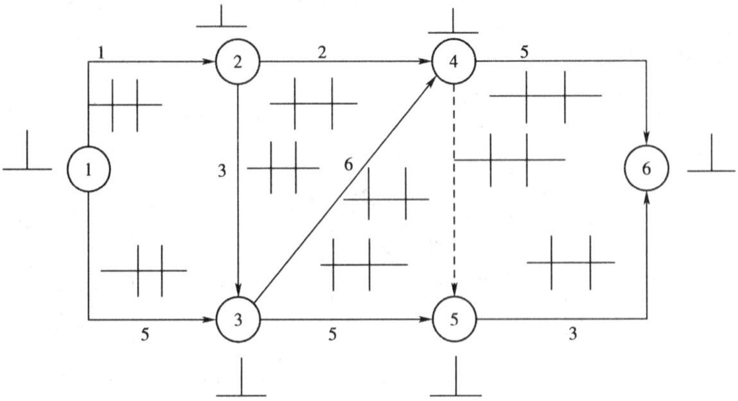

图 3-18　例 3-8 图

解：(1)画出各项时间参数计算图例，并标注在网络图上。

(2)计算节点最早时间 ET。$ET_1=0$，利用式(3-1)，按节点编号递增顺序，从前向后计算，并随时将计算结果标注在图例中 ET 所示位置。

(3)计算节点最迟时间 LT。$LT_6=ET_6=11$，利用式(3-2)，按节点编号递减顺序，由右向左进行，并随时将结果标注在图例中 LT 所示位置。

(4)计算工作时间参数。工作时间参数可根据节点时间参数，分别利用式(3-3)、式(3-4)、式(3-5)和式(3-6)计算出来，并分别依次标在图例中所示相应位置。

(5)判断关键工作和关键线路，用粗实线标在图上。

(6)确定计划总工期，标在图上(图 3-19)。

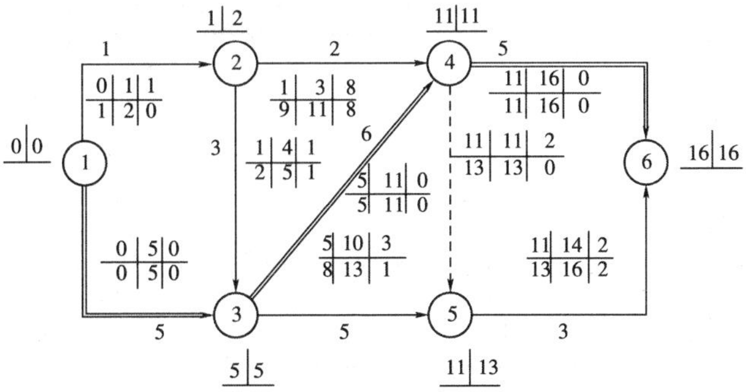

图 3-19　时间参数表示法

［**例 3-9**］ 计算图 3-20 的时间参数。

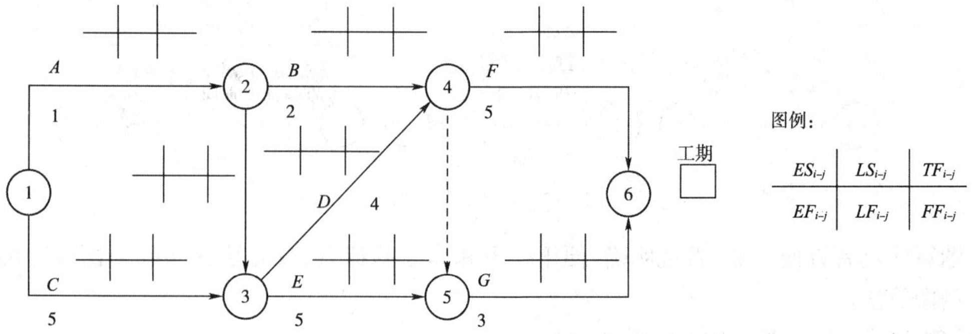

图 3-20 例 3-9 图

解：时间参数见图 3-21。

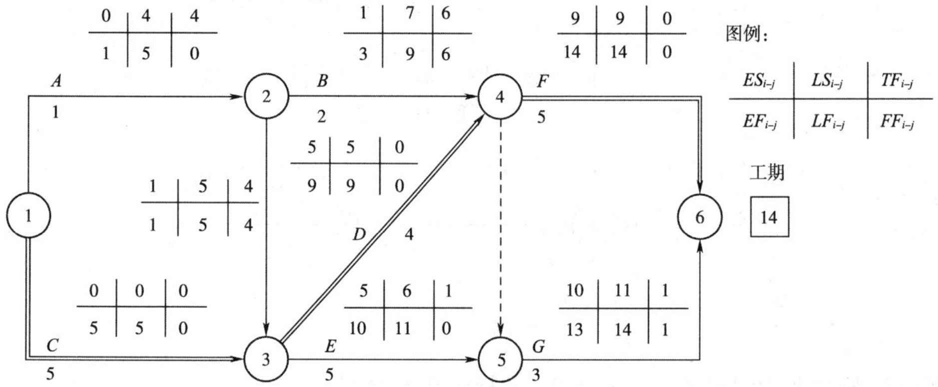

图 3-21 时间参数表示法

［**例 3-10**］ 计算图 3-22 的时间参数。

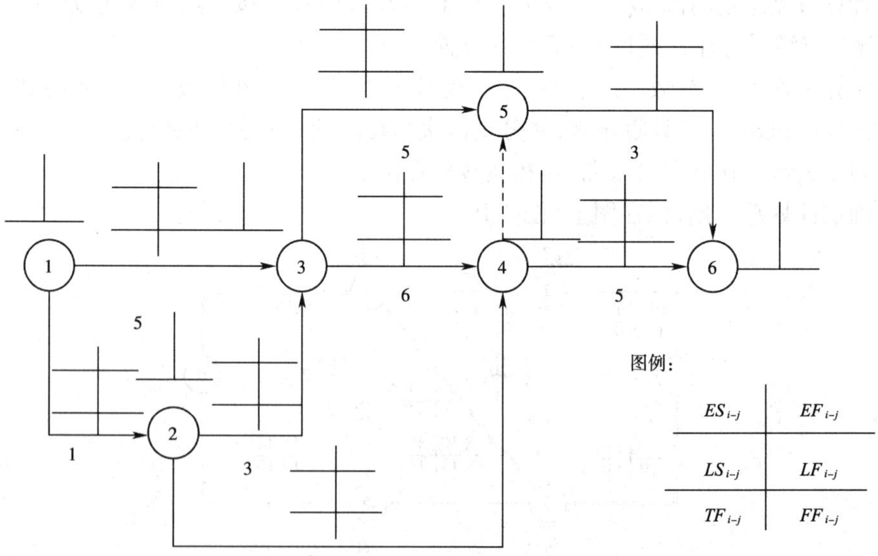

图 3-22 例 3-10 图

解:时间参数见图 3-23。

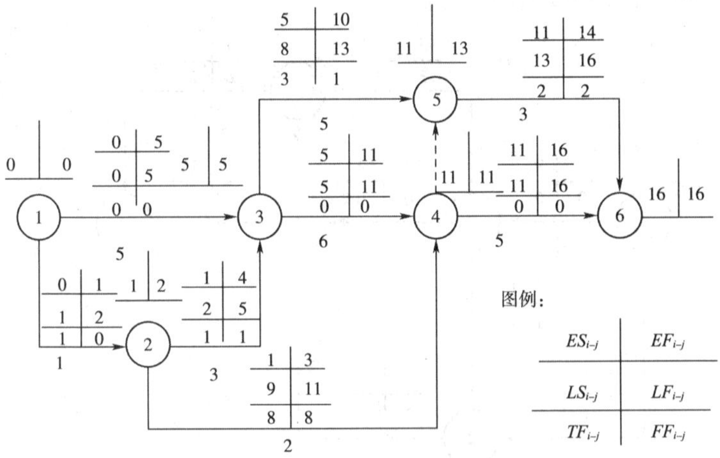

图 3-23　时间参数表示法

第四节　时间坐标网络计划

一、时间坐标网络计划的概念

对于一般的网络计划,工作的持续时间标注在箭线下方,但箭线长短与施工持续时间无关,各工作的开工时间和结束时间在图上不能直接看出,不能反映整个计划的时间进程。

时标网络计划是以时间坐标为尺度表示工作时间的网络计划,是在一般网络计划的上方或下方增加一个时间坐标,箭线的长短表示工作的工期,其时间坐标的时间单位根据需要可为小时、天、周、月或季等。由于时标网络计划吸取了常用的施工进度图(横道线进度图)直观的优点,因而在工程实践中应用比较普遍 。

二、时间坐标网络计划的特点

(1)时间坐标网络计划图能直观地反映出整个计划的时间进程,各工作的开始时间与结束时间,机动时间。

(2)通过时间坐标网络计划图,可以随时确定哪些工作应该已经完成,哪些工作正在进行及哪些工作将要开始。

(3)时间坐标网络计划图能清楚反映哪些工作可以平行进行,以便于工作人员准备各种材料、机械等资源。

三、时间坐标网络计划的绘制

[**例 3-11**]　某网络计划如图 3-24 所示,其时间参数已标于图上,绘制其时标网络计划图。

1. 按最早开工时间绘制时标网络计划

(1)根据时间参数找出关键线路。

(2)作出时间坐标,如图 3-25 所示。

(3)按最早开工时间把关键线路标画在图中,如图 3-24 所示。

(4)将非关键线路上各工序的作业持续时间从节点开始用实线沿水平方向绘出,实线投影长度应与该工序的作业持续时间相等。

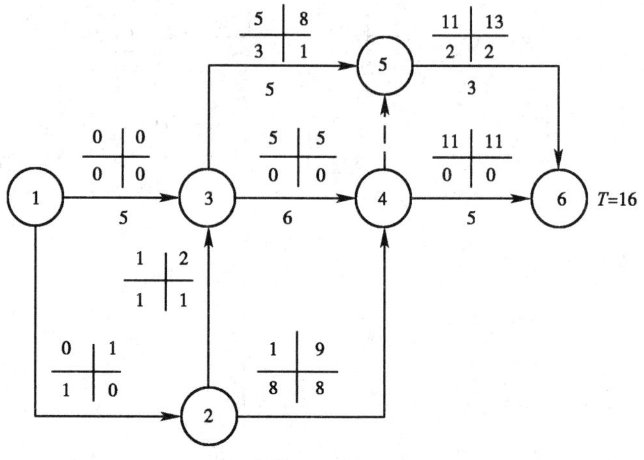

图3-24　某网络计划图

(5)水平波形线把实线部分与其紧后工序的始节点连接起来,两线连接处波形线的水平投影长度就是该工序的机动时间。

注意:按最迟开工时间绘制的时标网络计划图,可以直接得到局部时差。如图3-25中波形线即为各工作的局部时差。

2. 按最迟开工时间绘制时标网络计划(图3-26)

按最迟开工时间绘制时标网络计划与按最早开工时间绘制时标网络计划的步骤,完全相同,只是各工序的机动时间画在节点左侧,节点由最早位置移动到最迟位置,见图3-26。

注意:按最早开工时间绘制的时标网络计划图,不能反映局部时差。

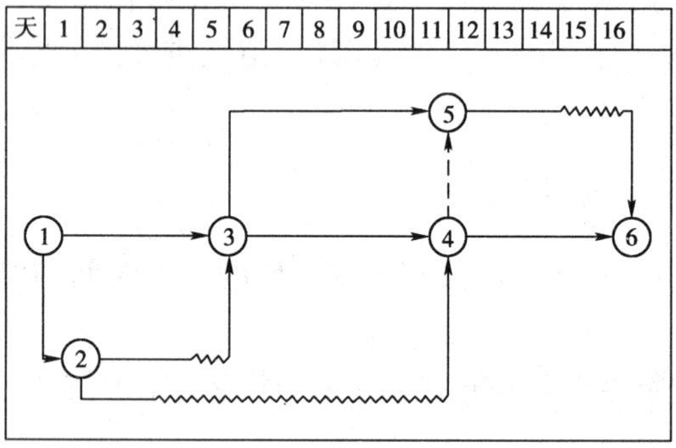

图3-25　时间坐标

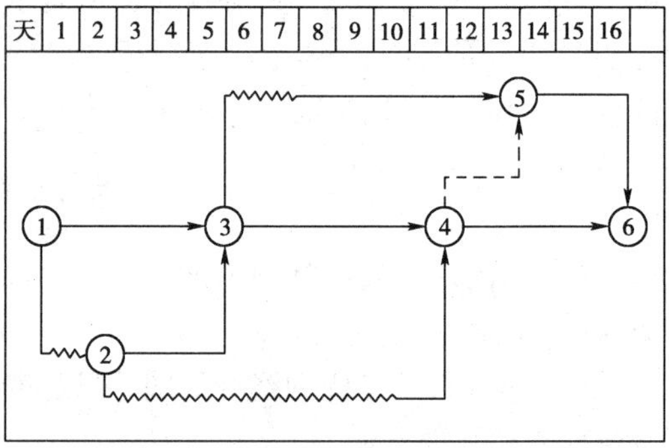

图3-26　时标网络计划

第五节　单代号网络计划图的绘制与计算

一、单代号网络图的构成

单代号网络图也是由许多节点和箭线组成的图。但必须注意的是,构成单代号网络图的基本符号含义与双代号相应符号却不完全相同。

1. 节点

在单代号网络图中节点表示工作，单代号网络图的节点可以用圆圈或矩形框表示。一个节点代表一道工作。节点所表示的工作名称、持续时间和代号一般被标注在圆圈内，时间参数一般标注在节点的两侧，如图 3-27 所示。

2. 箭线

单代号网络图中箭线表示工作之间的逻辑关系，不消耗时间，又不消耗资源。在单代号网络图中没有虚箭线，箭线的箭头表示工作的前进方向，如图 3-28 所示。

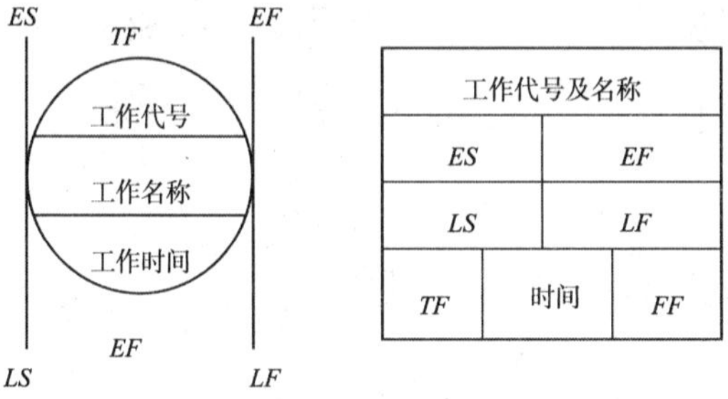

图 3-27　节点

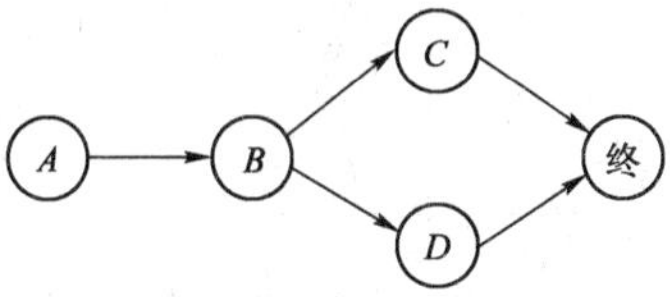

图 3-28　箭线

A 为 *B* 的紧前工作，*B* 为 *C*、*D* 的紧前工作，*C*、*D* 同时结束。

3. 代号

在单代号网络图中，一项工作只能有一个代号，不能重复。代号用数码表示，箭头节点的号码大于箭尾节点的号码。

二、单代号网络图的绘制

1. 各种逻辑关系的表示方法

在单代号网络图中，各工序之间逻辑关系的表示方法比双代号图要简单一些。工作关系说明图见表 3-8。

工 作 关 系 说 明　　表 3-8

序号	工序关系		双代号网络表示	单代号网络表示
	紧前	紧后		
1	*A*	*B*	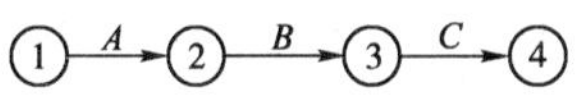	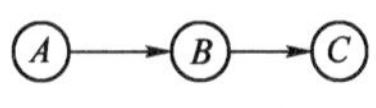
	B	*C*		
2	*A*	*B*、*C*	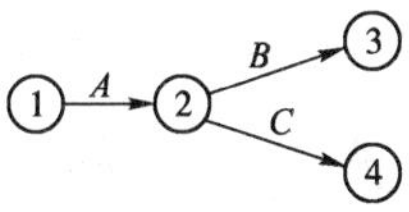	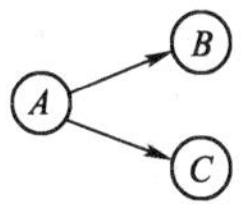
3	*A* *B*	*C* *D*	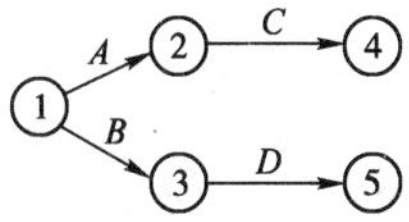	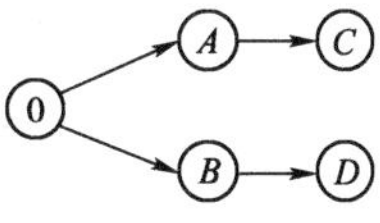
4	*A*	*C*、*D*	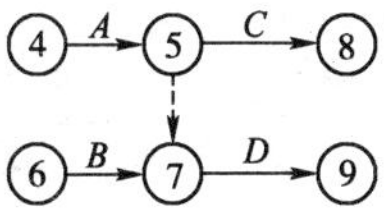	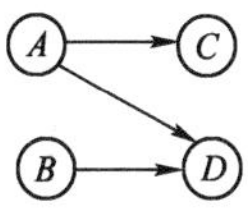
	B	*D*		

序号	工序关系		双代号网络表示	单代号网络表示
	紧前	紧后		
5	A	B、C	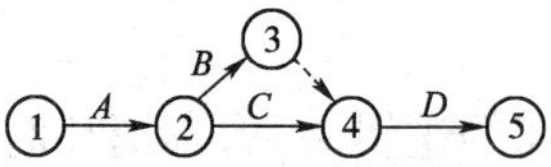	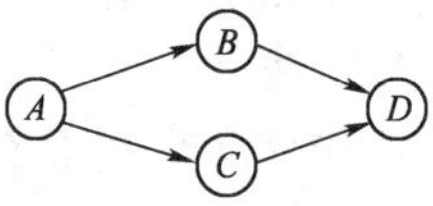
	B、C	D		
6	A、B	C、D	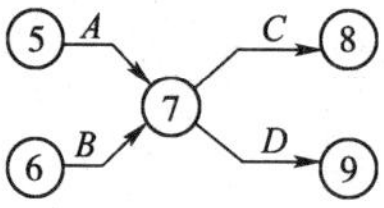	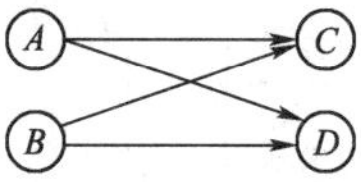
7	A	B、C	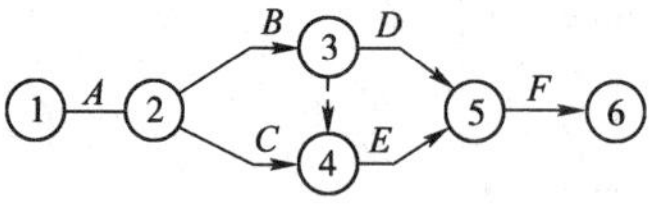	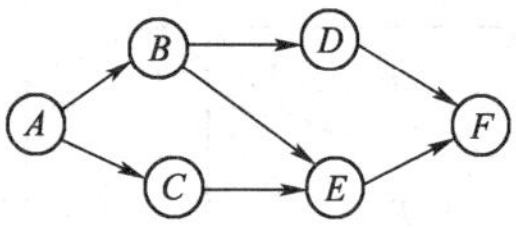
	B	D、E		
	C	E		
	D、E	F		
8	A	D	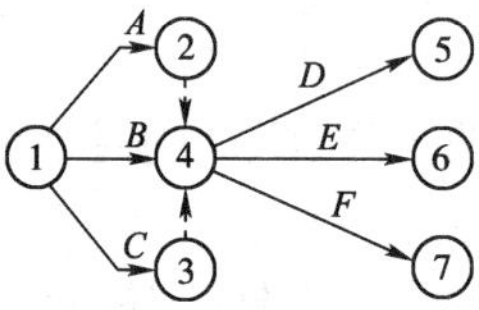	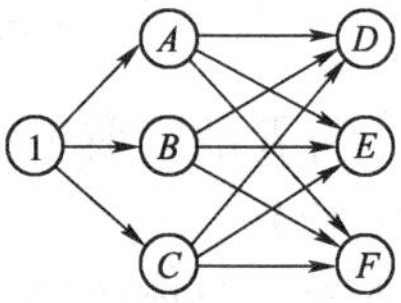
	B	E		
	C	F		

2. 绘制单代号网络图的基本规则

单代号网络图的绘制基本规则与双代号网络图的基本相同，主要表现如下：

(1)不允许出现回路。

(2)工作代号不能重复，一个号码只表示一项工作。

(3)在单代号网络图中，如果几项工作同时开始，应引入一个“始”节点；如果几项工作同时结束，应引入一个“终”节点。引入的“始”和“终”节点都是虚拟的，不消耗时间和资源。

3. 单代号网络图的绘制

[例 3-12] 绘出表 3-9 工作关系的单代号网络计划图。

工 作 关 系 表 3-9

工作	A	B	C	D	E	F	G	H	I
紧后工作	C、D、E、F	E、F	G	H	H	I	—	—	—

得出单代号网络计划图如图 3-29 所示。

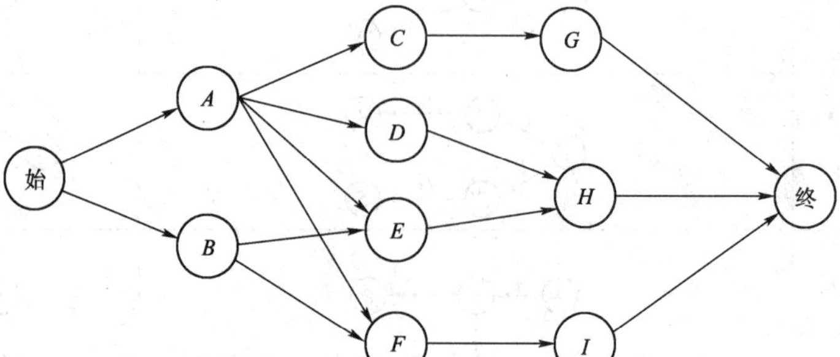

图 3-29 单代号网络图

单代号网络图与双代号网络图相比，具有工序之间逻辑关系和搭接关系容易，且不用虚箭线，网络图也便于检查、修改等优点，故其也有着广泛的应用。

三、单代号网络图的时间参数计算

在单代号网络图中，节点代表工作，因而时间参数没有节点参数，只有工作时间参数和工作时差，其计算方法和计算顺序与双代号网络图的相同。具体计算公式如下：

1. 工作最早时间参数

最早开始时间：

$$ES_j = (ES_i + D_i)_{\max} \tag{3-11}$$

最早结束时间：

$$EF_j = ES_j + D_i \tag{3-12}$$

2. 工作最迟时间参数

最迟结束时间：

$$LF_i = (LS_j)_{\min} \tag{3-13}$$

最迟开始时间：

$$LS_i = LF_i - D_i \tag{3-14}$$

3. 时差

总时差：

$$TF_i = LS_i - ES_i = LF_i - EF_i \tag{3-15}$$

自由时差：

$$FF_i = (ES_j)_{\min} - EF_i \tag{3-16}$$

因其计算方法和计算顺序与双代号网络图的相同，此处不再举例。

4. 相临工作之间的时间间隔 LAG_{i-j}

相临两项工作 i 和 j 之间的时间间隔 LAG_{i-j}，等于紧后工作 j 的最早开始时间 ES_j 和本工作 i 的最早完成时间之差。

$$LAG_{i-j} = ES_j - EF_i \tag{3-17}$$

[**例 3-13**]　计算如图 3-30 所示网络图的时间参数。

(1)最早开始、完成时间计算

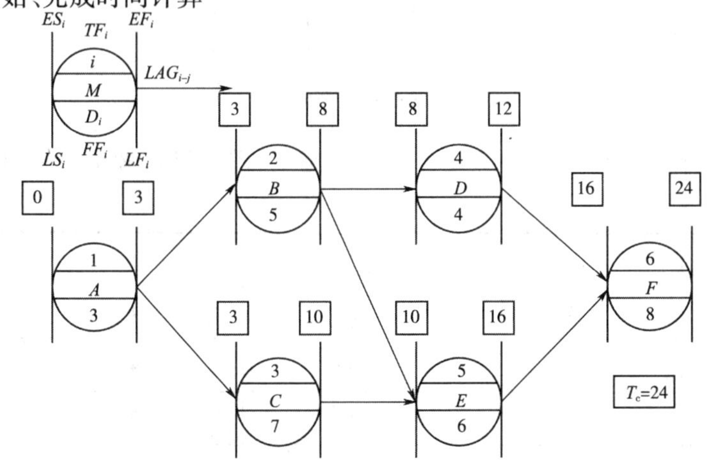

图 3-30　网络图

(2)工作时间间隔、总时差、自由时差计算(图 3-31)

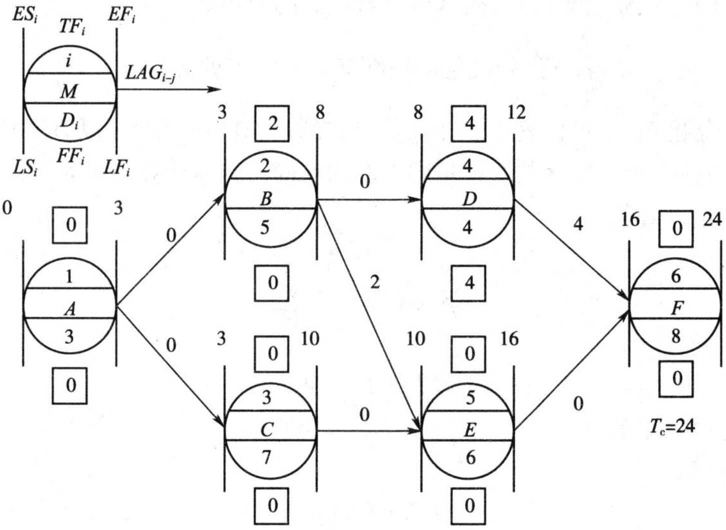

图 3-31　工作时间间隔、总时差、自由时差计算

(3)最迟开始、完成时间计算(图 3-32)

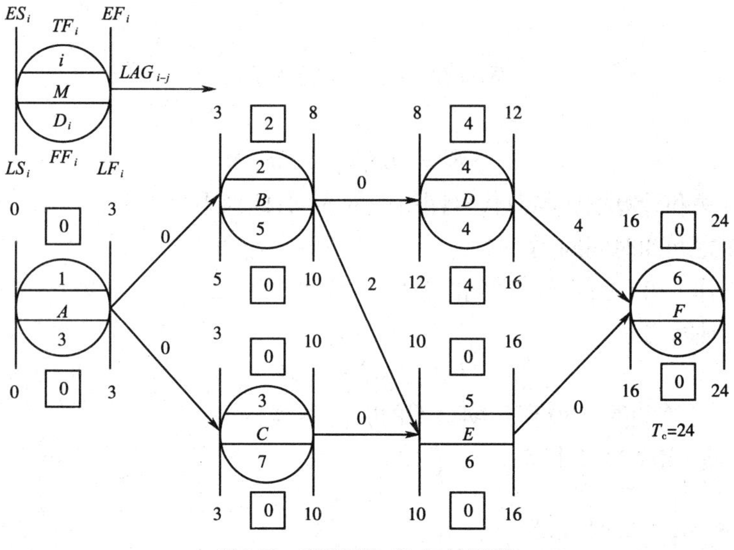

图 3-32　最迟开始、完成时间计算

[例 3-14]　将下面 $A \to B \to C \to D$ 分 4 段流水施工(图 3-33),做单代号网络图,并计算时间参数。

施工段	1	2	3	4
A	4	5	4	3
B	2	3	4	5
C	5	4	3	1
D	3	4	5	4

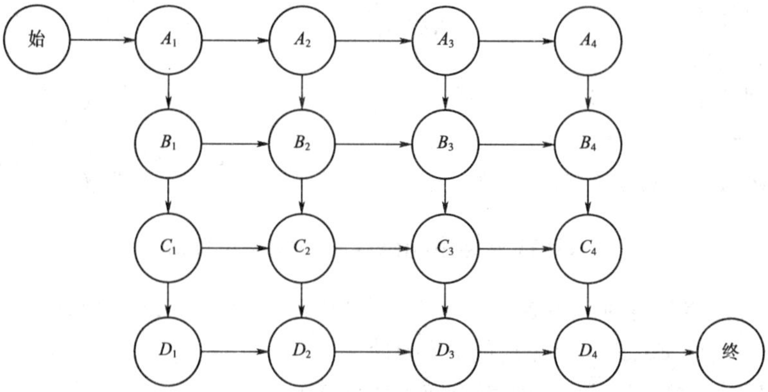

图 3-33　流水施工计划图

计算参数见图 3-34。

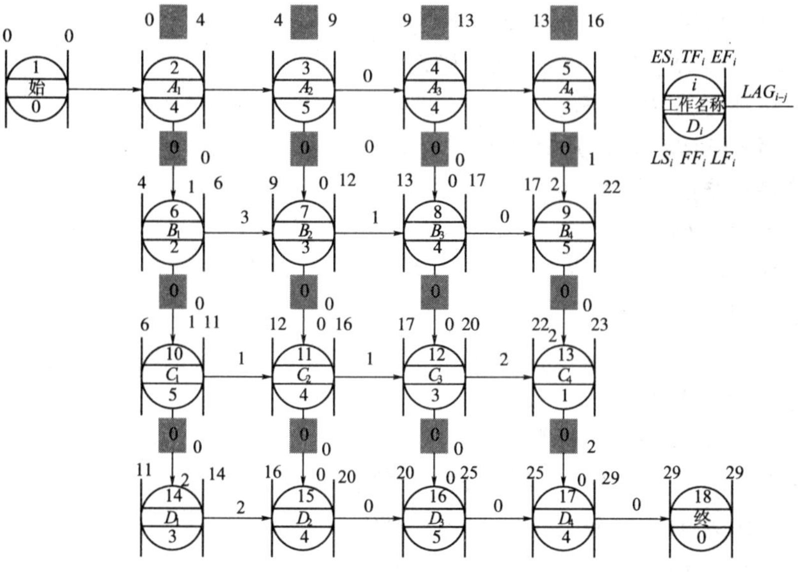

图 3-34　计算时间参数

第六节　单代号搭接网络计划

一、工序之间搭接关系

搭接网络属单代号网络形式，其不同于一般单代号网络（图 3-35），其工序之间存在特定搭接关系：

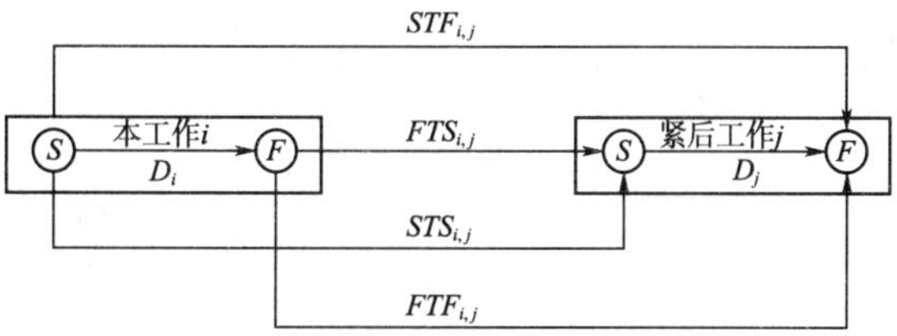

图 3-35　工序间的搭接关系

(1)开始到开始——STS

(2)开始到结束——STF

(3)结束到开始——FTS

(4)结束至结束——FTF

(5)混合搭接——STS,FTF

二、单代号搭接网络计划时间参数计算

单代号搭接网络计划时间参数计算与单代号相同,它包括:ES,EF,LS,LF,TF,FF,LAG。

1. 最早开始时间 ES、最早结整时间 EF 的计算

(1)计算最早开始时间 ES(顺箭线方向依次计算)

①相临时距为 STS。$ES_j = ES_i + STS_{i,j}$

②相临时距为 STF。$ES_j = ES_i + STF_{i,j} - D_j$

③相临时距为 FTS。$ES_j = ES_i + D_i + FTS_{i,j}$

④相临时距为 FTS。$ES_j = ES_i + D_i + FTF_{i,j} - D_j$

(2)最早结整时间:$EF_j = ES_j + D_j$

2. 最迟结束时间 LF、最迟开始时间 LS 计算

(1)计算最迟结束时间 L_F

①相临时距为 STS。$LF_i = LS_j - STS_{i,j} + D_i$

②相临时距为 STF。$LF_i = LF_j - STF_{i,j} + D_i$

③相临时距为 FTS。$LF_i = LS_j - FTS_{i,j}$

④相临时距为 FTS。$LF_i = LF_j - FTF_{i,j}$

(2)最迟开始时间:$LS_i = LF_i - D_i$

3. 两项工作时间间隔 LAG 计算

(1)相临时距为 STS。$LAG_{i,j} = ES_j - ES_i - STS_{i,j}$

(2)相临时距为 STF。$LAT_{ij} = EF_j - ES_i - STF_{i,j}$

(3)相临时距为 FTS。$LAG_{ij} = ES_j - EF_i - FTS_{i,j}$

(4)相临时距为 FTF。$LAG_{ij} = EF_j - EF_i - FTF_{i,j}$

当两项工作存在一种以上关系时,取 LAG_{ij} 计算结果的较小值。

[例 3-15] 按图 3-36 网络计划图进行计算。

(1)时间参数计算(图 3-37)

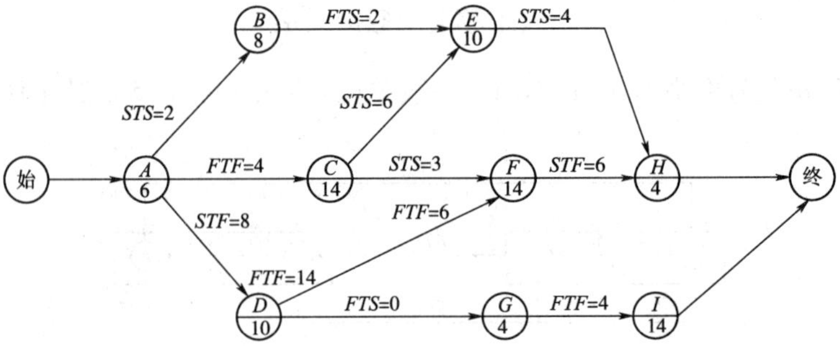

图 3-36 网络计划图

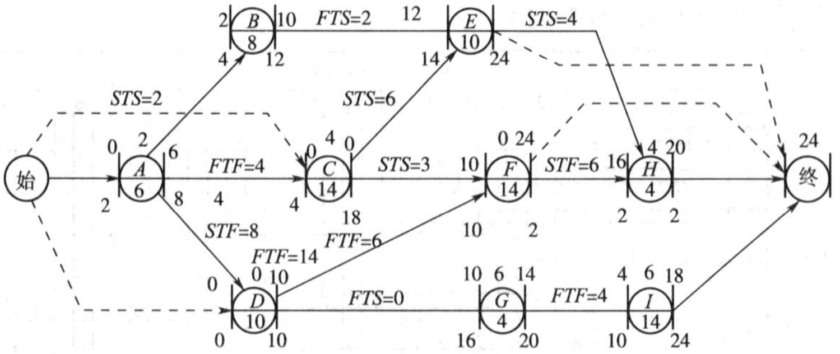

图 3-37　时间参数

(2)计算时间间隔 *LAG*(图 3-38)

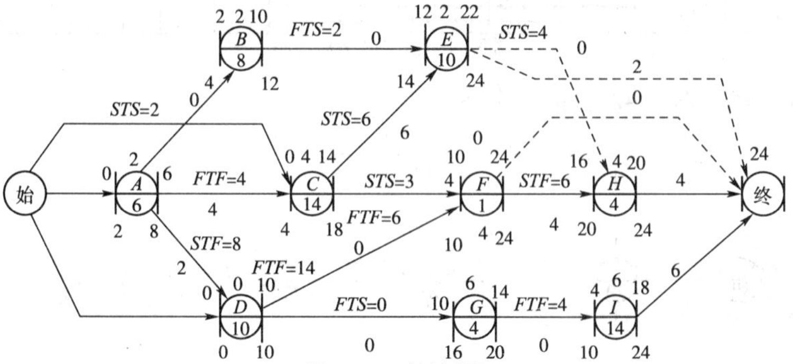

图 3-38　时间间隔

(3)关键工序与关键线路(图 3-39)

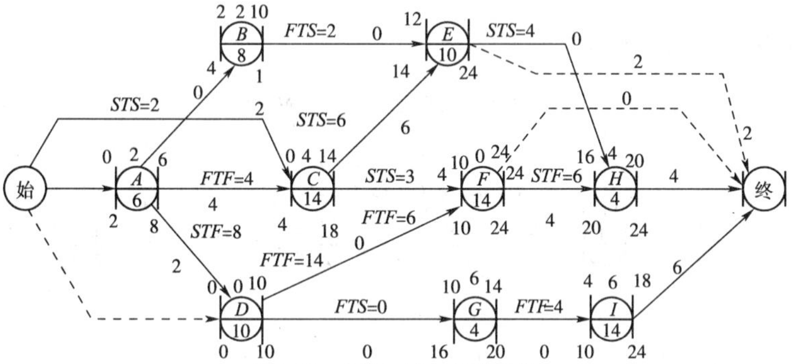

图 3-39　关键工序与关键线路

(4)自由时差计算 $FF_i = \min(LAG_{i-j})$(图 3-40)

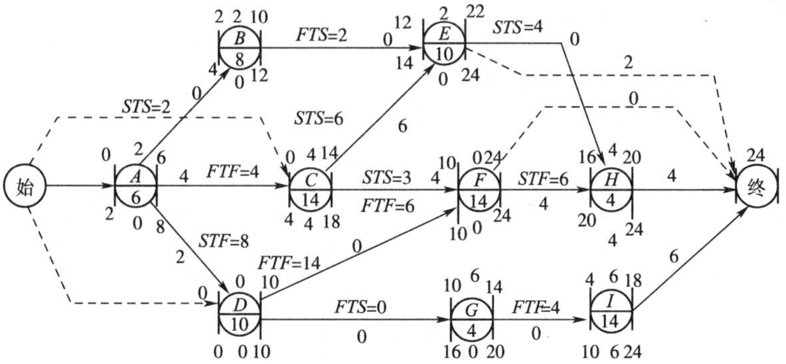

图 3-40　自由时差

(5)搭接网络横道图表示(图 3-41)

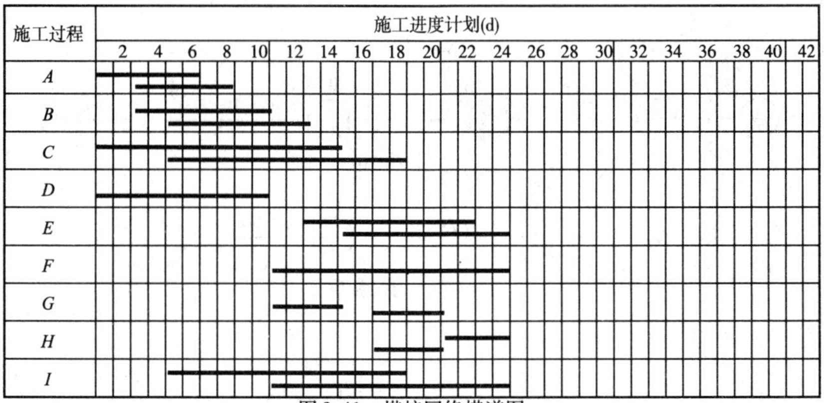

图 3-41　搭接网络横道图

[例 3-16]　找出图 3-42 的关键线路。

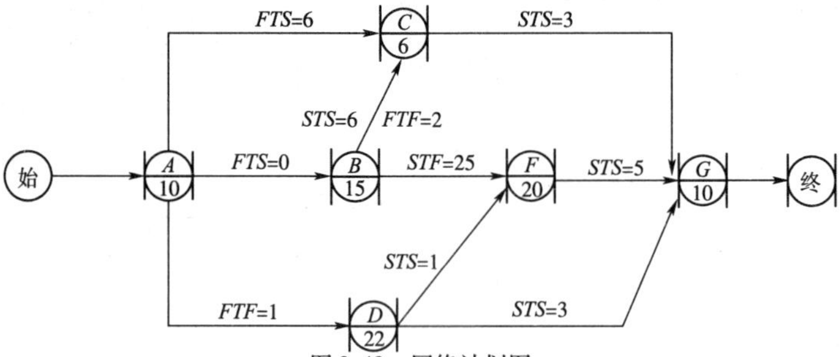

图 3-42　网络计划图

(1)计算最早时间参数(图 3-43)

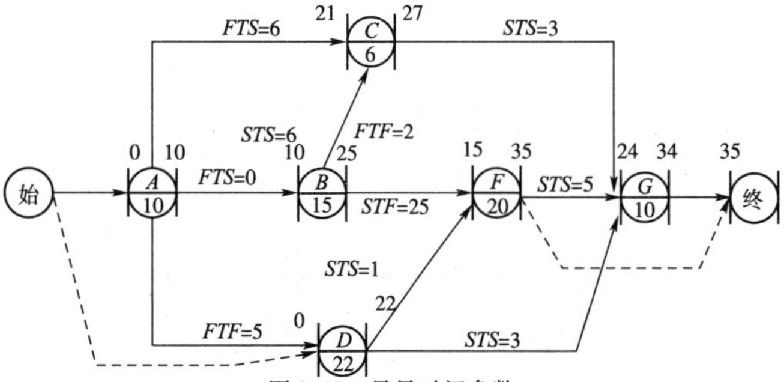

图 3-43　最早时间参数

(2)计算最迟时间(图 3-44)

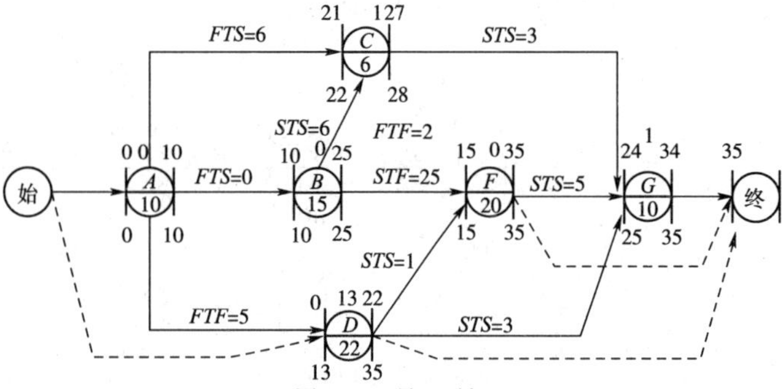

图 3-44　最迟时间

(3)计算时间间隔 *LAG*(图 3-45)

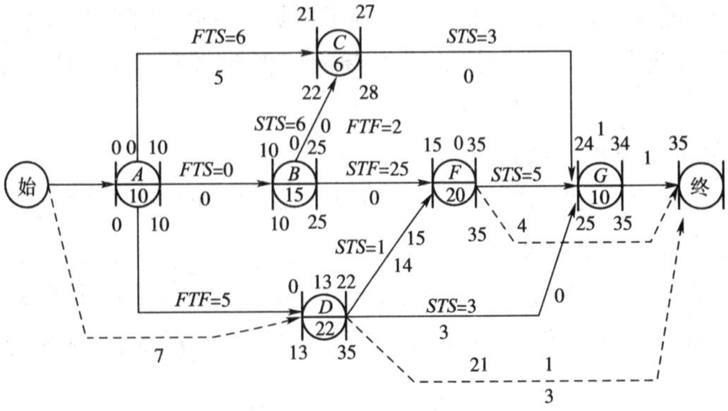

图 3-45　时间间隔

(4)找出关键线路(图 3-46)

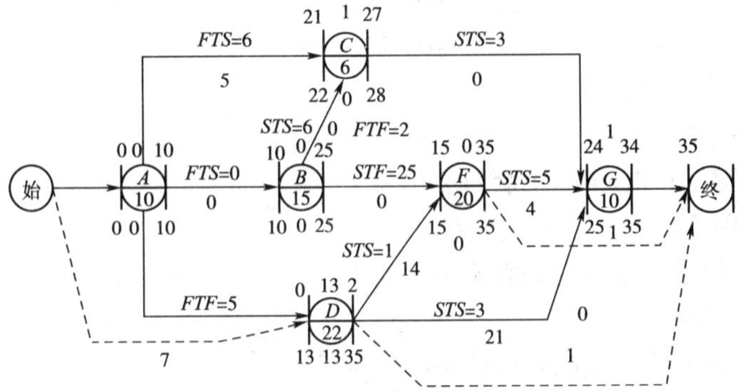

图 3-46　关键线路图

第七节　网络计划的优化

通常网络计划的初始方案会出现以下几种问题:在时间方面可能超出了规定工期;在资源方面可能存在资源供给失衡的情况;在费用方面由于未达到时间和费用的最佳匹配点,从而导致费用的浪费等。因此网络计划的优化非常必要。所谓网络计划的优化,是指通过不断改善网络计划的初始方案,在满足给定网络计划的约束条件下,利用最优化原理,按照某一衡量指标(如时间、成本、资源等)来寻求一个最优的计划方案。根据网络计划优化条件和目标不同,网络计划优化通常可分为工期优化、费用优化和资源优化。

一、网络计划的工期优化

1. 工期优化的实质

工期优化就是时间的优化,通过反复不断地压缩计算工期(T_c),以达到既定工期目标(T_r),或在一定约整条件下,使工期最短的过程。

2. 工期优化的措施

工期优化的目的是缩短工期,其措施主要有调整原来的施工组织计划、强制压缩关键线路的持续时间。

(1)调整原来的施工组织计划

根据项目实施的可能性，将某些顺序的关键工作调为平行或流水作业，或者将专业队连续作业改为紧凑法作业，或者通过从非关键工作调入资源到关键工作，从而缩短关键线路的时间，达到缩短工期的目的。

(2)强制压缩关键线路的持续时间

在工作面允许，资源充足的情况下，通过采取措施(从计划外增加资源)使网络计划中某些关键工作的持续时间尽可能缩短。

这时需要注意的是，在压缩关键线路的线路时间时，某些时差较小的次关键线路会上升为关键线路，从而发生关键线路的转移，这时就需要再次压缩新的关键线路，如此逐次逼近，直到达到规定工期为止。

3. 工期优化的步骤

(1)计算并找出初始网络计划的计算工期 T_c、关键线路及关键工作。

(2)对比要求工期 T_r，计算应缩短的总时间。

$$\Delta T = T_c - T_r$$

式中：T_c——计算工期；

T_r——要求工期。

(3)确定各关键工作能缩短的持续时间。

(4)根据下列因素选择要压缩的关键工作：

①缩短持续时间对质量和安全影响不大的工作；

②有充足备用资源的工作；

③缩短持续时间所需增加的费用最少的工作。

将应优先缩短的工作缩短至最短持续时间，并重新计算网络计划的计算工期，找出关键线路。

(5)当计算工期仍超过要求工期时，则重复以上的步骤，直到满足工期要求或工期已不能再缩短为止。

(6)当所有关键工作的持续时间都已达到其能缩短的极限而工期仍不能满足要求时，应对计划的原技术方案、组织方案进行调整或对要求工期重新审定。

4. 工期优化示例

[例 3-17] 已知：网络计划如图 3-47 所示，箭线下方括号外数字为工作的正常持续时间，括号内数字为工作的最短持续时间；箭线上方括号内数字为优先系数(该系数综合考虑了质量、安全和费用增加等情况而确定)。要求工期为 12d，试对其进行工期优化。

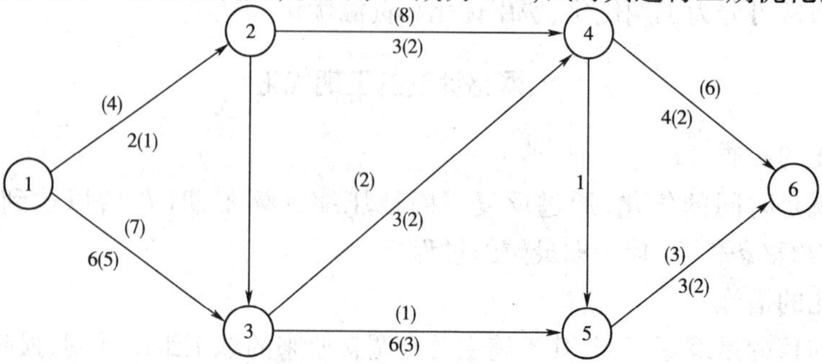

图 3-47 网络计划

解：

(1)用标号法找出初始网络计划的计算工期和关键线路。如图 3-48 所示：$T_c = 15d$，关键线路为：1-3-5-6。

(2)$T_r = 12d$，故应压缩的工期为 $\Delta T = T_c - T_r = 15 - 12 = 3d$。

(3)在关键工作 1-3，3-5，5-6 当中，3-5 工作的优选系数最小，应优先压缩。

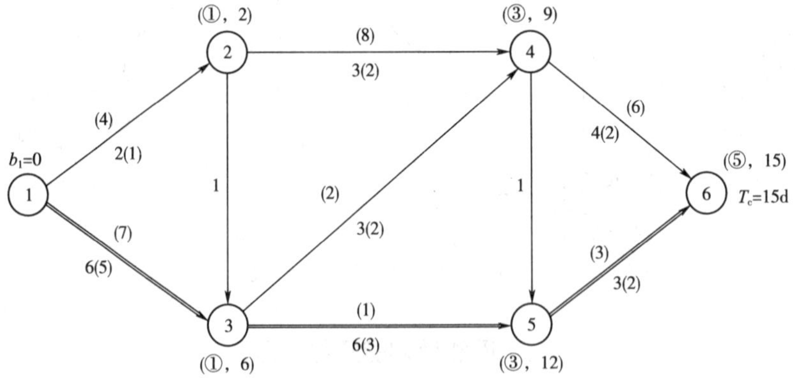

图 3-48　计算工期和关键线路

(4)将关键工作 3-5 的持续时间由 6d 压缩成 3d，这时的关键线路为 1-3-4-6，不经过 1-3-5-6，故关键工作 3-5 被压缩成非关键工作，这是不合理的。将 3-5 的持续时间压缩到 4d，这时关键线路有三条，分别为 1-3-5-6，1-3-4-5-6 和 1-3-4-6，如图 3-49 所示，这时关键工作 3-5 仍然为关键工作，所以是可行的。

(5)第一次压缩后，计算工期 $T_c = 13d$，仍然大于要求工期 T_r，故需要继续压缩。此时，网络图中有三条关键线路，要想有效缩短工期，必须在每条关键线路上压缩相同数值。在上图所示网络计划中，有以下四种方案：①压缩工作 1-3，优选系数为 7；②同时压缩工作 3-4 和 3-5，组合优选系数为：2 + 1 = 3；③同时压缩工作 3-4 和 5-6，组合优选系数为：2 + 3 = 5；④同时压缩工作 4-6 和 5-6，组合优选系数为：6 + 3 = 9。上述四种方案中，由于同时压缩工作 3-4 和 3-5，组合优选系数最小，故应选择同时压缩工作 3-4 和 3-5 的方案。

(6)将工作 3-4 和 3-5 的持续时间同时压缩 1d，此时重新用标号法计算网络计划时间参数，关键线路仍为三条，即：1-3-4-6 和 1-3-4-5-6 及 1-3-5 = 6，关键工作 3-4 和 3-5 仍然是关键工作，所以第二次压缩是可行的。

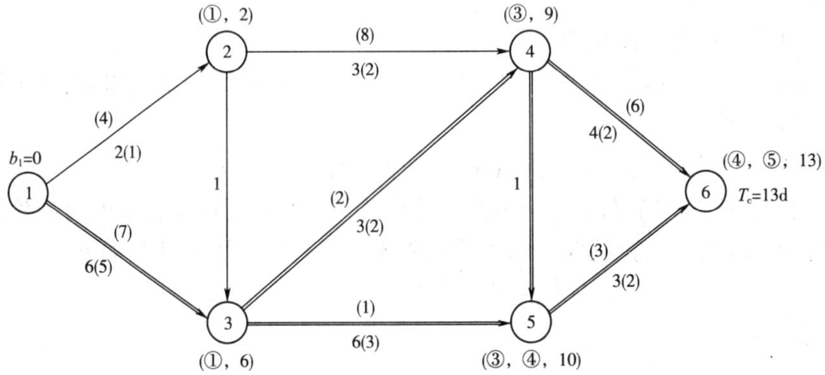

图 3-49　调整后的关键线路

(7)经第二次压缩后,网络计划如图 3-50 所示,此时计算工期 $T_c=12d$,满足要求工期 T_r。故经过 2 次压缩达到了工期优化的目标。

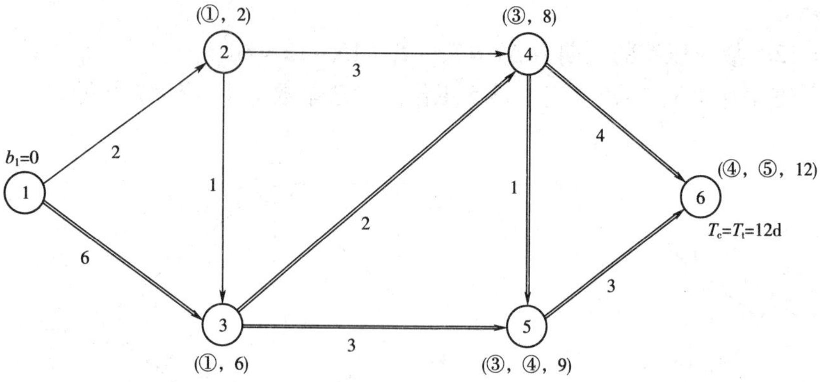

图 3-50 第二次压缩后的网络计划

二、网络计划的费用优化

公路工程项目的总费用包括直接费用和间接费用。直接费用是指完成工程所需的人工、材料、机械等费用;间接费用包括管理费用、福利、利息和一切不便于计人直接费用的其他附加费用。费用与工期有着密切的关系,直接费用随工期的缩短而增加,间接费用随工期的缩短而减少。要想缩短工期,一般都需要增加资源,从而提高工程费用。我们在选择最优的网络计划方安时,工程成本往往起关键作用。

1. 费用优化的实质

费用优化的实质是在满足工期要求的前提下,寻求施工费用最低而计划工期最短的施工计划方案。

2. 费用优化的方法

费用优化的基本方法就是根据组成网络计划的各项工作持续时间与费用的关系,每次找出直接费率最小的工作,压缩其持续时间,然后考虑间接费用随着工期缩短而减少的影响,把不同工期下的直接费用和间接费用分别叠加起来,经过若干次压缩直至不能再压缩时,便可得到介于正常工期与最短工期之间的工程成本变化曲线,从而求得相应的最优工期。

3. 费用的时间关系

工程总费用:直接费 + 间接费

直接费包括人工费、材料费、机械使用费、其他直接费及现场经费等组成,随工期的缩短而增加,如图 3-51 所示。

间接费包括企业经营管理的全部费用,随工期的缩短而减少。

工程总费用还应考虑工期变化带来的其他损益,如:效益增量和资金的时间价值。

工作直接费、间接费与持续时间的关系见图 3-52。直接费用率计算如下:

$$a_{i-j}^{D}=(C_b-C_a)/(T_b-T_a)=\Delta C_{i-j}^{D}/\Delta D_{i-j}$$

间接费费率:

$$a_{i-j}^{\ \ ID}$$

总费用曲线在时间 T_0 时总费用最低。

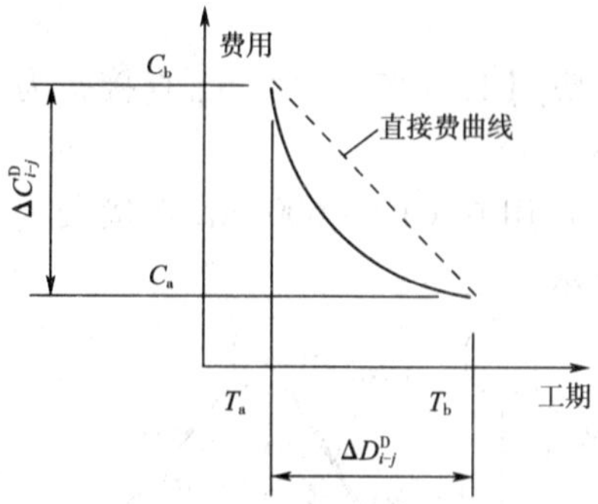

图 3-51　直接费用与工期的关系

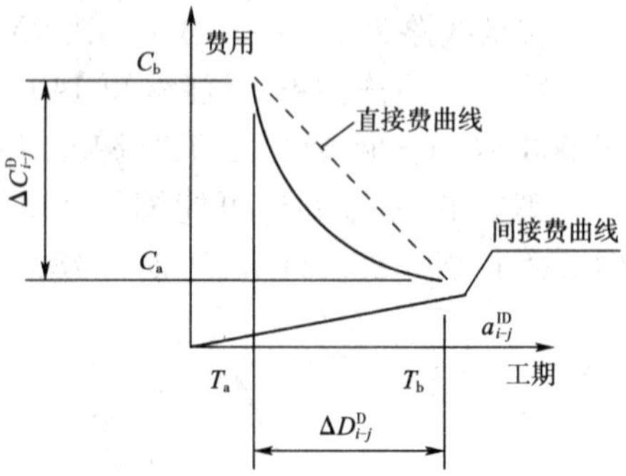

图 3-52　直接费用、间接费用与工期的关系

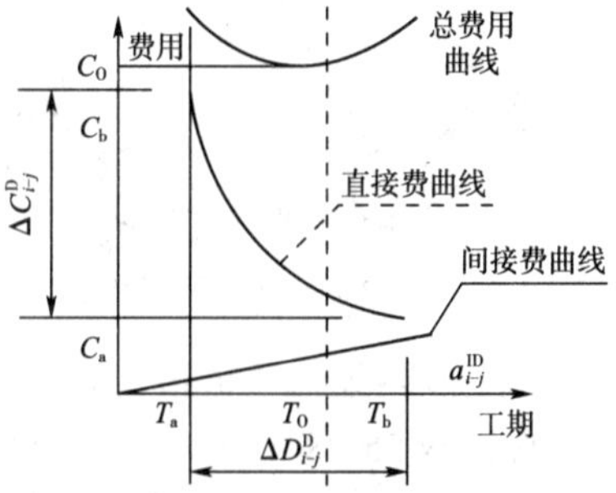

图 3-53　计算各种费率

4. 费用优化的步骤

(1)按照正常工作时间计算网络工期,确定关键线路,非关键工作总时差。

(2)计算网络计划在正常工期情况下的总直接费 $\sum C^{D}_{i-j}$,算出各项工作的直接费费率 a^{D}_{i-j},间接费费率 a^{ID}_{i-j},如图 3-53 所示。

(3)确定压缩的工作:必须是关键工作;直接费增加最少(即费率最低的工作)。

(4)确定压缩天数:$\Delta T = \min(t_b - t_a, TF)$,其中 t_b、t_a 为本工作的正常工作时间和最短工作时间,TF 为与该关键工作平行的其他非关键线路上工作的总时差。当同时压缩平行的多条关键工作时,其中 t_b、t_a 为该多条关键工作的正常工作时间和最短工作时间,TF 为与该多条关键工作平行的其他非关键线路上工作的总时差。

(5)压缩后重新计算网络。

(6)在工期费用坐标做点,绘制直接费曲线。

(7)绘制间接费曲线与总费用曲线,找到最优工期。

[例 3-18]　网络计划如图 3-54 所示,箭线下方括号外数字为工作的正常持续时间,括号内数字为工作的最短持续时间;箭线上方括号外数字为正常时间产生的直接费用,括号内数字为压缩时间产生的直接费用。间接费率 0.11 千元/d。做总成本曲线,寻求最优工期。

解:计算直接费费率和时间参数,结果绘制在图 3-55 中。

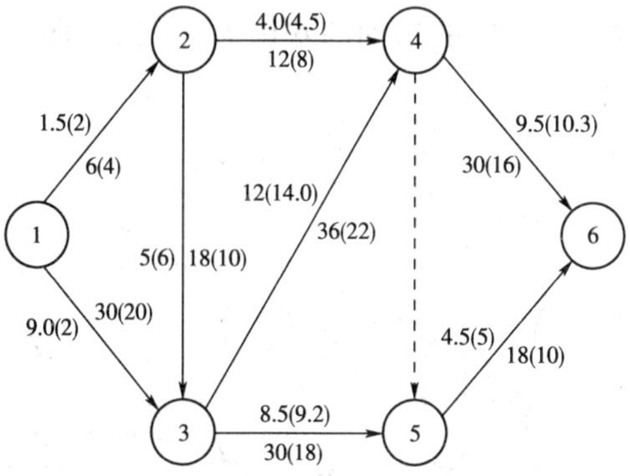

图 3-54　网络计划图

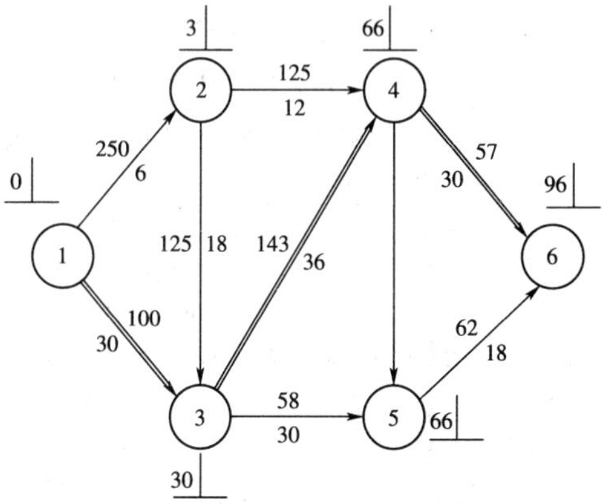

图 3-55　直接费费率和时间参数计算

计算正常时间下的总直接费:$\sum C_n = 1.5 + 9.0 + 5 + 4 + 12 + 8.5 + 9.5 + 4.5 + 54.0$ 千元。

关键线路为 1-3-4-6，总工期为 96d。

第一步：缩短 4-6，可能缩短 14d，实际缩短 12d，增加的费用 12 × 57 = 684 元，直接费为 54 000 + 684 = 54 684 元，工期 84d。压缩结果如图 3-56 所示。

第二步：缩短 1-3，可能缩短 10d，实际缩短 6d，增加的费用 6 × 10 = 600 元，直接费为 54 684 + 600 = 55 284 元，工期为 78d。压缩结果如图 3-57 所示。

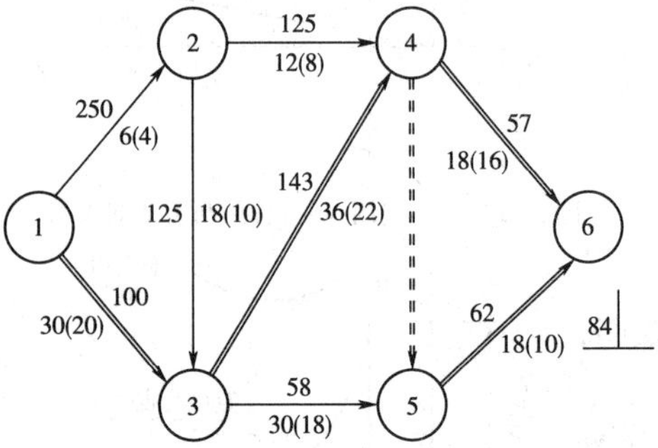

图 3-56　压缩 4-6 的结果

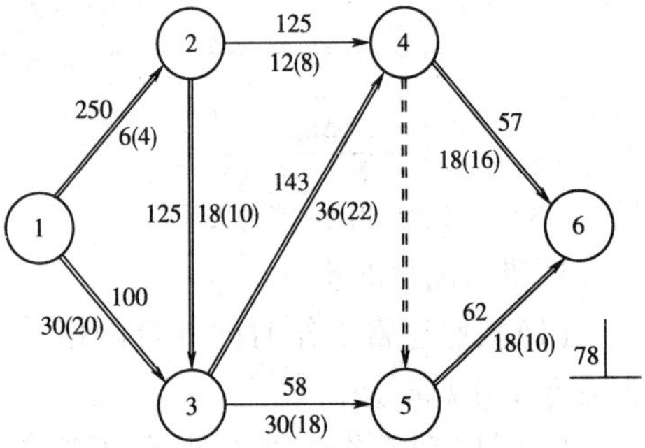

图 3-57　压缩 1-3 的结果

第三步：缩短 4-6 和 5-6，分别可以缩短 2d 和 8d，实际缩短 2d，增加的费用 2 × 119 = 238 元，直接费 55 284 + 238 = 55 522 元，计算结果如图 3-58 所示。

第四步：缩短 3-4，可能缩短 14d，实际缩短 6d，增加的费用 6 × 143 = 585 元直接费为 55 522 + 858 = 56 380 元，工期为 70d。如图 3-59 所示。

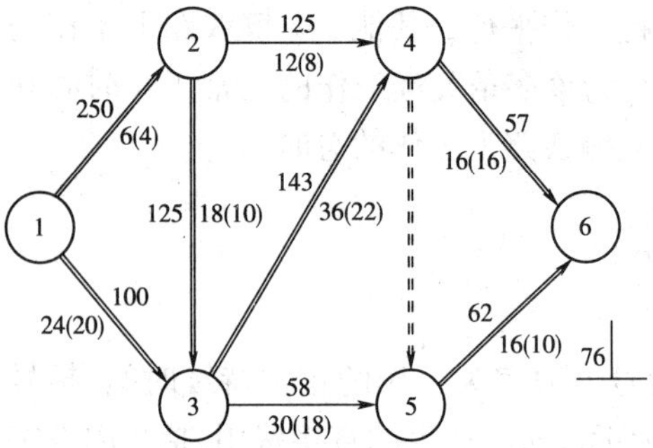

图 3-58　压缩 4-6、4-6 的结果

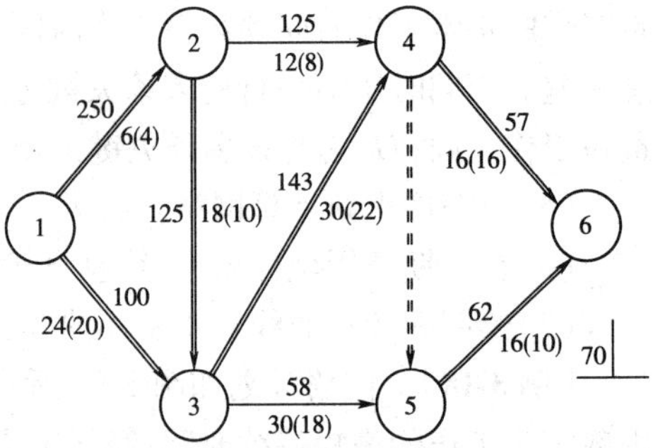

图 3-59　压缩 3-4 的结果

第五步：缩短 3-4 和 3-5，分别缩短 8d，12d，实际缩短 8d，增加的费用为 8 × 210 = 1 608 元，直接费为 56 380 + 1 608 = 57 988 元，工期为 62d。如图 3-60 所示。

第六步：缩短 1-3 和 2-3，分别可以缩短 4d，8d，实际缩短 4d，增加的费用为 4 × 225 = 900 元，直接费为 57 988 + 900 = 58 888 元。如图 3-61 所示。

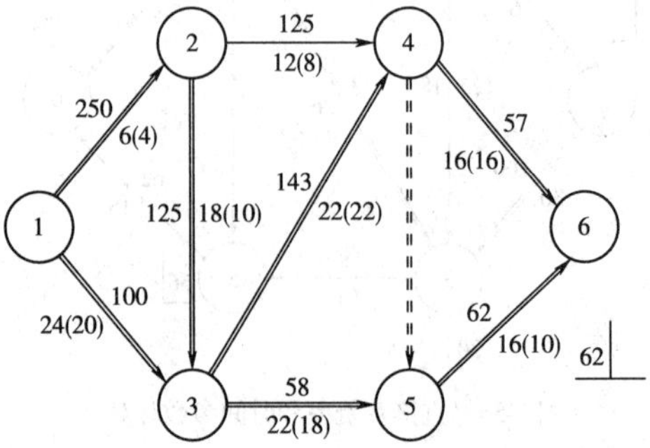

图 3-60　压缩 3-4 和 3-5 的结果

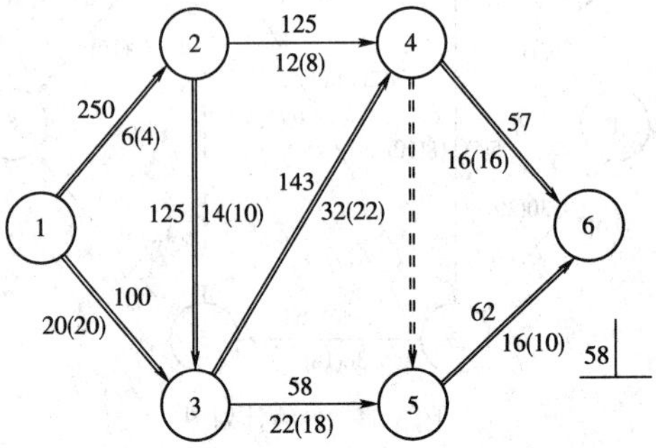

图 3-61　压缩 1-3 和 2-3 的结果

优化费用计算如表 3-10 所示：

优化费用计算 表 3-10

工期(d)	直接费(元)	间接费(元)	工程总费用(元)
96	54 000	10 560	64 560
84	54 684	9 240	63 924
78	55 284	8 580	63 864
76	55 522	8 360	63 822
70	56 380	7 700	64 080
62	57 988	6 820	64 818
58	58 888	6 380	65 268

[例 3-19] 网络计划如图 3-62 所示，箭线下方括号外数字为工作的正常持续时间，括号内数字为工作的最短持续时间；箭线上方括号外数字为正常时间产生的直接费用，括号内数字为压缩时间产生的直接费用。间接费率 0.8 千元/d。作总成本曲线，寻求最优工期。

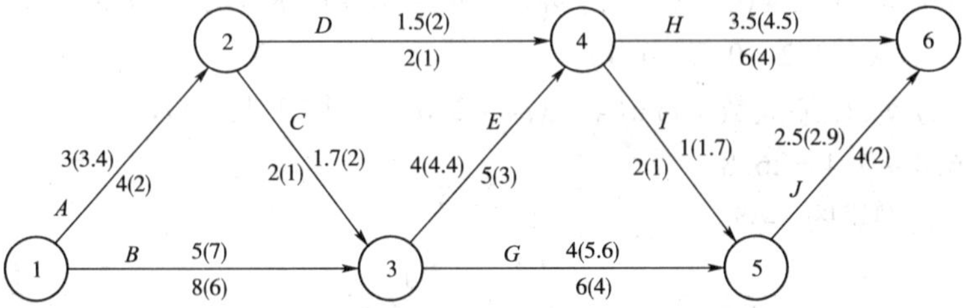

图 3-62 网络计划图

解：计算直接费费率，结果如表 3-11 所示：

计算直接费率表 表 3-11

	A	*B*	*C*	*D*	*E*	*G*	*H*	*I*	*J*
费率	0.2	1	0.3	0.5	0.2	0.8	0.7	0.5	0.2
T_b	2	6	1	1	3	4	1	4	2

计算时间参数，找出关键线路。见图 3-63。

正常工期 = 19d

直接费 = 3 + 5 + 1.7 + 1.5 + 4 + 4 + 1 + 3.5 + 2.5 = 26.2 千元

总费用 = 26.2 + 19 × 0.8 = 41.4 千元

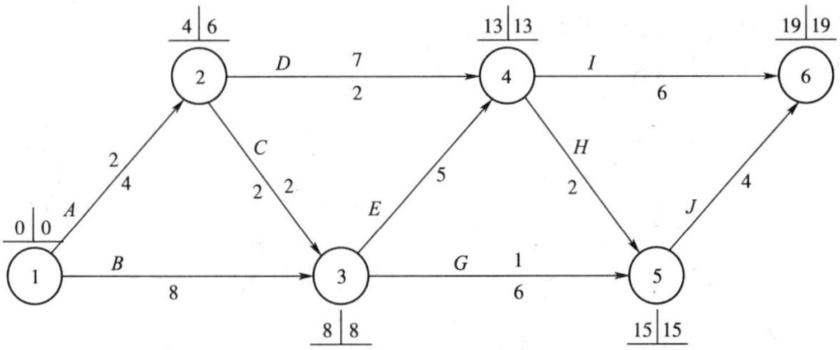

图 3-63 关键线路

第一次压缩：选择关键工作，且费用最低的工序。共 4 个方案：

(1)压缩 $B(K=1)$；(2)压缩 $E(K=0.2)$；(3)压缩 $I+H(K=0.5+0.7=1.2)$；

(4)压缩 $I+J(K=0.2+0.5=0.7)$

选择压缩 E,压缩天数 $=\min(5-3,7,1)=1\text{d}$

第一次压缩成果见图 3-64。

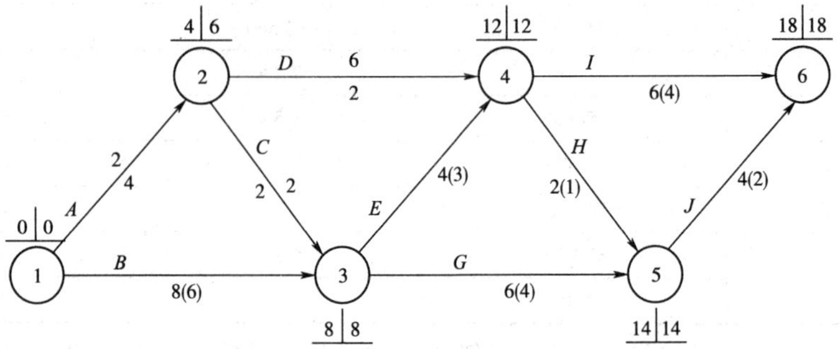

图 3-64　第一次压缩成果

第二次压缩方案:(1)压缩 $B(K=1)$;(2)压缩 $E+G(K=0.2+0.8=1)$;(3)压缩 $I+J(K=0.2+0.5=0.7)$;(4)压缩 $I+H+G(K=0.5+0.8+0.7+2)$;(5)压缩 $E+J(K=0.2+0.2+0.4)$。

选择第 5 个方案,压缩天数 $=\min(4-3,4-2,6)=1$ 则工期 $=17\text{d}$

直接费 $=26.4+0.4=26.8$。

第二次压缩成果见图 3-65。

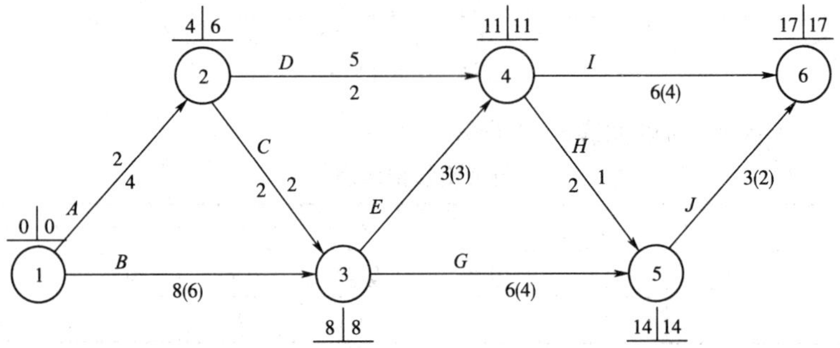

图 3-65　第二次压缩成果

第三次压缩方案:(1)压缩 $B(K=1)$;(2)压缩 $I+J(K=0.7)$;(3)压缩 $I+G(K=0.8+0.5=1.3)$。

选择压缩 $I+J$,压缩天然 $=\min(2,1)=1\text{d}$。

直接费 $=26.8+0.7=27.5$,工期 $=16\text{d}$。

第三次压缩成果见图 3-66。

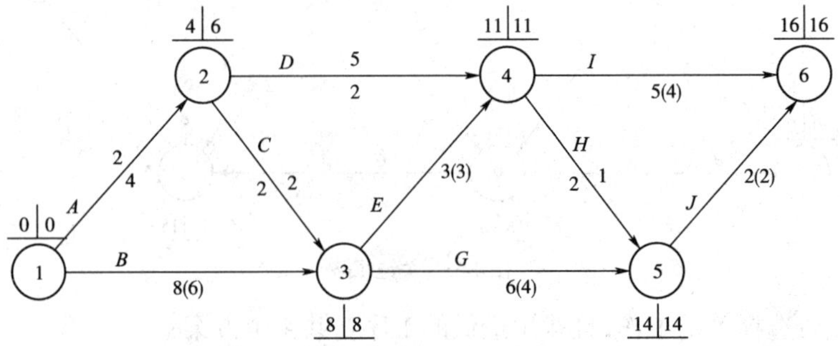

图 3-66　第三次压缩成果

第四次压缩方案：(1)压缩 $B(K=1)$；(2)压缩 $I+G(K=0.8+0.5=1.3)$。

选择压缩 B，压缩天数 $=\min(8-6,2,2,5)=2\text{d}$。

直接费 $=27.5+2\times1=29.5$

第四次压缩成果见图 3-67。

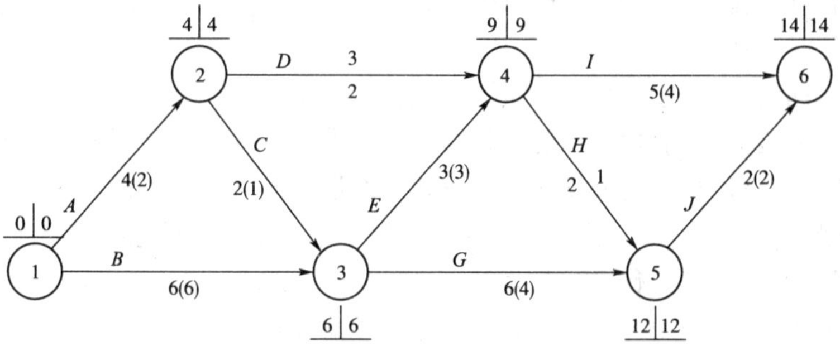

图 3-67　第四次压缩成果

第五次压缩方案：压缩 $I+G(K=1.3)$，压缩天数 $=\min(1,2,1)=1\text{d}$。

直接费 $=29.5+1.3=3.8$，工期 $=13\text{d}$。

优化费用计算见表 3-12 所示。

总费用曲线见图 3-68 所示。

优化费用计算　　表 3-12

工期(d)	直接费	间接费	总费用
19	26.2	15.2	41.4
18	26.4	14.4	40.8
17	26.8	13.6	40.4
16	27.5	12.8	40.3
14	29.5	11.2	40.7
13	30.8	10.4	41.2

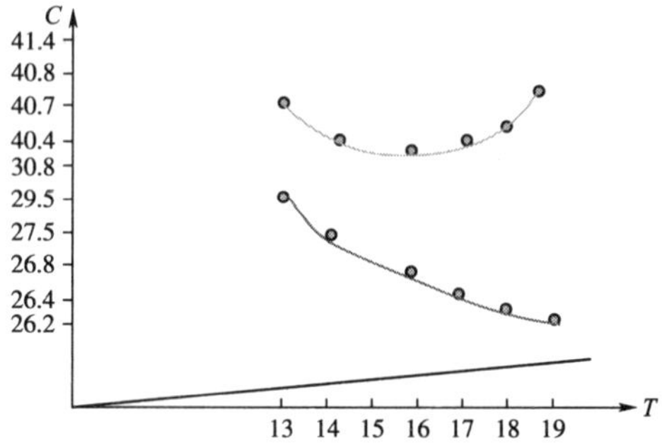

图 3-68　总费用曲线

三、网络计划的资源优化

网络计划中的资源，是指完成某个工程所需的人力、材料、机械设备和资金等的统称。前面对网络计划工期优化的计算和调整，都是在假定资源供应是完成充足的条件下进行的。在实际情况下，由于受种种客观因素的影响和制约，在一定时间内所能提供的各种资源往往是有限制的。有时即使资源能满足供应，由于网络计划安排不当，就可能在计划工期内的某一时段出现资源“过剩”。这种资源量的不均衡，给工程组织和管理带来很多麻烦，给施工企业带来不必要的经济损失。因此，对资源我们有必要进行优化。

通常将某项工作在单位时间内所需某种资源数量称为资源强度（用 R_{i-j} 表示）；将整个计划在某单位时间内所需某种资源数量称为资源需用量（用 Q_t 表示）；将在单位时间内可供使用的某种资源的最大数量称为资源限量（用 Q_a 表示）。

1. 资源优化的目的

根据资源情况对网络计划进行调整，在保证规定的工期和资源供应之间寻求相互协调和相互适应，最终解决资源的供需矛盾和资源的均衡利用问题。

2. 资源优化的方法包括以下两种

(1)资源有限—工期最短

一般来说，工作的持续时间与资源投入的数量成反比。在资源供应有限的条件下，要根据有限的资源去合理安排工作，尽可能使整个工程计划工期达到最短。

其具体步骤与方法如下：

①绘制时标网络计划，逐时段计算资源需用量；

②逐时段检查资源需用量是否超过资源限量，若起过进入第 3 步，否则检查下一时段；

③对于超过的时段，按总时差从小到大累计该时段中的各项工作的资源强度，累计到不超过资源限量的最大值，其余的工作推移到下一时段（在各项工作不允许间断作业的假定条件下，在前一时段已经开始的工作应优先累计）；

④重复上述步骤，直至所有时段的资源需用量均不超过资源限量为止。

[例 3-20] 图 3-69 中箭线上方数据为资源强度，下方数据为持续时间。若资源限量为 12，试对其进行资源有限—工期最短优化。

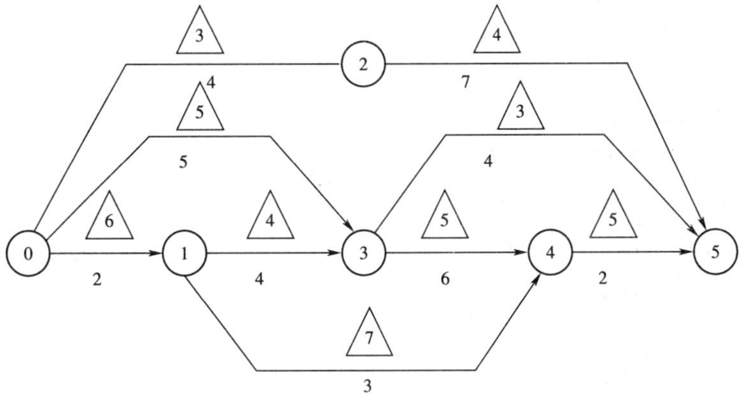

图 3-69　例 3-20 图

解：

①绘制时标网络计划，计算每天资源需用量。

②逐时段将资源需用量与资源限量对比，0-2，2-4，4-5 三个时段的资源需用量均超过资源限量，需要调整，见图 3-70。

③调整 0-2 时段，将该时段同时进行的工作按总时差从小到大对资源强度进行累计，累计到不超过资源限量（=12）的最大值，即 =6+5=11<12，将工作 1-3 推移至下一时段。

调整结果见图 3-71 所示。

④2-5 时段的资源需用量仍超过资源限量，需要调整。

资源强度累计：5+4+3=12

将工作 2-5 推移至下一时段，调整结果见图 3-72 所示。

⑤5-6，6-8 时段仍超出资源限量要求，需要调整。

该网络计划的资源有限—工期最短优化的最后结果见图 3-73 所示。

(2)工期固定—资源均衡

一般来说，网络计划的初始方案往往是在未考虑资源需求合理性的情况下制订出来的，各时段对资源的需求量往往相差相大。“工期固定—资源均衡”是指在规定的工期下，当对资源

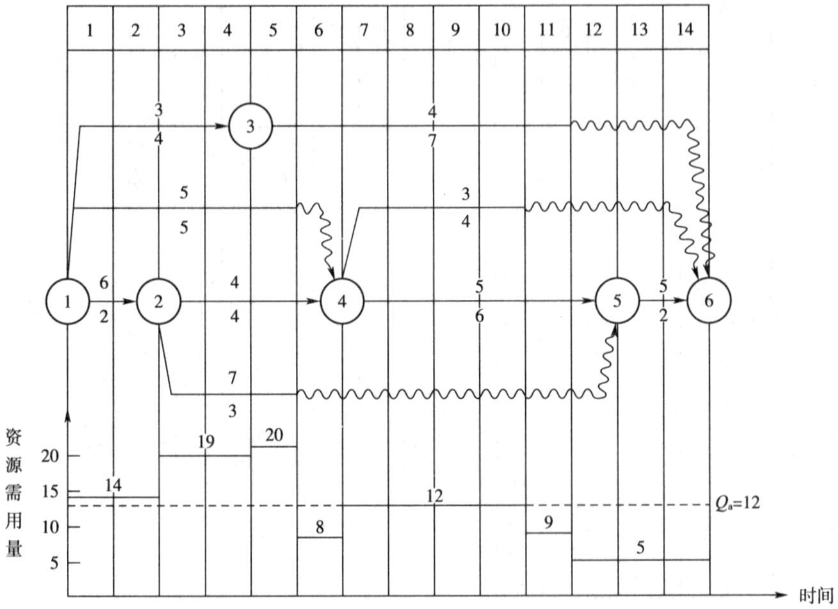

图 3-70　资源需用量与资源限量对比

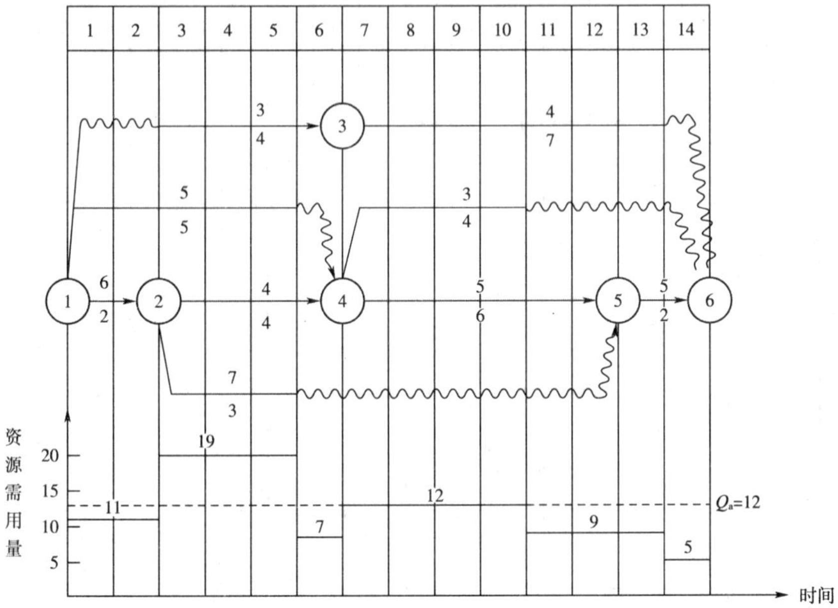

图 3-71　调整结果

的需求出现“高峰”时，通常对非关键工作进行调整，以使日资源尽量达到平均值。这样，即有利于工程施工组织与管理，又有利于降低工程施工费用。

衡量资源需用量均衡程度的指标有三个，分别为不均衡系数、极差值、均方差值。

①不均衡系数 K

$$K = \frac{Q_{\max}}{Q_{\mathrm{m}}}$$

$$Q_{\mathrm{m}} = \frac{1}{T}(Q_1 + Q_2 + \cdots + Q_T) = \frac{1}{T}\sum_{i=1}^{T} Q_t$$

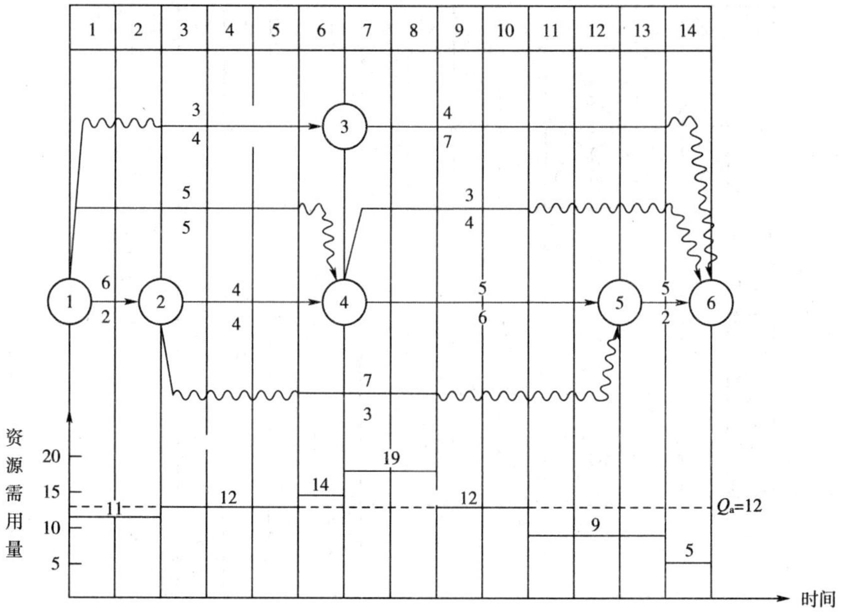

图 3-72　调整结果

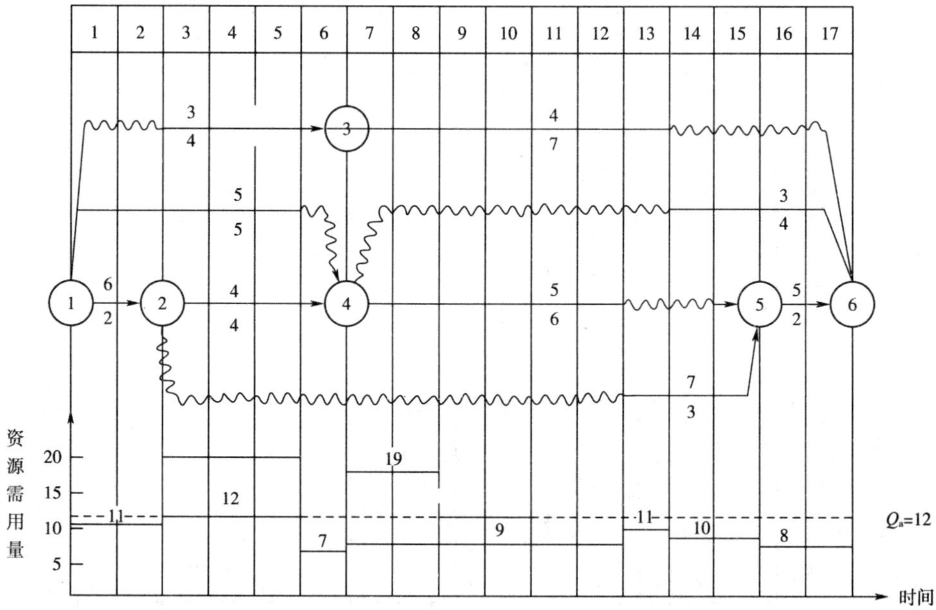

图 3-73　优化后的结果

②极差值

$$\Delta Q = \max\{|Q_t - Q_m|\}$$

③均方差值

$$\sigma^2 = \frac{1}{T}\sum_{t=1}^{T}(Q_t - Q_m)^2$$

$$\sigma^2 = \frac{1}{T}\sum_{t=1}^{T}Q_t^2 - Q_m^{\ 2}$$

若 σ^2 最小,须使$\sum_{t=1}^{T}Q_t^{\ 2} = Q_1^{\ 2} + Q_2^{\ 2} + \cdots + Q_T^{\ 2}$ 最小。

对于网络计划中某项工作 k 而言，其资源强度为 r_k。在调整计划前，工作 k 从第 i 个时间单位开始，到第 j 个时间单位完成，则此时网络计划资源需用量的平方和为：

$$\sum_{t=1}^{T} Q_{t0}{}^2 = Q_1{}^2 + Q_2^2 + \cdots + Q_i{}^2 + Q_{(i+1)}^2 + \cdots Q_j^2 + Q_{j+1}^2 + \cdots + Q_T^2$$

如果将 k 工作右移一个时间单位，即工作 k 从第 $i+1$ 个时间单位开始，至第 $j+1$ 个时间单位完成，则此时网络计划资源需用量的平方和为：

$$\sum_{t=1}^{T} Q_{t1}{}^2 = Q_1{}^2 + Q_2{}^2 + \cdots (Q_i - r_k)^2 + Q_{(i+1)}^2 + \cdots + Q_j^2 + (Q_{j+1} + r_k)^2 + \cdots + Q_T{}^2$$

因此，当工作 k 的开始时间右移一个时间单位时，网络计划资源需用量平方和的增量为：

$$\Delta = (Q_i - r_k)^2 - Q_i^2 + (Q_{j+1} + r_k)^2 - Q_{j+1}^2$$

即：

$$\Delta = 2r_k(Q_{j+1} + r_k - Q_i)$$

如果资源需用量平方和的增量 Δ 为负值，说明工作 k 的开始时间右移一个时间单位能使资源需用量的平方和减少，也就使资源需用量的方差减小，从而使资源需用量更均衡。因此，工作 k 的开始时间能够右移的判别式如下：

$$\Delta = 2r_k(Q_{j+1} + r_k - Q_i) \leqslant 0$$

由于 r_k 不可能为负值，因此判别式可简化为：

$$Q_{j+1} + r_k - Q_i \leqslant 0$$

即：

$$Q_{j+1} + r_k \leqslant Q_i$$

上式表明，当网络计划中工作 k 完成时间之后的一个单位所对应的资源需用量 Q_{j+1} 与工作 k 的资源强度 r_k 之和不超过工作 k 开始时所对应的资源需用量 Q_i 时，将工作 k 右移一个时间单位能使资源需用量更加均衡。这时，就应将工作 k 右移一个时间单位。

同理，如果下式成立，说明将工作 k 左移一个时间单位能使资源需用量更加均衡。这里，就将工作 k 左移一个时间单位：

$$Q_{i-1} + r_k \leqslant Q_j$$

如果以上两式都不成立，可以考虑将工作 k 右移或左移多个时间单位。

向右移时的判别式为：

$$(Q_{j+1} + r_k) + (Q_{j+2} + r_k) + (Q_{j+3} + r_k) + \cdots \leqslant Q_i + Q_{i+1} + Q_{i+2} + \cdots$$

向左移时的判别式为：

$$(Q_{i-1} + r_k) + (Q_{i-2} + r_k) + (Q_{i-3} + r_k) + \cdots \leqslant Q_i + Q_{j-1} + Q_{j-2} + \cdots$$

优化步骤如下：

①绘制时标网络计划，计算每个单位时间的资源需用量。

②计算资源均衡性指标，用均方差值来衡量资源均衡程序。

③从网络计划的终点节点开始，按非关键工作最早开始时间的后先顺序进行调整。当某一节点同时作为多项工作的完成节点时，应先调整开始时间较迟的工作。

在调整工作时，需满足两个条件：

a. 工作具有机动时间，在不影响工期的前提下能够右移或左移；

b. 工作满足判别式条件。

④绘制调整后的网络计划。

⑤当所有工作调整了一次之后，为使资源更加均衡，在按上述顺序自右向左进行多资调

整，直至所有工作既不能右移也不能左移为止。

［**例 3-21**］ 对图 3-74 进行“工期固定—资源均衡”优化。

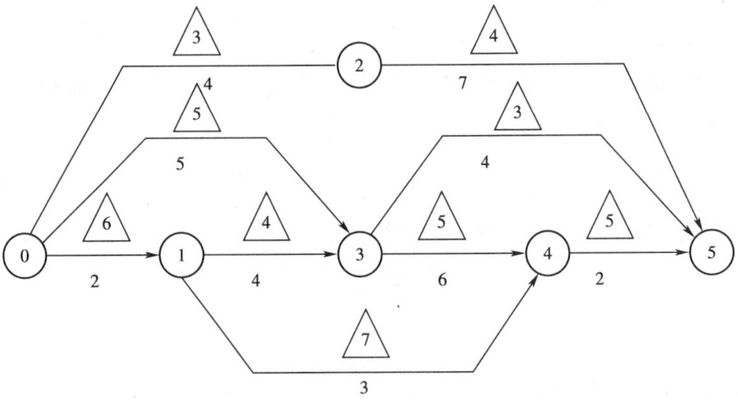

图 3-74　例 3-21 图

解：

(1)绘制时标网络计划，计算单位时间资源需用量，见图 3-75。

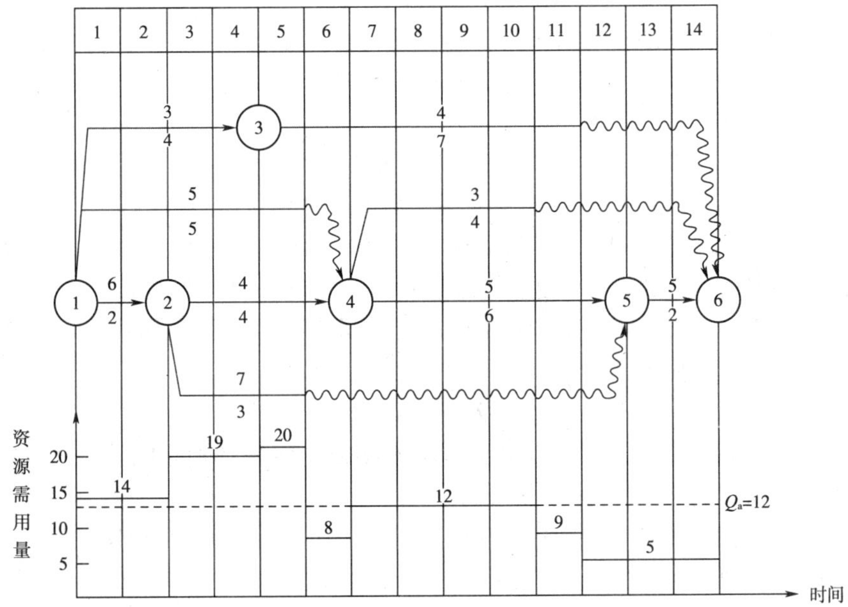

图 3-75　时标网络计划

(2)计算资源均衡性指标

$$Q_m = \frac{1}{T}\sum_{t=1}^{T} Q_t = \frac{1}{14}(14 \times 2 + 19 \times 2 + 20 \times 1 + 8 \times 1 + 12 \times 4 + 9 \times 1 + 5 \times 3) = 11.86$$

$$\sigma_0^2 = 165.00 - 11.86^2 = 24.34$$

(3)优化调整

①第一次调整

a. 调整以终节点 6 为结束节点的非关键工作，由于 4-6 开始时间晚于 3-6，应先调整 4-6，利用判别式判别能否向右移动。

由于 $Q_{11} + r_{4-3} = 9 + 3 = 12$，$R_7 = 12$，故 4-6 可右移一个时间单位，改为第 8 个时间单位开始；

由于 $Q_{12} + r_{4-6} = 5 + 3 = 8$，小于 $R_8 = 12$，故 4-6 可再移一个时间单位，改为第 9 个时间单位开始；

由于 $Q_{13}+r_{4-6}=5+3=8$，小于 $R_9=12$，故 4-6 可再移一个时间单位，改为第 10 个时间单位开始；

由于 $Q_{14}+r_{4-6}=5+3=8$，小于 $R_{12}=12$，故 4-6 可再移一个时间单位，改为第 11 个时间单位开始；

至此，工作 4-16 的总时差已经用完，不能再右移。再对 3-6 进行调整。

由于 $Q_{12}+r_{3-6}=8+4=12$，小于 $R_5=20$，故 3-6 可再移一个时间单位，改为第 6 个时间单位开始；

由于 $Q_{13}+r_{3-6}=8+4=12$，小于 $R_6=20$，故 3-6 不可再移 2 个时间单位；

由于 $Q_{14}+r_{3-6}=8+4=12$，小于 $R_7=20$，故 3-6 不可再移 3 个时间单位；

由于 3-6 的总时差只有 3，故该工作只能右移一个时间单位，改为第 6 个时间单位开始。4-6 和 3-6 工作调整后的网络计划如图 3-76 所示。

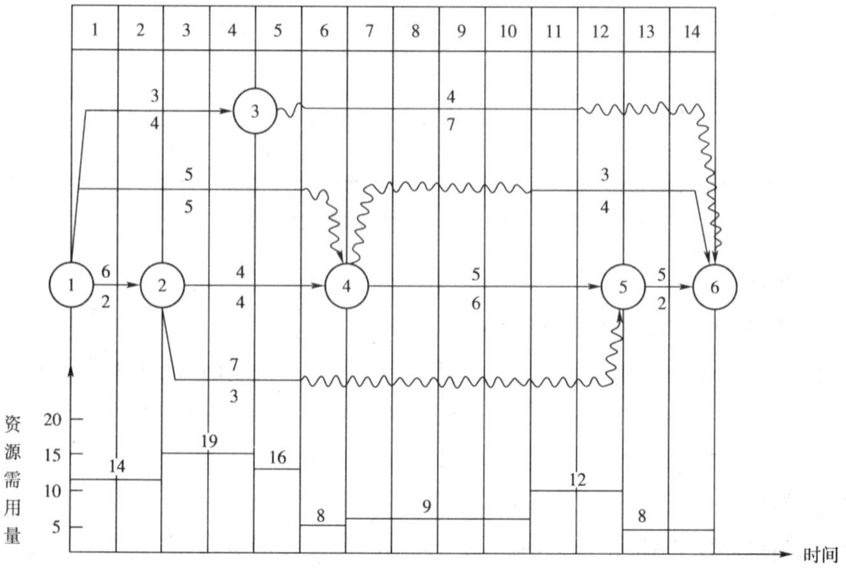

图 3-76　调整后的网络计划

b. 调整以节点 5 为完成节点的非关键工作 2-5。

由于 $Q_6+r_{2-5}=8+7=12$，小于 $R_3=19$，故 2-5 可右移一个时间单位，改为第 4 个时间单位开始；

由于 $Q_7+r_{2-5}=9+7=16$，小于 $R_4=19$，故 2-5 可右移一个时间单位，改为第 5 个时间单位开始；

由于 $Q_8+r_{2-5}=9+7=16$，等于 $R_5=16$，故 2-5 可右移一个时间单位，改为第 6 个时间单位开始；

由于 $Q_9+r_{2-5}=9+7=16$，大于 $R_6=8$，故 2-5 不可再右移一个时间单位。

此时，虽然 2-5 还有总时差，但不能满足判别式的要求，故工作不能再右移。至此，工作 2-5 只能右移 3，改为第 6 个时间单位开始。

c. 调整以节点 4 为结束节点的工作，只能考虑调整工作 1-4，通过计算不能调整。

d. 调整以节点 3 为结束节点的工作，只有工作 1-3 可考虑调整。

$$Q_5+(Q_1-r_{1-3})=9-(14-3)=-2<0$$

可右移 1d，改为第 1 个时间单位开始。

至此,第一次调整完毕。调整后的网络计划如图 3-77 所示。

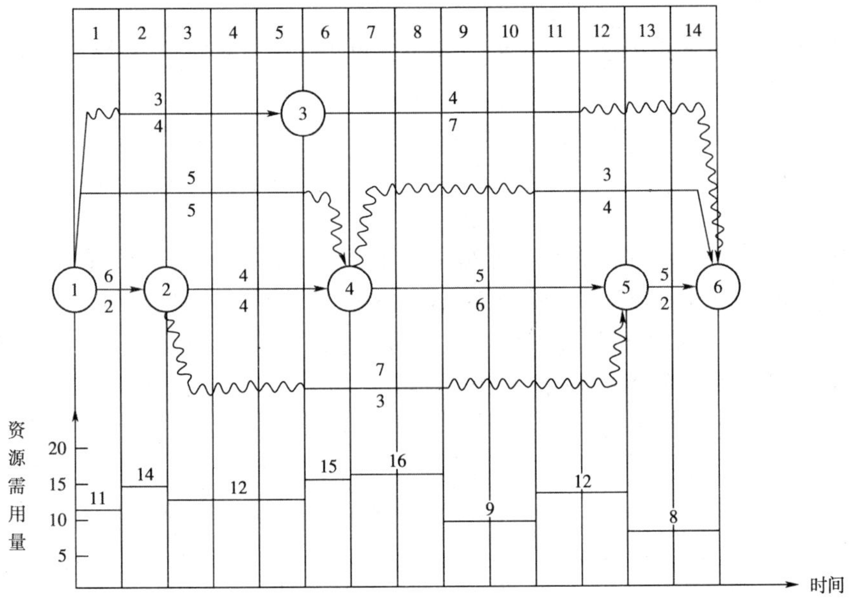

图 3-77 第一次调整完后的网络计划图

②第二次调整

在图 3-77 基础上,再次自右向左调整。

a. 调整以终节点 6 为结束节点的工作,只有工作 3-6 有机动时间,可考虑调整。

由于 $Q_{13}+r_{3-6}=8+4=12$,小于 $R_4=15$,故 3-6 可右移一个时间单位,改为第 7 个时间单位开始。

b. 分别调整以节点 5,4,3,2 为结束节点的非关键工作,均不能再右移。

至此优化结束。图 3-78 即为工期固定—资源均衡优化的最终结果。

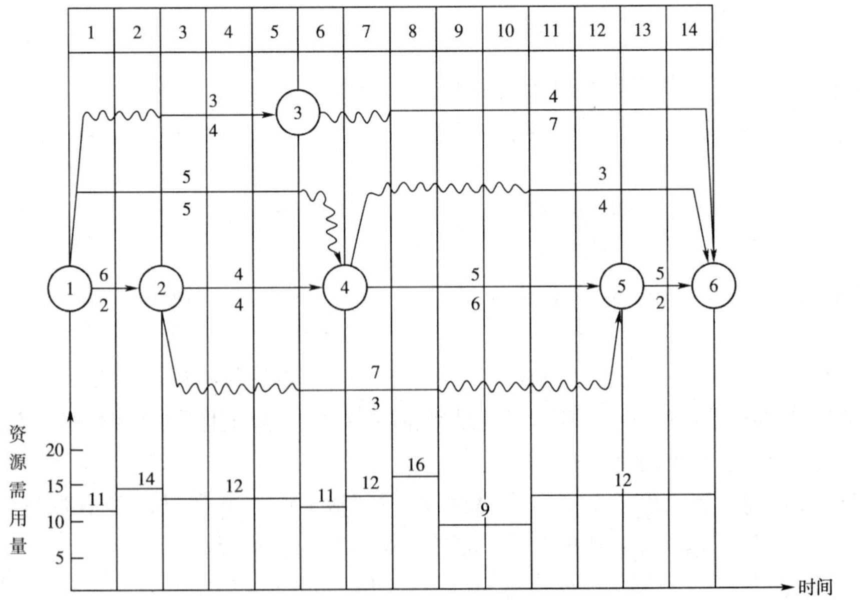

图 3-78 工期固定—资源均衡优化的最终结果

③计算优化后的资源均衡性指标

$$\sigma^2 = \frac{1}{14}(11^2 \times 1 + 14^2 \times 1 + 12^2 \times 3 + 11^2 \times 1 + 12^2 \times 1 + 16^2 \times 1 + 9^2 \times 2 + 12^2 \times 4) - 11.85^2$$

$$= 2.77 < \sigma_0^2 = 24.34$$

σ^2 降低百分率：

$$\frac{24.34 - 2.77}{23.34} \times 100\% = 88.62\%$$

复习思考题

1. 什么是网络计划技术，它的基本原理是什么？

2. 什么是网络图？一般的网络图由哪些内容组成？

3. 什么是虚工作？在网络计划中应用虚工作可以解决哪些问题？绘制网络图有哪些基本规则？

4. 根据下面的逻辑关系表，分别绘制双代号和单代号网络逻辑关系图。

工作名称	*H*	*F*	*G*
紧前工作	*A*、*B*	*B*、*C*	*C*、*D*

5. 根据下面逻辑关系表，分别绘制双代号和单代号网络图。

工作名称	*A*	*B*	*C*	*D*	*E*	*F*	*G*
紧前工作	—	*A*	*B*	*A*	*B*、*D*	*E*、*C*	*F*
工作时间	6	5	4	4	6	5	3

6. 什么是关键线路？它有哪些特点？

7. 总时差和自由时差各自的定义及特点是什么？各个时差之间存在怎样的关系？

8. 时标网络计划有哪些特点？

9. 什么是网络计划的费用优化？它的原理是什么？

10. 作单代号网张图。

工作名称	*A*	*B*	*C*	*D*	*E*	*F*
紧前工作	—	*A*	*A*	*BC*	*C*	*D*、*E*

11. 作单代号网络图，并且计算参数。

项目	1	2	3
支模	2	2	3
绑筋	1	1	2
浇混凝土	2	1	2

第四章 公路工程施工组织设计文件的编制

第一节 施工方案的制订

施工方案是指工、料、机等生产要素的有效结合方式。确定一个合理的结合方式,也就是从若干方案中选择出一个切实可行的施工方案来。这个问题不解决,施工就根本不可能进行。它是施工组织设计首先要确定的问题,它是决定其他内容的基础。施工方案的优劣,在很大程度上决定了施工组织设计的质量和施工任务成的好坏。

一、施工方案制订的原则

施工方案的制订通常应遵循以下原则:

(1)制订方案首先必须从实际出发,切实可行,符合现场的实际情况,有实现的可能性。制订方案在资源、技术上提出的要求应该与当时已有的条件或在一定的时间能争取到的条件相吻合,否则是不能实现的,因此只有在切实可行的范围内尽量求其先进和快速。这两者是统一的,离开这个原则,再先进的技术、再快的施工速度也会落空。切实可行是关键,也是制订方案的主要方面。

(2)满足合同要求的工期。就是按工期要求投入生产,交付使用,发挥投资效益,这对国民经济的发展具有重大的意义。所以在制订施工方案时,必须保证在竣工时间上符合合同的要求,并能争取提前完成。为此在施工组织上要统筹安排,均衡施工,在技术上尽可能地采用先进的施工技术、施工工艺和新材料,在管理上采用现代化的管理方法进行动态管理和控制。

(3)确保工程质量和施工安全。工程建设是百年大计,要求质量第一,保证施工安全是社会的要求。因此,在制订方案时,应充分考虑工程质量和施工安全,并提出保证工程质量和施工安全的技术组织措施,使方案完全符合技术规范、操作规范和安全规程的要求。如在质量方面制订工序质量控制标准、岗位责任制与经济责任制、质量保证体系以及责任制等。

(4)在合同控制下,尽量降低施工成本,使方案更加经济合理,增加施工生产的盈利。从施工成本的直接费(人工、材料、机具、设备、周转性材料等)和间接费中找出节约的途径,采取措施控制直接消耗,减少非生产人员。挖掘潜力,使施工费用降低到最低的限度,不突破合同价,以取得最好的经济效益。

以上几点是一个统一体,是不可分割的。现代施工技术的进步以及施工组织的科学化,使每个工程师都有许多不同的施工方法,存在多种可能实施的方案。因此,用以上几点衡量,做多方面的分析比较,选用可能的最好方案。

二、施工编制的内容

施工方案包括的内容很多,主要有:①施工方法的确定;②施工机具、施工设备的选择;

③施工顺序的安排;④科学的施工组织;⑤合理的施工进度;⑥现场的平面布置及各种技术措施。施工方案前两项属于施工技术问题,后四项属于科学施工组织和管理的问题。施工技术是施工方案基础,同时又要满足科学施工组织与管理方面的要求,科学施工组织与管理又必须保证施工技术的实现,两方面是相互联系、相互制约的关系。为了把各种关系更好地协调起来,相互创造条件,施工技术组织措施成为施工方案各项必不可少的延续和补充。

1. 施工方法的确定

施工方法是施工方案的核心内容,具有决定性作用。施工方法一经确定,机械设备的选择就只能以满足它的要求为基础依据,施工组织也是在此基础上进行。因此,确定施工方法应考虑以下四个方面:

(1)确定的施工方法必须具备实现的可能性。

(2)确定的施工方法应考虑对工期的影响,也就是保证合同工期的要求。

(3)确定的施工方法应进行多种可能方案经济比较,力求降低成本。

(4)确定的施工方法能够保证施工质量和安全。

对以上几点必须进行全面的衡量,以确定施工方法。

在现代化的施工条件下,施工方法的确定主要涉及施工机械、机具的选择和配备等方面。例如桥梁基础工程施工,仅钻孔灌注桩就有多种施工机械可供选择,例如,是选择潜孔钻机,还是冲击式钻机,或是冲抓式钻机,还是旋转式钻机。钻机一旦确定,施工方法也就确定了。再如,扩大开挖基础,可以人力开挖,也可以机械开挖。选择人力施工还是机械施工必须要考虑前面叙述的四个方面。假若没有机械,又能满足施工要求,地下水不甚丰富,又不是控制工程,那么选择人力施工比较适合。

2. 施工机械的选择

正确制订施工方法和选择施工机械是合理组织施工的关键,二者又有紧密的联系。施工方法在技术上必须满足保证施工质量,提高劳动生产率,加快施工进度及充分利用机械的要求,做到技术上先进,经济上合理;而正确地选择施工机械能使施工方法更为先进、合理和经济。因此施工机械选择的好坏很大程度决定了施工方案的优劣。所以,在选择机械时应按照以下原则:

(1)在现有的或可能争取获得到的机械中选择

尽管某种机械在各方面都很合适,对工期的缩短、人力的节省都很好,但不具操作性,就不能作为可供选择的一个方案。如大型土方施工采用挖掘机或装载机配上装卸车效率高,如有推土机、铲运机配合施工更好,但施工企业无资金购置或租赁不到,也只能按现有的设备确定方案。

(2)施工条件选择机械的类型

选择的机械类型必须符合施工现场的地质、地形条件及工程质量和施工进度的要求等,这也是合理选择施工机械的重要依据。为了保证施工进度和提高经济效益,工程量大的采用大型机械,但并不是绝对的。若大型土方工程施工地区偏僻,道路狭窄,桥梁载重量受到限制,大型机械不能通过,为此要专门修建运输大型机械的道路、桥梁、这显然是不经济的,所以选用中型的机械较为合理。选用挖土机时应考虑开挖工作面的高度,否则装土斗不能一次装满,就会降低挖土机的生产效率。

(3)固定资产耗损费与运行费是否经济

固定资产损耗费与施工机械的投资成正比,它包括折旧费、大修费、投资利息等费用;机械运输费可视为与完成的工程量成正比的费用，它包括劳动工资与直接材料费、燃料费、保养小修费、劳保设施费和其他管理费用等。这些费用是在机械运行中需重点考虑的因素，也是选择施工机械必须考虑的一项原则。大型机械需要的投资大，但如果把其分摊到较大的工程量中去，对其工程成本的影响就很小。所以大型工程选择大型的施工机械是经济的。为了降低施工运行费，不能大机小用，一定要以满足施工需要为目的。如果现场的土方量不大，用大型的土方机械施工工程虽然很快能完成，但大型机械的台班费、进场的运输费、便道修整费以及折旧费等固定费用相当庞大，运输费也过高，已经超过了缩短工期所创造的价值，这样缩短工期是没有意义的。

(4)施工机械的合理组合

选择施工机械时要考虑到各种机械的组合，这是决定所选择的施工机械能否发挥效率的重要因素。合理组合主要包括主机与辅助机械在台数和生产能力的相互适应以及作业线上的各种机械相配套的组合。首先是主机与辅助机械的组合。必须保证在主机充分发挥作用的前提下，考虑辅助机械的台数和生产能力，如使用挖掘机或装载机进行土方作业时需装卸车运土。前者是主机，后者是辅机，一台主机配几台辅机，视主机的容量(生产能力)而定，应在保证主机连续不断的作业条件下配倾卸车，而且要使挖掘机或装载机与倾卸车在容量和台数上合理组合。一般倾卸车的容量不少于铲斗容量的 3 ~ 4 倍，否则由于装车时间短，倾卸车跟不上，会出现施工停歇现象；同时倾卸车载重量过小，而铲斗容量大易损车厢和底盘，增加车辆的维修量，甚至因车多可能造成运输的堵塞等问题。其次是作业线上的各种机械相配套的组合。机械施工作业线由于是几种机械联合作业组合成一条龙的机械化作业线，因此需几种机械的联合才能形成生产能力，如果其中某一种机械的生产能力不适应作业线上其他机械的生产能力或机械可靠性不好，都会使整条作业线的机械发挥不了作用。如隧道施工的机械化作业线由挖掘机(钻孔机械)、装渣机、出渣运输机组成，采用大型液压钻机台车必须配备与之相适应的装载机和运输设备，否则会因为出渣、运输的能力不够，而延长循环作业时间。

(5)从全局出发统筹考虑选择施工机械

从全局出发就是不仅考虑本项工程需要，也要考虑所承担的同一现场上的其他项工程施工的需要。就是说从局部考虑选择可能不合理，但从全局考虑则是合理的。例如，如果几个工程需要的混凝土量大，而又相距不远，采用混凝土搅拌楼比多台分散的拌和机要经济，而且还可以保证混凝土的质量。

(6)购置机械与租赁机械的选择

根据工程量的大小与企业资金情况，对施工需要的机械是购置还是租赁，必须要进行比较。

3. 施工组织

施工组织是研究施工项目施工过程中各种资源合理组织配置的科学。施工项目是通过施工活动完成的，进行这种活动即为施工，需要有大量的各种各样的建筑材料、施工机械、机具和具有一定生产经验和劳动技能的劳动者；并且要把这些资源按照施工技术规律与组织规律，以及设计文件的要求，在空间上按照一定的位置，在时间上按照先后顺序，在数量上按照不同的比例，将它们合理地组织起来，让劳动者在统一的指挥下行动，即由不同的劳动者运用不同的机具，以不同的方式对不同的建筑材料进行加工。

4. 施工顺序的安排

施工顺序安排是编制施工方案的重要内容之一，施工顺序安排得好，可以加快施工进度，减少人工和机械的停歇时间，并能充分利用工作面，逃避施工干扰，达到均衡、连续的施工，实现科学组织施工，做到不增加资源，加快工期，减低施工成本。

安排好一个施工项目的施工顺序，要考虑到多方面的因素，由于每个具体的工程项目不同，不可能有同一的模式，要进行具体的分析，根据施工规律和工艺及操作要求来确定施工顺序。应遵循和考虑以下几点：

(1)统筹考虑各分部分项工程之间的关系

在一个单位工程项目中，任何分部分项工程同它相邻的分部分项工程的施工总有先有后，有些是由于施工工艺的要求而经常固定不变的，有些则不受工艺的限制，具有灵活性。例如，在桥梁施工中，任何一个桥台、桥墩的施工，总是先基础后台、墩身，最后是架梁，这是任何桥梁工程都要必须遵守的不变施工顺序。但是，各桥台、桥墩之间，桥墩与桥墩之间，都存在哪个先施工、哪个后施工的施工顺序。一个项目的各单位工程施工也存在合理施工顺序的问题。例如，公路工程中路基土方采用机械化施工，若路基中有桥梁工程，则首先要安排小桥涵工程在施工机械到之前完工，并达到承载强度，为机械化施工创造条件，否则预留路基缺口；若人工施工土方工程，小桥涵可与土方工程搭接作业。所有这些都存在统筹安排的问题。

(2)考虑施工方法和施工机械的要求

如桥梁工程的基础是钻孔灌注桩，施工方法采用钻孔机钻孔。在安排每个基础每根桩的施工顺序时不能安排相邻桩顺序施工，否则会发生坍孔现象，所以必须要间隔施工。采用间隔施工时，钻机移动的次数就会增多，而钻机移动需要拆卸和重新安装，浪费时间。此时应合理安排桩基的施工顺序，使钻机移动得最少，同时又保证钻孔安全，还能加快施工进度。

(3)考虑当地的气候条件和水文要求

在南方施工时，应从雨季考虑施工顺序，可能因雨季而不能施工的工程应安排在雨季前进行。如土方工程不能安排在雨季施工，而隧道工程即可。在严寒地区施工时，则应考虑冬季施工特点来安排施工顺序。桥梁工程则应特别注意水文资料，枯水季节宜先施工位于河中的基础等。

(4)安排施工顺序时应考虑经济和节约，降低施工成本

如桥梁施工中周转材料的使用，应合理安排施工顺序。第一，可加速周转材料的周转次数；第二，可减少配备的数量，如桥墩、台。基础施工顺序安排好，可加速模板的周转次数，在同样完成任务的情况下可配备得少一些，减少材料成本。

(5)合理安排施工顺序可使施工期最短

工期缩短会带来显著的经济效益，因为工期缩短能减少管理费、人工费、机械台班费和无需额外的附加资源，降低施工直接成本。

5. 现场平面布置

科学地布置现场可使施工机械、材料减少工地二次搬运和频繁移动施工机械产生的费用，可节省现场搬运的费用。

6. 技术组织措施

技术组织是保证已选择的施工方案实施的措施。它包括加快施工进度，保证工程质量和施工安全，降低施工成本的各种技术措施。如采用新材料、新工艺和新技术，建立安全质量保证体系及责任制，编写工序指导书，实行标准化作业，采用网络技术编制施工进度等。

第二节　工程施工进度编制

一、工程施工进度编制的方法

编制施工进度图的主要依据有工程的全部设计图纸;有关地形、地质、水文、气象等自然调查资料及技术经济资料;上级或合同规定的开工、竣工日期;主要工程的施工方案;各类有关定额及劳动力、材料、机械设备等供应情况。

1. 确定施工方法

确定施工方法时,首先应考虑工程特点、现有机具的性能、施工环境等因素。如一般路堤(或路堑)宜用推土机施工,需要远运利用的挖方宜用挖掘机配合自卸汽车施工,填挖均不大的路基土方常选用平地机施工。采用预制装配施工的板桥、管涵等工程,必须有相应的吊装、运输设备。其次要考虑施工单位的机械效益配置情况。当机具量少、型号单一时,应选择能发挥机械效益的施工方法,即便是机具齐全,也必须考虑施工方法的经济性。最后要考虑施工技术操作上的合理性。如果在一个固定位置上有大量的施工作业,最好选用适于固定式机具作业的施工方法;如果是分散作业或路面工程,则选择移动式施工机具较为适宜。

2. 选择施工组织方法

根据具体的施工条件选择最先进、最合理、最经济的施工组织方法是编制施工进度图的关键。流水作业法是工程施工较好的组织方法,但不能单独使用,有些工程技术复杂、施工头绪多、涉及面广的大型工程,则应考虑采用平行流水作业法、立体交叉流水作业法、网络计划法等。如工作面受限制时,工期要求不紧的小型工程只能采用顺序作业法。

3. 划分施工项目

施工方法确定后就可划分施工项目。每项工程都是由若干个相互关联的施工项目所组成,如桥梁工程由施工准备、基础工程、下部工程、上部工程、桥面系、引道工程等施工项目组成。施工项目(单位工程、分部工程、分项工程、工序等)划分粗细程度与施工进度图的用途、工程结构特点有关。通常按所采用的定额的细目或子目来划分,便于查阅定额。

划分施工项目时,必须明确哪一项是主导施工项目。主导施工项目就是施工难度大、耗用资源多或施工技术最复杂、需要使用专门的机械设备的工序或单位工程。主导施工项目常常控制施工进度,应首先安排好主导施工项目的施工进度,其他施工项目的进度要密切配合。在公路工程中,高级路面、重点土石方、特殊路基、大中桥等通常都是主导施工项目。

4. 排列施工次序

按照客观的施工规律和合理的施工顺序,将所划分的施工项目进行排序,如施工准备、路基处理、路基填筑、涵洞、防护及排水、路面基层、路面面层等。路面基层施工项目必须放在路基填筑、涵洞施工项目的后面。注意不要错列、漏列和重列。施工进度图的实质是科学合理地确定这些施工项目的排列次序。

5. 找出最优施工次序

设计阶段的施工进度图,一般不明确划分施工段。在实施性施工进度中,为更好地安排施工进度,缩短施工工期,应划分施工段,组织流水作业,按约翰逊—贝尔曼法则找出最优或较优施工次序,并在施工进度图中表示。

6. 计算工程量与劳动量

各施工项目的工程量计算应与所选择的施工方法一致，当划分施工段排好次序组织作业时，根据施工图纸及有关工程数量的计算规则，分段计算各个施工项目的工程量，并填入相应表格中，还应考虑为保证施工质量和安全的附加工程量。如土方工程分别采用人工、机械、爆破三种方法施工时，其工程量计算并不完全相等。为便于计算劳动量（工日），工程量的单位应与定额规定的单位一致。

劳动量是施工项目的工程量与相应时间定额的乘积。计算劳动量时要注意施工现场的具体情况和施工的难易程度。例如，同样是挖基坑的工程数量，挖普通土和挖硬土的劳动量不同；同样是砌筑的工程数量，材料的运距不同，劳动量也不同。

劳动量的计算是实际投入的人数与施工项目的作业持续时间的乘积。人工操作时叫劳动量（工日），机械操作时叫作业量（台班）。

劳动量可按下式计算：

$$D = Q \times S \quad 或 \quad D = \frac{Q}{C} \tag{4-1}$$

式中：D——劳动量（工日或台班）；

Q——工程量；

S——时间定额；

C——产量定额。

7. 计算各施工项目的作业持续时间（生产周期）

由于要求工期不同和施工条件的差异，生产周期可按下式计算：

$$T = \frac{D}{R \cdot n} \quad 或 \quad R = \frac{D}{T \cdot n} \tag{4-2}$$

式中：T——持续天数（生产周期）；

D——劳动量（工日或台班）；

R——人数或机械台班；

n——生产工作班制。

以施工单位现有的人力、机械的实际生产能力及工作面大小来确定完成该劳动量所需的持续时间（生产周期）按式（4-2）前式计算；在某些情况下，根据规定的或后续工序的工期来计算一班制、二班制或三班制条件下，完成劳动量所需作业队的人数或机械台数按式（4-2）后式计算。

在计算过程时应结合工程实际的施工条件认真考虑以下几个问题：

（1）各施工项目应按一定技术操作程序进行，作业持续时间应确保全部操作程序的完成。

（2）保证足够的工作面和劳动人数的最佳劳动组合。

（3）相邻施工项目之间应有良好的衔接和配合，互不影响工程进度。

（4）必须保证施工安全和工程质量。

（5）确定技术间歇时间（混凝土的养生、油漆的干燥等），确定组织间歇时间（施工人员或机械的转移及施工中的检查、校正等增加的间歇时间）和平行搭接时间。

8. 初步拟定工程进度

按照客观的施工规律和合理的施工顺序，采用确定的施工组织方法、施工段之间最优或较优施工次序及各施工项目的作业持续时间，就可以拟定工程进度。在拟定时应考虑施工项目之间的相互配合，例如，某路线工程采用流水施工，为了使各施工项目尽早投入施工生产，首先集中人力、物力进行第一段的施工准备工作，完成后小桥涵等人工构造物可以投入施工，完成后路基施工可以开始，路基完成后路面施工可以开始等等，其他辅助工作（材料加工及运输等）应与工程进度相配合。

拟定工程进度时，应特别注意人工的均衡使用。施工开始后，人工数目应逐渐增加，然后在较长的时间内保持稳定，接近完工时又应逐渐减少。此外，还应力求避免材料、机械及其他技术物资使用的不均衡现象。初拟订方案若不能满足规定工期要求，或超过定期物资资源供应量，应对于工程进度进行调整。

9. 检查和调整工程进度

按照施工过程的连续性、协调性、均衡性及经济性等基本原则进行检查与调整。无论采用流水作业法还是网络计划法组织施工，都要在初步拟订方案的基础上通过优化调整，最后得到工程进度图。在优化过程中重点检查和调整的内容有：

(1)工程进度是否符合合同规定的工期，并尽可能缩短，达到最好的经济效果；检查施工的均衡性及施工顺序、搭接配合关系、技术间歇时间、组织间歇时间等是否合理。

(2)根据检查结果，针对主要问题采取有效的技术和措施，使全部施工在技术上协调，对人工、材料、机具的需用量均衡性进行调整，力争达到最优的状态。

(3)调整结束后，采用恰当的形式绘制工程进度图。

二、工程施工进度编制的步骤

1. 横道图法

(1)编制作业工期计算表

①准备好作业工期计算表，如表4-1所示。

作业工期计算表 表4-1

序号	施工项目	施工方法	工程数量		定额编号	主导工期	人工劳动量		实用人数		人工作业工期
			单位	数量			定额	数量	作业班制	每班人数	
1	2	3	4	5	6	7	8	9	10	11	12

序号	机械作业量(台班)						实用机械台数与作业工期								
	机		机		机		机			机			机		
	定额	数量	定额	数量	定额	数量	班制	台数	工期	班制	台数	工期	班制	台数	工期
1	13	14	15	16	17	18	19	20	21	22	23	24	25	26	27

②根据施工图纸和有关资料及施工条件，按规定方法划分施工项目，计算实际工程数量。

③编制合理的施工顺序，确定施工方法，按要求列项，将施工项目(工序)列项，并填入表中第2栏，将施工方法填入第3栏。

④在表4-1中逐项计算各施工过程的实际工程数量、劳动量(作业量)，某些工程数量可从

图纸或概预算中转来。

⑤在表 4-1 中逐项确定施工单位作业班制、实用人数和机械台数及规格、作业工期，或确定主导工期，反求人工和机械数量。

⑥在表 4-1 中逐项确定主导工期。

(2)绘制施工进度线

①参照图 4-1，绘制进度图的图框和表格。

编号	工程名称	施工方法	工程量		一九 × × 年										起止时间	
			单位	数量	一月	二月	三月	四月	五月	六月	七月	八月	九月	十月	开工	结束
1	临时通信线路	人工为主	km	80	6										一月初	七月底
2	沥青混凝土基地	人工安装	处	1	35										一月上旬	五月上旬
3	清除路基	机　械	m^2	700 000			4								三月初	七月底
4	路用房屋	人　工	m^2	1 300	60				40						一月初	六月底
5	大　桥	半机械化	座	1					94						五月中旬	九月中旬
6	中　桥	半机械化	座	5			53				38				三月十五	八月底
7	集中性土方	机　械	m^3	430 000				20							四月上旬	九月底
8	小型构造物	半机械化	座	23					30						五月初	九月底
9	沿线土方	机械为主	m^3	89 000					36						五月初	十月初
10	基　层	半机械化	m^2	560 000					48						五月上旬	十月上旬
11	面　层	半机械化	m^2	560 000					18						五月上旬	十月上旬
12	整修工程	人工为主	km	80					10						五月上旬	十月上旬

图 4-1　工程流程表

②将“作业工期计算表”中的施工项目、有关数据，转抄于图中。

③按合同或上级规定的开、竣工日期，在图中填出日历。

④按“作业工期计算表”计算的主导工期，根据施工项目(工序)之间的逻辑关系，确定施工作业组织方法(顺序作业法、平行作业法、流水作业法等)，在进度图上合理设计各施工项目的施工起止日期，用直线或不同符号、不同颜色的线条在施工进度图上绘制作业进度，进度图的习惯表示方法是以线的位置表示施工项目，以线的长短表示工期，线上的注字说明人工、机械数量和作业班制，线的符号表示不同施工段、工种、专业队等。

⑤绘制劳动力、材料等资源的数量—时间曲线，如图 4-1 所示。

⑥在施工项目进度安排上进行反复比较和修改，同时调整作业工期计算表，直至合理为止。

⑦在进度图的适当位置编写施工进度图的说明，并列出图例。

(3)进行多方案的反复平衡比较、最后择优定案

2. 垂直图法

(1)编制作业工期计算表

编制垂直图表的作业工期计算表，其内容和方法与横道图的编制内容和方法基本相同。但列项时线形工程要按里程顺序，并以公里为单位计量列项；集中型工程要按工程的桩号顺序，并单独计量列项。

(2)绘制施工进度线

①根据施工项目的多少，参照图 4-2 绘制图表轮廓、表格、标注里程。

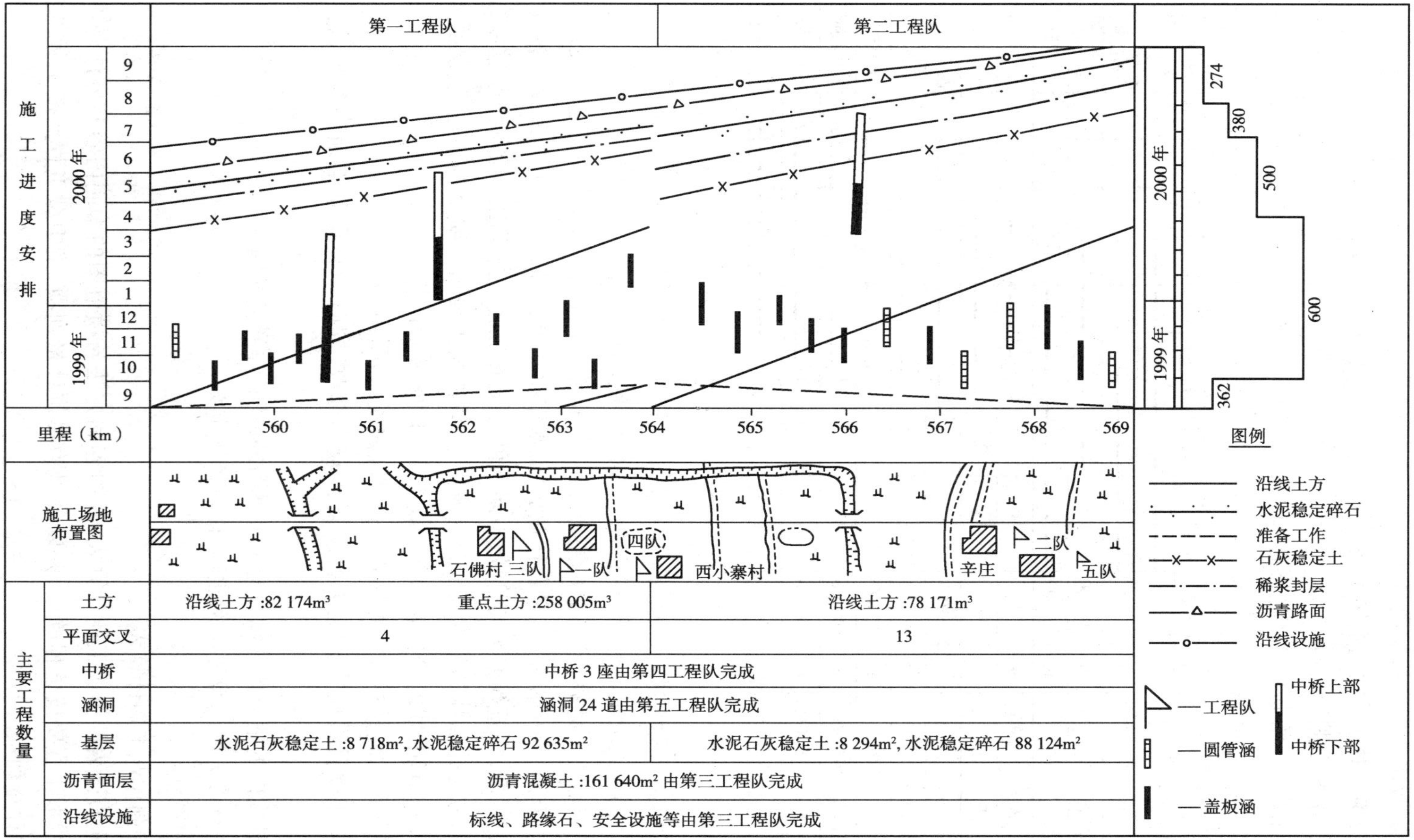

第一工程队
第二工程队
施工进度安排
2000 年
1999 年
9
8
7
6
5
4
3
2
1
12
11
10
9
274
380
500
600
362
里程（km）
560
561
562
563
564
565
566
567
568
569
施工场地布置图
石佛村
三队
一队
四队
西小寨村
辛庄
二队
五队
主要工程数量
土方
沿线土方 :82 174m³
重点土方 :258 005m³
沿线土方 :78 171m³
平面交叉
4
13
中桥
中桥 3 座由第四工程队完成
涵洞
涵洞 24 道由第五工程队完成
基层
水泥石灰稳定土 :8 718m², 水泥稳定碎石 92 635m²
水泥石灰稳定土 :8 294m², 水泥稳定碎石 88 124m²
沥青面层
沥青混凝土 :161 640m² 由第三工程队完成
沿线设施
标线、路缘石、安全设施等由第三工程队完成
图例
沿线土方
水泥稳定碎石
准备工作
石灰稳定土
稀浆封层
沥青路面
沿线设施
工程队
圆管涵
盖板涵
中桥上部
中桥下部

图 4-2　施工进度图

②将作业工期计算表中的施工项目，按数量、里程、不同符号，展绘于进度图表的上部各栏内。

③按合同或上级规定的开、竣工日期，将进度日历绘于图左的纵标上。

④将工程的空间组织，施工平面设计草图，按里程展绘于进度图的下部。

⑤按各施工项目的主导工期、施工方法、施工作业组织方法，依据施工组织原理，用不同符号的斜线或垂线，进行施工项目的进度安排设计，此项设计工作要反复比较、修改。

对于小桥涵工程首先要明确施工组织方法（顺序、平行、流水等），然后根据每座小桥涵工程的开、竣工日期，在各小桥涵的相应位置用直线或其他符号垂直地给出施工期。

对于大中桥工程其绘制方法与小桥涵工程相同，但应将桥梁上、下部工程用两种线条符号表示。

对于路基工程是当施工组织方法确定之后，可根据工程量、施工力量配制、施工条件，逐公里或逐施工段按主导工期，以斜线表示时间与里程之间的进度关系。在绘制路基进度线时，必须充分考虑各项施工项目之间的关系。由于多方面的原因，路基施工进度线可能是一条或多条直线，也可能是一条或多条连续或间断的折线。

对于路面工程一般组织成一段或多段连续施工，所以进度线一般是一条或多条斜线。斜线的垂直高度为路面施工的总工期，斜线的水平长度等于路面总里程。安排路面施工进度时，不得与路基进度线相交，避免路基施工间断，不应违反施工的客观规律。

⑥绘制资源（人工、材料、机具等）消耗数量—时间曲线。

⑦进行反复比较、修改，检查总工期是否符合能够同或上级规定，资源需要量是否均衡，避免出现高峰低谷，力求各线靠近而不相交等。

⑧编写施工进度图的说明，绘制图例。

（3）进行多方案比较评价，择优定案

3. 网络计划法

（1）工程项目分解。将一个庞大的工程项目，划分为若干个单项工作（工序），或将横道图中各个施工项目（工序）在各个施工段上的操作，重新命名为其他工作名称。

（2）确定施工方法和作业组织方法。工程项目分解后，确定各单项工作的施工方法。应尽量采用流水作业法，或几种作业方法综合运用。

（3）划分施工段。按流水作业法的要求划分施工段，这样更容易得到最佳的网络计划。

（4）确定各单项工作（工序）的相互关系和持续时间（流水节拍）。明确单项工作（工序）之间的紧前或紧后逻辑工作关系，按规定的方法计算各单项工作的持续时间，还要估计因气候或其他原因的停工时间，将各单项工作的相互关系和持续时间（流水节拍）填入“工作关系草表”。

（5）列表。将前几项内容反复斟酌，确认无不合理之处后，列出正规的“工作关系表”。通常“工作关系表”的内容包括：工作代号、工作名称、紧前（紧后）工作、持续时间等。

（6）绘制双代号网络草图。根据“工作关系表”，按照绘图技巧和绘图方法，绘制双代号网络草图。并进行网络图的计算，找出关键线路，确定计划总工期。

（7）整理成图。经过网络图的计算和反复检查调整，确认工期满足要求，资源基本平衡，将优化后的网络草图，合理布局，重新成图（图 4-3）。

对于规模较大、内容复杂的网络图，可先规划，分块绘制，再拼接起来，统一检查调整。

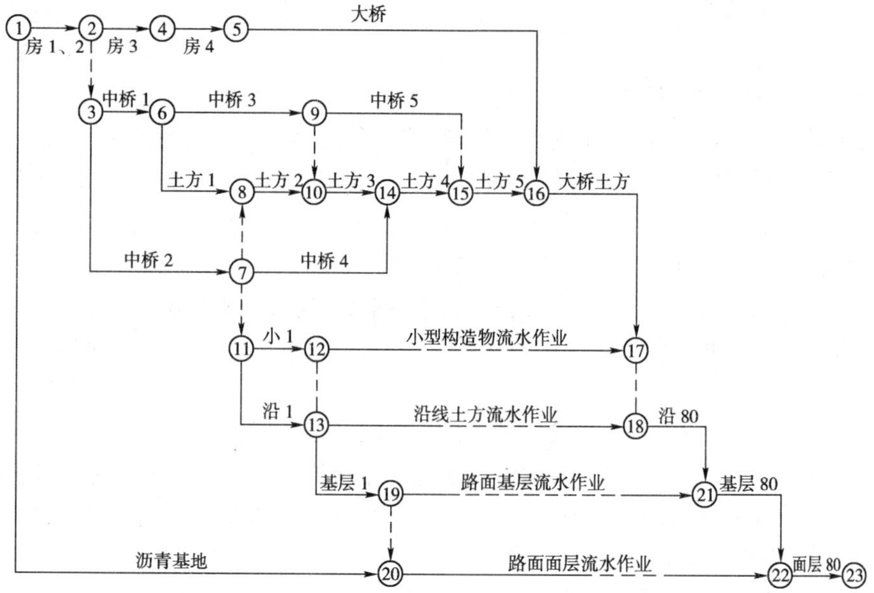

图4-3　网络图

三、工程施工进度图编制的注意事项

(1)安排工程进度图时,应扣除法定节假日,并充分估计因气候或其他原因的停工时间。上级规定或合同签订的施工工期减去这些必要的停工时间之后,才是实际可作安排的施工作业时间,还要考虑必要的准备工作时间和必需的外部协调时间。

(2)注意施工的季节性。桥梁基础施工应避开洪水期,沥青路面和水泥混凝土路面应避免冬季施工等。

(3)公路工程系野外施工,影响施工的因素很多,任何周密详尽的计划也很难完全实现。安排工程进度时应保证重点,留有余地,方便调整。尤其是施工难度大、物资资源供应条件差的工程,更应注意留有充分的调整余地。

(4)施工间歇时间(技术间歇时间、组织间歇时间等),由于不消耗资源,容易被忽视。采用网络计划法组织施工时可以将间歇时间作为一条箭线处理。

(5)在对初步方案进行优化时,注意外购材料和各种设备分批到达工地的合同日期,需用到这些材料和设备的施工项目的开工时间不得早于合同日期。

编制工程进度图是十分细致而又复杂的工作。在编制前必须做好深入的调查研究和资料收集工作,编制时要充分估计可能发生的各种情况,根据现场变化的条件实事求是、细致和反复地进行编制与调整。

第三节　资源供应计划的编制

一、劳动力供应计划

1. 劳动力计划表的编制

根据确定的施工进度计划,计算各个施工项目每天所需的人工数量,将同一天所有施工项目需用的人工数量累加起来，即可得到每日施工的人工数随时间变化的劳动力需要量。

根据劳动力需要量可编制劳动力需用量计划表，见表4-2所示。劳动力计划是确定临时生活设施和组织劳动力进退场的依据，它可起到保证劳动力及时调配、搞好平衡、满足施工需要的作用。

劳动力计划表　　表4-2

序号	工种名称	总工日数	需要人数及时间										备注
			年					年					
			一季度	二季度	三季度	四季度	合计	一季度	二季度	三季度	四季度	合计	
1	2	3	4	5	6	7	8	9	10	11	12	13	14

2. 劳动组合优化

1）劳动组合优化的概念

劳动组合优化是指按照建设项目的要求，将施工企业已有一定素质的劳动组织起来，选出相对最佳的劳动组合方案，使之符合项目施工的要求，投入到施工过程中去，从而完成项目的施工任务。

劳动组合实质上是人的组合。它涉及人的各种素质，如技能、专长、经验、文化水平、处理人际关系的能力、宽容度和对激励的反应程度、处理个人与组织关系的能力等。因此，它是对一定对象进行劳动生产，为实现一定目标，考虑人的上述种种素质，按一定数量比例组合到一个组织中并从事生产活动。

项目的劳动组合主要是施工基层组织——施工队、施工班组的劳动组合，其包括各工种工人和管理人员的组合；人员总数、体制、工种结构、各工种人数比例的组合；施工高峰期的人数等；还包括研究施工项目总的劳动力和各工种劳动力的投入量比例，以及项目施工全过程人力动态的变化（即进出现场人员的计划）。

2）基层施工队、班组合的组合优化

项目法施工要求针对所承担的工程项目性质，可以打乱原建制的施工队，按项目需要组成。这种施工队组合原则一般要适应一定的优化标准。

（1）施工队、班组的组合优化标准

一个施工队、班组的组合优化应符合以下条件：

①能够按项目总体施工计划要求，按时、按质、按量完成预定的分项、分部工程的全部施工任务。

②各队、班组间的作业基本平衡，并且符合各自的特点；班组内各工种及每个人的工作量达到满负荷。

③投入项目人工数不超过项目人力全员计划的总数。

④施工队、班组合的工人技术平均等级不高于定额规定的平均等级。

⑤各队、班组的工人技术等级要成比例搭配，不能全高，也不能全低。

上述的几个条件，需进行综合考虑，才有可能达到优化组合标准。还要考虑施工队的人数不宜太多，一般每队的总人数宜在100人左右。

（2）施工队的组织

施工队是以具体的施工项目为对象，将一定数量具有各种技能的人集合起来的组织形式。

基本上可划分专业和综合施工队两种形式。专业施工队基本上是由同工种的若干个班组组成,综合施工队则是由不同工种的班组组成。

(3)班组劳动组合的优化方向

班组劳动组合的优化方向是把各种层次、不同水平的工人合理地进行搭配起来。

①各工种和不同等级工人之间的力量一定要互相适应。如挖土与运土、运土与夯实、运送混凝土与浇灌混凝土、支模与绑扎钢筋、隧道钻孔与出渣等。这些都是上下紧密相连的工序,其劳动力的配备,应适好与各工序的总工效相等,否则必然出现窝工。因此,要通过计算决定。

②同一工种中的技术等级要搭配好,要有一定比例,不能以等级偏高为好,否则会出现高级工干低级工的活,技工干普通工的活,浪费劳动力;也不能全以低级工组成,否则低级工干其不能胜任的技术和要求高的活,普通工干技术的活,必然达不到要求的质量,甚至完不成任务,这都将影响工程进度。

怎样搭配好,要根据具体施工对象而定。一般采用技术测定法来确定。技术测定法,首先将施工对象的工作内容加以详细和划分,定出每一项工作所需要的时间,最后再据此配备一定数量的工人,确定其组成。配备工人数量的方法是要使每一个工人的工作时间都彼此相等,工作时间多者可相应地多配备工人。如工人配备后各工人工作时间仍不能完全相等,则可使高等级工人干部分低等级的活。低等级工人干些稍高等级活,但这种调整只限于在最小范围内。

3. 劳动力平衡优化

按照施工方案编制出来的施工进度计划,往往因为每天出工的劳动力极不平衡(某些天可能出现高峰人数,某些天则处于低谷,有时劳动力不足,有时劳动力过剩),造成使用不合理,同时还影响到工程成本。因而劳动力的平衡就较为重要。

1)正常施工速度下的劳动力平衡

以网络计划技术编制的施工网络进度图为基础,对劳动力进行平衡优化,可得以得到在现有条件下最合理的劳动力利用计划。

(1)根据网络图绘出劳动力消耗动态曲线

以图 4-4 为例,图中箭杆上方( )内的数字表示该项作业每天需要劳动力人数。

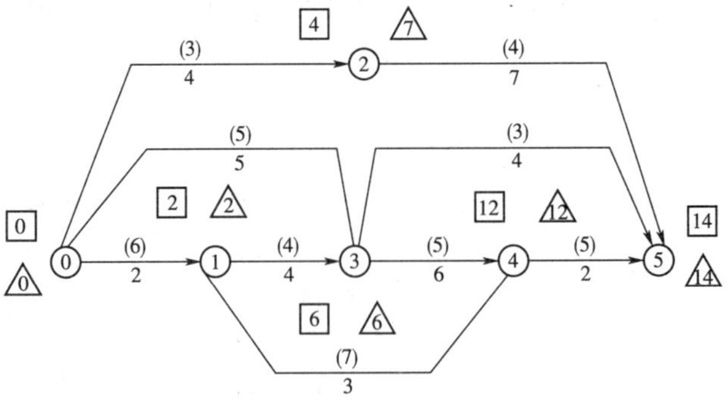

图 4-4　网络图

按最早时间计算并用时间坐标绘出劳动力消耗动态图(图 4-5)。

从图 4-5 中的下半部看出明显的凹凸不平的情况,说明这是效率很低的计划,在施工上是不经济的。需要削平凸出的高峰和填凹入的低谷,使每天的出工劳动力大致平衡。

平衡的方法是利用日程计算出来的作业时差,推迟若干作业的开工时间来取得均衡的结果。

(2)平衡的方法与步骤

①将处在高峰的作业在时差允许的范围内向右推迟开工时间。本例的高峰期是2~5日，高峰人数是19~20人。这期间的作业有0-2,0-3,1-3,1-4,2-5五个,而1-3为关键工作没有时差;1-4有7天时差,可将它右移到第5天开始;2-5有2天时差,右移1天,这时累计的劳动力人数在2~4日内为12人,4~5日内为9人,此高峰就被削掉了。

②削掉高峰期后向下检查是否再有凸出的高峰。如有仍选择此期间具有较大时差的作业向后顺延开工时间。从5~8日看,此期间的作业有2-5,1-3,3-4,3-5,1-4,累计人数为15和19人。则6~8日的高峰19人应削去,此期间的作业3-5有时差4天,可向右推移到10日开始,则得图4-6所示的动态图。

③由左至右移动有时差的作业,取得大致平衡后,再从总体上认真地检查,看是否还有可移动的,具有时差的作业可调整,还可以再进行平衡。本例到此可以说已经取得较好的效果了。

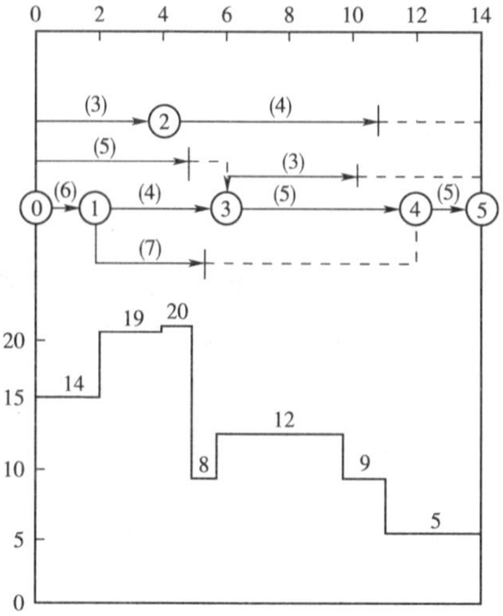

图4-5 按最早时间计算的劳动力动态图

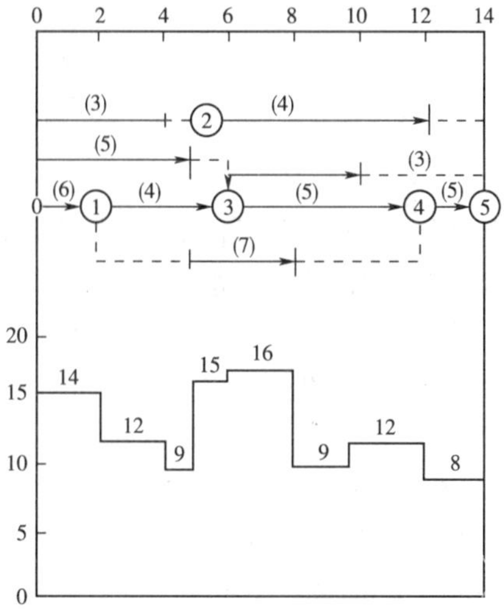

图4-6 平衡后的劳动力动态图

2)多项工程进度下的劳动力平衡

有时可能遇到在进行多项工程时,由于劳动力资源的限制而不能同时满足一种日程计划的安排时,就可采用这种方法。它是以手中掌握的劳动力来决定各项作业的进度。应用这种劳动力分配方法,关键在于如何解决工程之间及各项作业之间发生争夺劳动力的冲突问题。解决此问题,主要考虑以下几种因素:工程的重要程度、总时差、各作业的重要程度、所需作业天数的长短和后续作业的情况。

采用此种方法,需要运用三种作业速度以供选择。三种作业速度是:快速度(最短的作业时间)、正常速度和慢速(最长的作业时间)。当劳动力有富裕时,可以采用快速作业;劳动力不足时可以慢速作业,使日程计划与劳动配置相适应且合理。

各作业的工作量(用工数)可用下式计算:

$$工作量(用工数)=正常作业所需劳动力数\times所需时间 \tag{4-3}$$

当工作量一定时,劳动力多则所需时间就相应缩短;劳动力不足,则所需时间将相应地延长,或推迟施工的各项作业最佳资源分配。

现以图4-7为例来说明此方法的应用。

图4-7按三种作业速度、相应的三种所需劳动力数编制。图中,长方形内数字是 D 表示作业

所需天数，R 表示完成作业时所需的工人数由上至下的数字表示慢速、正常和快速及对应所需要的工人数。如作业 1-2，慢速时为 3 天所用工人 2 人；正常速度为 2 天 3 人；快速是 1 天 6 人。

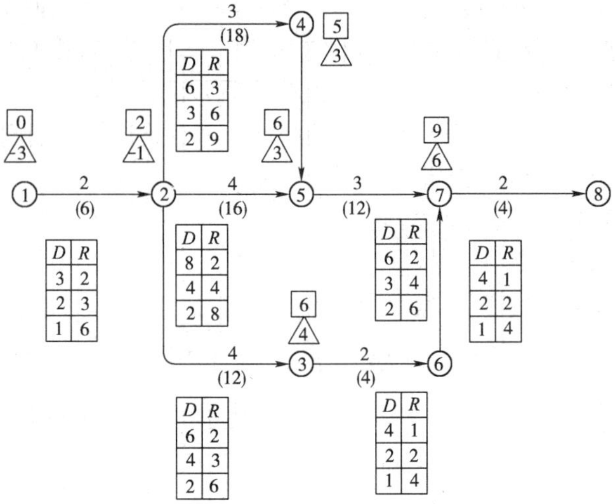

图 4-7　网络图

现共有 10 名工人可利用，初步拟定工期为 8 天左右，进行的方法和步骤是：

(1)按正常作业速度的作业时间，计算最早开始时间得正常工期为 11 天，然后按规定工期的 8 天作为最迟必须完成时间，后退计算出各作业的最早开始时间，最后算出各作业的总时差。计算结果再按时间坐标列出，如图 4-8 所示。

(2)以限定的资源数(劳动力数)为标准，逐一按日程检查该期间内是否超过，再根据具体情况采用何种作业速度得以满足限量。本例超过预定工期 3 天，应设法加快施工进度。从第一天到第二天进行检查，仅作业 1-2 一项作业，劳动力总数都是 3 人，未超过限定的 10 人，可见资源尚有宽裕，可加快进行，将 2 天合并为一天，工人总数为 6。其后续作业的进度亦跟着向前移动。移动的状态如图 4-9 所示。

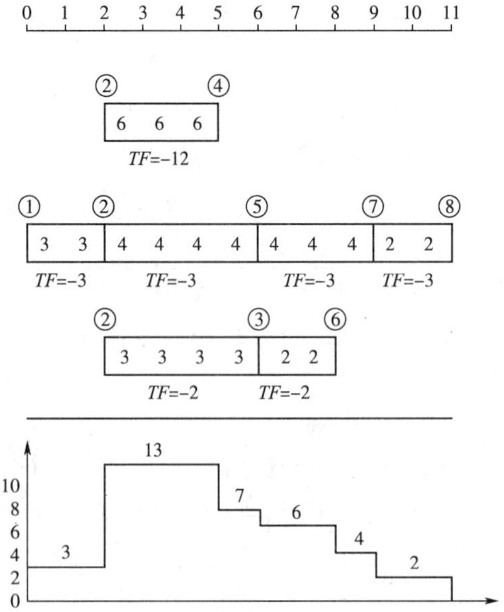

图 4-8　劳动力计算(第 1 步)

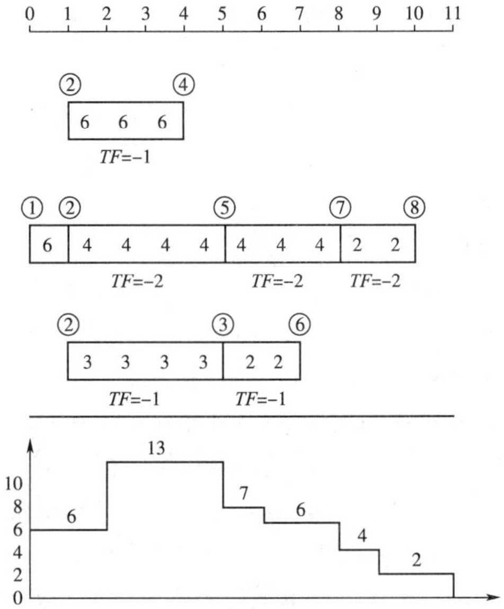

图 4-9　劳动力计算(第 2 步)

(3)往下再进行检查,从图 4-9 上发现,从第 2 天到第 4 天人工总数为 13 人,超过了限定人数 3 人。这期间有作业 2-5、2-4、2-3 三个,这时必须优先考虑哪个使用劳动力数最少,而又具有较大总时差的作业。作业 2-3 如采用慢速作业,其工人数比其他两个作业少,需工人数 2 人,并具有时差。把 3 人改为 2 人,仍然需要 12 人,还是超过限定 10 人数。只能将作业 2-3 推迟到第 4 天开始,并采用快速作业,每天用工人数为 6 人,此时间总用工人数正好满足。推迟后,所有后续工作都要进行相应修正,如图 4-10 所示。

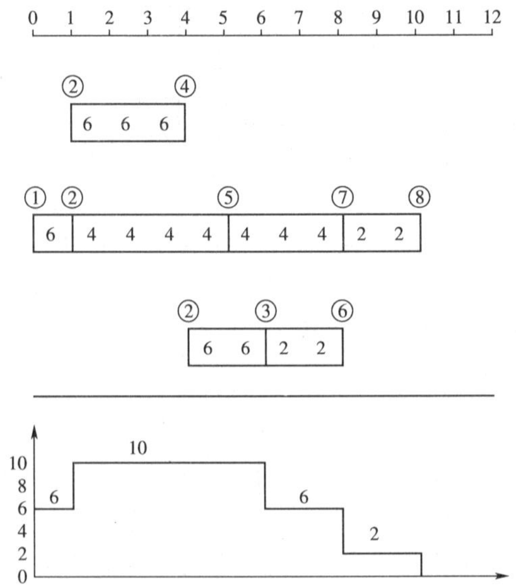

图 4-10　劳动力计算(第 3 步)

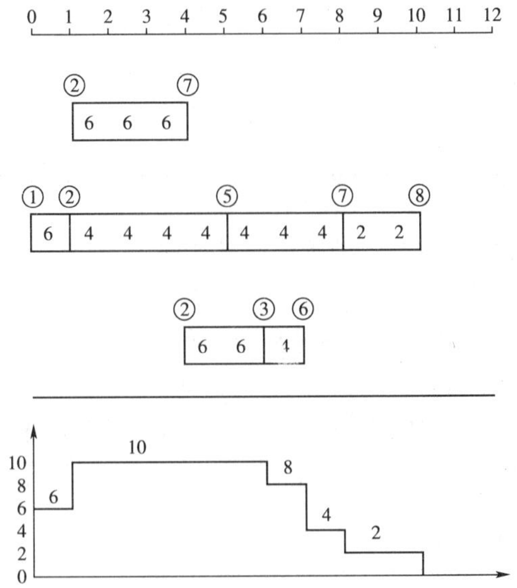

图 4-11　劳动力计算(第 4 步)

(4)再按上述方法依次进行,可得图 4-11 和图 4-12,工期为 9 天。

在实际情况下,多数工程项目的资源与工期的关系有时会出现超过限定资源数的情况,这时则应采用追加资源的办法进行处理。此时要权衡追加资源投入与延长工期的经济效益得失,择优决定。

以上方法也可适用于其他资源(机械、材料)优化。

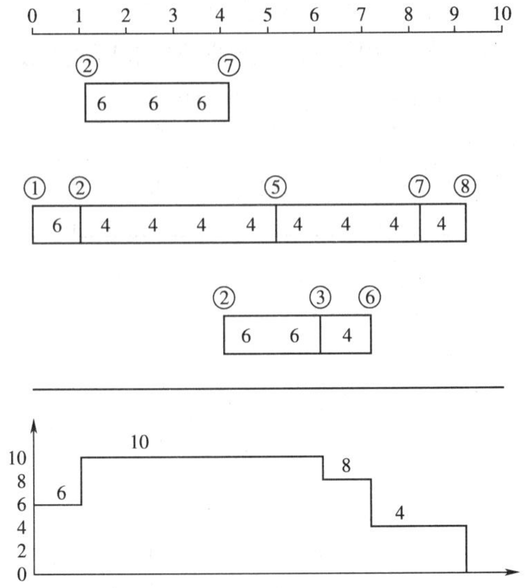

图 4-12　劳动力计算(第 5 步)

二、材料供应计划

1. 主要材料计划表编制

主要材料计划包括施工需用的材料、构件和半成品等的名称、规格、数量以及来源和运输方式等内容,它是运输组织和筹建工地仓库及堆料场的依据。

主要材料应包括钢材、木材、水泥、沥青、石灰、砂、石料(碎石、块石、砾等)、爆破器材等施工中用量最大的材料。特殊情况下使用的土工织物,各种加筋带、外掺剂等也应列入主要材料计划。

材料的需要量按照工程量和定额计算,根据施工项目的进度编制年度和季度主要材料计划表,见表4-3所示。

主要材料计划表　　表4-3

序号	材料名称及规格	单位	数量	来源	运输方式	需要数量及时间										备注
						年					年					
						一季度	二季度	三季度	四季度	合计	一季度	二季度	三季度	四季度	合计	
1	2	3	4	5	6	7	8	9	10	11	12	13	14	15	16	17

2. 材料采购优化

1)编制各种所需材料计划

应在设计、施工部门的配合下,编制好全部工程所需的材料计划。要确定先进的消耗定额和储备定额,并尽量利用库存量,在此基础上方能制订所需材料计划。

(1)编制计划的指导思想

编制优化的材料采购计划是材料系统管理的第一步。其指导思想是:以提高经济效益为中心,按质、按量、适时、适地、适价、经济合理、成套齐备地供应工程项目建设所需的材料,保证施工活动顺利进行,完成项目建设。

按质——就是按工程设计所提供质量标准,正确地选用品种、规格和相应的质量要求。不能低于设计要求,否则工程质量不合格;高于要求,则材料费用增加,引起工程造价增加。

按量——进货量、储存量和供应量要能满足施工需要,要有一定的余量,不能满打满算。否则,过少,造成停工待料;过多,造成积压和浪费资金。

适时——就是按施工进度对材料需要量的要求,以最短的储存时间,分批、分期地均衡供应现场。过早,费用增加;过晚,造成窝工。

适地——就是材料运抵现场一次到指定地点,避免二次倒运,造成材料损失,增加运输费用。

适价——指购进材料单价,尽量不超过工程预算价格。

经济合理——指质量好,价格低。

成套齐备——指材料供应要符合项目建设的配套要求;不齐,则此配套项目不能一次完成,留下尾巴。

(2)编制计划的原则

用科学的观点、可靠的依据和实事求是的态度,去编制采购计划,同时要留有余地,使计划的严肃性和灵活性相结合。

(3)编制计划的方法

①核算库存,摸清家底,预计全年消耗量。

②收集基础资料,包括设计部门提供的工程项目设计资料,施工部门提供的施工组织设计资料,财务部门提供的计划年度资金、计划和本部门规定的主要物资材料消耗定额。

③确定计划年度主要工程材料的储备定额,按有关部门核定储备定额的规定、到货的供应时间间隔、到货拖延其等统计资料,结合流动资金等管理要求,确定材料周转天数。

④根据历年各种材料从发货到保管过程的消耗、库耗、加工损耗等资料，测算出年度损耗率。

⑤编制计划。

(4)编制计划的程序

①准备阶段。要通过调查研究收集上期计划情况、本期计划的任务和材料需要，调整储备定额的有关资料以及新技术、新工艺、新材料的使用和市场变化的信息，经过分析加工，去伪存真。认真学习编制计划的基础资料，包括设计部门提供的工程项目设计资料，施工部门提供的施工组织设计资料，财务部门提供的计划期的资金计划和本部门的主要物资消耗定额，进行材料的预测与决策。

②编制阶段。要核算需要、确定储备、查清库存和可供安排的资源，要进行平衡和物资计划的审查，避免漏项和人为的差错，使计划尽可能接近实际。

③执行阶段。要不断检查计划的执行情况，发现问题及时调节处理。

(5)材料采购方案的优化

实行采购方案优化，要明确两个目标：一是可靠性的保证，即材料在数量、品种、规格、质量上满足施工需要，及时运达指定地点，确保项目进度的要求；二是经济上的保证，即材料的价格、采购费、运输费等费用经济合理，而且相对最省。

2)材料采购和仓库管理的优化方法

(1)*ABC* 分类法

首先要对库存物资进行分类，抓住“关键的少数，次要的多数”，找出重点管理的物资。工程项目施工所需的材料种类繁多，消耗量、占用资金及重要程度各不相同。如果对所有的材料同等看待全面抓，势必难以管理好，且经济上也不合理。只有重点控制，才能达到有效管理。*ABC* 管理法就是一种科学的抓重点的管理方法。

在一般情况下，材料的库存价值和品种数之间是存在一种比例关系，大约占品种数量5%～10%的材料，资金占用额达70%～75%；约有20%～25%种的材料，资金占用额也大致为20%～25%；还有65%～70%种的绝大多数材料，资金占用额却仅为5%～10%。根据这一规律，将品种较少但需用量大，资金占用较多的材料为 *A* 类；将品种数不多，资金占用额相当的划为 *B* 类；而将品种数量很多，占用资金比重却较少的材料划为 *C* 类。如表4-4所示。

ABC 分类表 表4-4

分类	品种数占总品种数的百分比(%)	占用资金占总占用资金的百分比(%)
A	5～10	70～75
B	20～25	20～25
C	65～70	5～10
合计	100	100

根据 *A*、*B*、*C* 三类材料的特点，可分别采取不同的库存管理办法。*A* 类材料是重点管理的材料，对其中的每种材料都要规定合理的经济订购批量，尽可能减少安全库存量，并对库存量随时进行严格盘点。把这类材料控制好，对资金节省将起重要作用。对 *B* 类材料也不可忽视，也要认真管理，控制其库存。对 *C* 类材料，可采用简化的方法管理，如定期检查库存，组织在一起订货运输，或适当加大订货批量等。

(2)经济库存量的确定

经济库存量又称经济订购批量,就是订购费用和仓库费用之和最低时的库存量,即储存总费用最省的订购批量。

(3)安全库存量的确定

经济库存量是理想状态下的合理库存量,但实际上由于各种因素的影响,完全按此决定库存量是不可能的。因此,在经济库存量之外,还要保持一定的安全库存量,以防止缺货的风险。通常可按一定的安全系数,从经济库存量中求取其数值,即:

$$安全库存量 = 经济库存量 \times 安全系数 \tag{4-4a}$$

或

$$安全库存量 = 平均到货误期 \times 日耗用量 \tag{4-4b}$$

(4)订货点的确定

确定经济库存量和安全库存量之后,二者之和就是项目最高库存量。超过最高库存量的库存即为积压物资,应给予及时的处理,消耗到一定库存量时要给予补充,这种补充方法就是订购点的确定。

订购点的确定有定量和定期两种方法:

①定量订购点。即按一定的库存量决定订购时间。定量订购点决定订购、运输、验收及用料前再加工的时间。这个时间称为备用时间。备用时间的消耗量加上最低安全库存量就是订购点,订购点按下式计算:

$$订购点 = 安全库存量 + 备用时间 \times 日消耗量 \tag{4-5}$$

该订购点的订购量可按经济订购批量订购。

定量订购的特点在于用材料消耗的数量来控制订购货期。只要实际库存量降到订购点,就应组织订购,补充最高库存。

定量订购,订货期不固定,往往出现甲材料达到订购点,乙材料尚未到达。购货次数频繁,购货品种相对单一,这样势必加大订购费用,因此一般用于数量大、订购次数少的材料。

②定期订购点。即按固定的周期组织材料的采购,采购量按购买期实际库存量决定。

订购周期的长度是年度总需要量除以经济库存量求得订购次数,然后以 365d 除以订购次数。考虑到备用时间的需要,订购具体日期应确定在安全库存点之前。

三、主要施工机具、设备计划表编制

在确定施工方法时,已经考虑了哪些施工项目需用何种机具或设备。为了做好机具、设备的供应工作,在工程进度确定后,将每一个施工项目采用的机械名称、规格和需用数量以及使用的日期等综合汇总、编制成施工机具、设备计划表,见表 4-5 所示。

主要施工机具、设备计划表 表 4-5

序号	机械名称及规格	数量		使用年限		年度、季度需要量								备注
		台班	台数	开始时间	完成时间	年								
						一季度		二季度		三季度		四季度		
						台班	台数	台班	台数	台班	台数	台班	台数	
1	2	3	4	5	6	7	8	9	10	11	12	13	14	15

第四节　施工平面布置

一、概　　述

公路工程产品具有形体庞大的特点，决定了它应在露天作业。施工平面就是工程产品的工厂。工业品生产有厂房，厂房的布置要求有利于生产、服务于生产；而施工平面是工程产品的厂房，当然施工平面的布置也要有利于施工、服务于施工。

1. 施工平面布置的意义

施工场地平面布置是施工组织设计的重要组成部分之一，它对指导现场文明施工有着重要的意义。否则，施工场地布置不合理会造成施工秩序的混乱。一个项目的施工场地要容纳上百人以上的队伍进行施工，各自承担不同的任务，难免会互相干扰，再加上施工场地布置得不明确或考虑不周到，施工过程中就可能占用其他队伍的施工场地，影响其他队伍施工，就会产生纠纷。许多材料、机械需要存放，进行施工场地平面布置时如欠全面考虑，就可能出现存放位置占用了建筑物的设计位置等，此情况都会影响施工进度而增加施工成本。此外，由于施工场地布置粗糙直接影响施工安全，并容易发生的触电、失火、水淹等危害，造成经济损失和人身安全事故。施工平面图是整个拟建项目施工场地的总体规划布置图，它是加强施工管理、指导现场文明施工的重要依据。

2. 施工平面布置的作用

(1)确定生产要素的空间位置。

(2)施工过程中，确保施工互不干扰，做到有秩序地进行施工。

(3)可使施工所需要各种资源及服务设施，相互间有效地组合和安全运行。

(4)减少场内物、料的二次搬运费，降低了成本。

(5)施工现场平面布置图是现场平面管理的依据，现场调度指挥的标准。

3. 施工平面图的布置依据

施工平面图的布置依据主要有工程平面图；施工进度计划与主要施工方案；各种材料、半成品的供应计划与运输方式；各种临时设施的性质、形式、面积与尺寸；各加工、预制场地规模与设备数量；设计图纸；水源、电源资料；其他有关资料。

4. 施工平面图的类型

1)施工总平面图

是以整个工程为研究对象的施工平面布置方案。

2)单项工程、分部分项工程施工平面图

该类平面图的布置有两种情况：一是在施工总平面图的控制下进行布置；另一是以施工总平面图为依据，基本上按照施工总平面有关内容进行布置。这两种平面图都比施工总平面图更加深入和具体。

(1)重点工程施工场地布置平面图

重点工程是指公路立交枢纽、集中土石方工点、大中桥、隧道等施工技术复杂或施工条件困难的重点工程地段。

其施工场地布置平面图应在有等高线的地形图上按比例绘制。

(2)其他单项局部平面布置图

对于大型项目,因施工周期长,管理工作量大,附属、辅助企业多,必要时应绘制其他的平面布置图。

二、施工平面布置的内容

施工平面布置是根据施工方案、施工进度要求及资源进场存放量进行布置的。内容的多少与施工期限长短、工程量大小、地形地貌的复杂程度有关。一般有以下主要内容:

(1)标定购地界内及附近已有的和拟建的地上、地下建筑物及其他地面附着物、农田、果园、树林、地下洞穴、坟墓等位置及主要尺寸。

(2)标出需要拆迁建筑物,永久或临时占用的农田、果园、树林。

(3)标出新建线路中线位置及里程,桥涵、隧道等结构物位置及里程。

(4)标出取土和弃土场位置。当取土和弃土场距离施工现场很远,在平面布置上无法标注时,可用箭头指向取土或弃土场方向并加以说明。

(5)标出划分的施工区段。当一个施工区段有两个以上施工单位时,要标出各自的施工范围。

(6)标出既有公路、铁路线路方向和位置与里程及施工项目的关系,因施工需要临时改移公路的位置。

(7)标出既有高压线位置、水源位置(既有的水井),既有的河流位置及河道改移位置。

(8)临时设施的布置。

①各种运输道路及临时便桥、过渡工程设施的位置。

②临时生活房屋位置。如管理人员、施工人员的宿舍,管理办公用房,食堂、浴池、文化服务用房。

③各种加工房屋位置:

a. 钢筋加工棚;

b. 混凝土成品预制厂;

c. 混凝土搅拌楼、站。

④各种材料、半成品、成品等仓库或堆放位置。

⑤大堆料的堆放地点及机械设备的设置地点位置。如砂、石料堆放处等。

⑥临时供电线(变电站)、供水、蒸汽、压缩空气站及其管线和临时通信线路等。

⑦其他生产房屋、木工棚、铁工棚、机具修理棚、车库、油库、炸药库等。

⑧现场安全及防火设施等。

⑨施工场地排水系统位置。

三、施工平面布置的方法和原则

1. 施工平面布置的原则

(1)科学地规划施工平面可以减少临时设施,减少施工用地,从而达到降低施工成本的目的。

(2)临时道路的布置做到永临结合,并设置回车道,保证场内外运输畅通,路面质量要达到晴雨无阻。

(3)工程分期施工时施工平面布置,要符合施工方案中安排的施工顺序。

(4)材料堆放要考虑运输、使用方便,并尽量减少二次搬运次数。即使场内搬运也要距离最短,不出现反向运输。

(5)临时设施修建标准要根据施工期长短及工程大小而定,力求费用最低,具体如下:

①临时房屋尽量利用工地附近已有的建筑物及施工界内须拆除的建筑物。

②施工期长的临时房屋标准可以高些,如西康线秦岭隧道工期原计划是 8 年,因此,临时房屋标准较高;还有些工程工期只有 1 ~2 年,可采用帐篷或活动房屋。这样不会因工期长的工程采用标准低增加维修费用,工期短的工程采用标准高增加施工成本。

③临时道路标准与工程的工期长短及工程所在地域和重车上坡的道路有关,工期长、雨季长又是重车上坡路面标准高些,必要时采用硬路面(混凝土路面)。在南方施工雨季长运送土石方路程长,道路标准低,一方面影响汽车运行速度直接影响工期;另一方面对汽车自身影响大,如轮带的磨损,增加车辆的维修、保养的工作量,这些都会直接增加施工成本。长隧道施工,采用无轨运输,重车上坡而且较陡(受场地的限制),在这种情况下设计出渣运输便道时最好用混凝土路面,它可以保证车辆的运行速度,保证快速出渣,加快施工进度。

④临时房屋及设施符合劳动保护、技术安全和防火规范的要求。

⑤材料、机械设备仓库及临时房屋的位置必须布置在较高的地方,以防止被洪水淹没。

⑥火工材料库的位置要放在与人群保证安全距离之外,既保证人群和施工的安全,又要考虑运输距离最短。

⑦生产、生活、安全、消防、环保、市容、卫生、劳保等符合国家有关规定。

2. 施工场地平面布置方法

(1)在 1∶500 ~1∶2 000 的线路平面图(即地形图)上进行布置各种临时设施的位置。

①施工组织总设计及竞标性施工组织设计平面图的布置较粗些,一般是首先表明场外道路的引入(场外道路指已建的公路或乡村道路);其次是仓库、加工厂棚、混凝土搅拌站;第三是场内主干道路;第四是临时房屋;第五是水、电、动力、通信等管线网及设施;第六是任务划分区域;最后绘制施工场地总平面图。

②单位工程施工组织施工场地平面图的布置要求要细致些,它直接指导施工。一般是首先确定高空作业的起重吊装机械的位置;第二,确定搅拌站、楼的位置及仓库、棚、预制构件厂、构件成品、材料露天堆放位置;第三,运输主干道和支道的位置;第四,水、电、通信管线;第五,场内排水系统。

(2)临时设施及新建工程、既有工程所使用符号,一般采用各行业的通用符号、图示及文字叙述的要求进行标注。

(3)施工场地平面设计说明。

①对图上采用的标注符号、图示分别加以说明。

②对施工场地平面布置的重点要加以说明。

(4)施工场地平面设计图实例。

①施工总平面布置图,如图 4-13。

②桥梁施工场地平面布置图,如图 4-14。

③隧道施工场地平面布置图,如图 4-15。

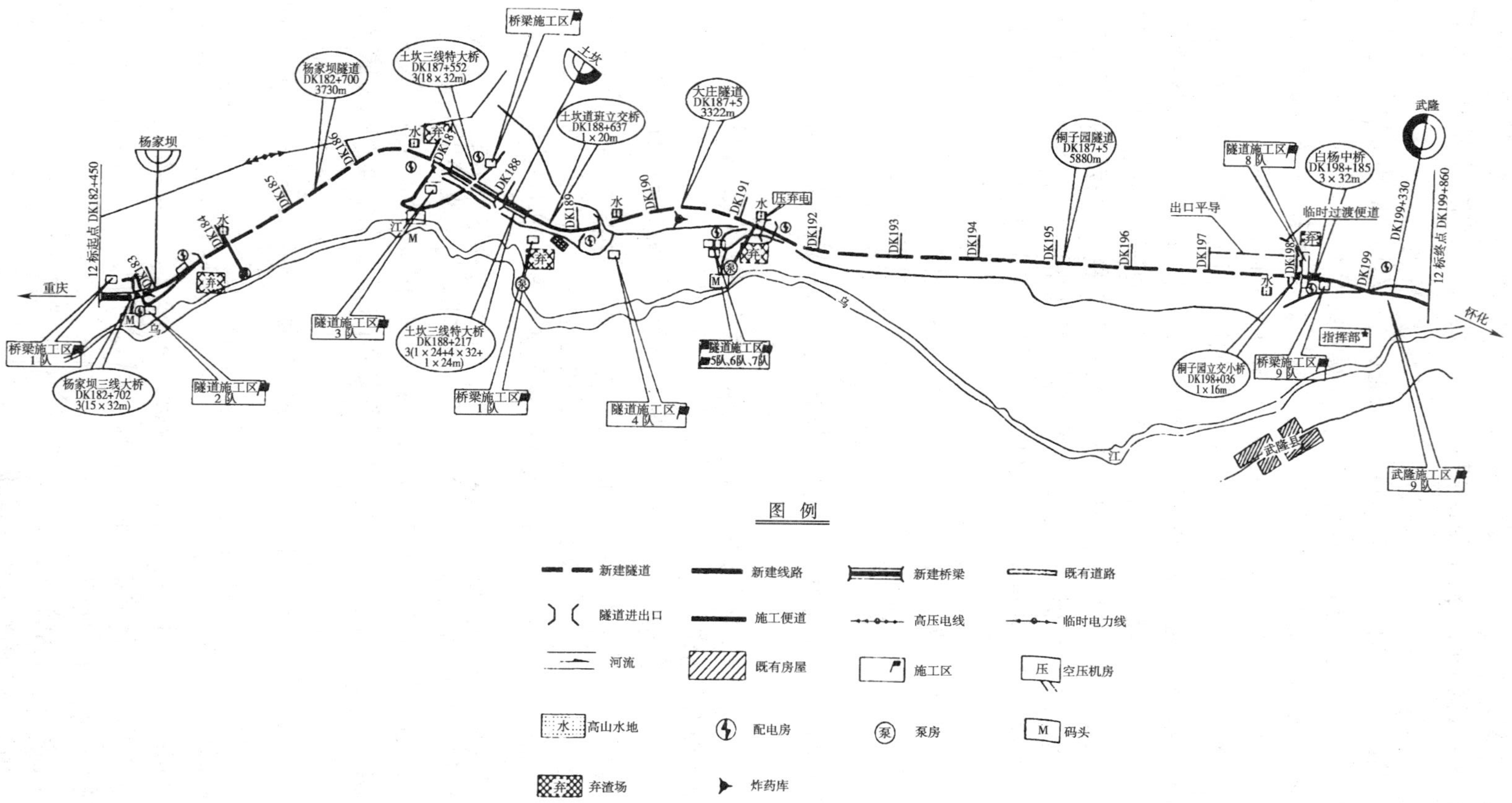

图 4-13 施工总平面布置图

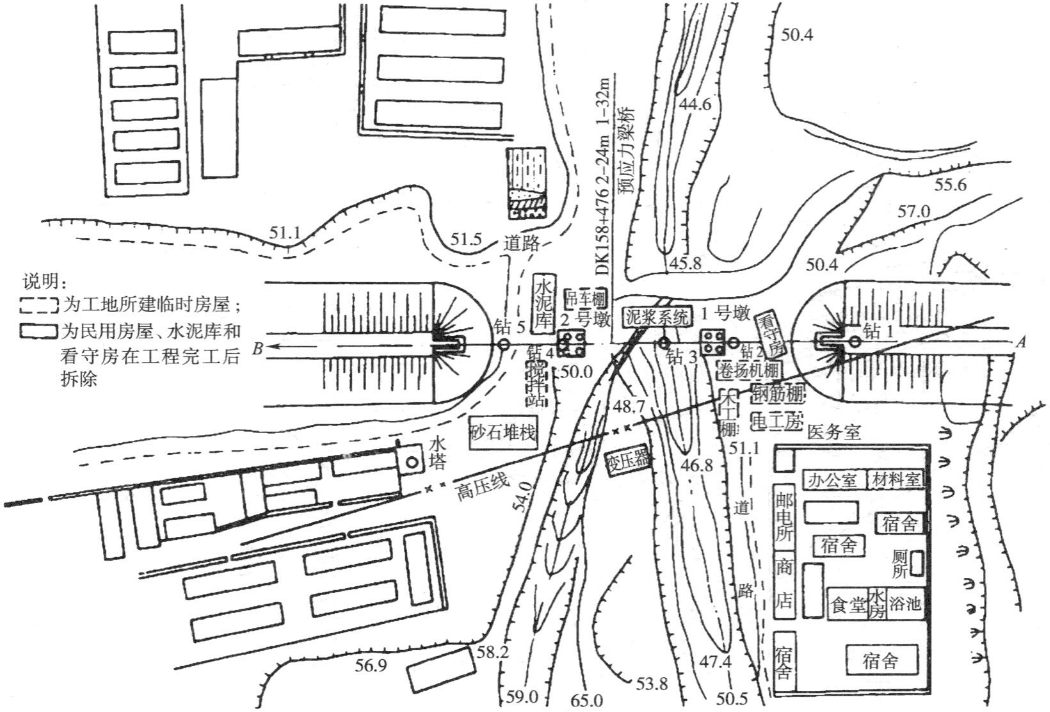

图 4-14 桥梁施工场地平面布置图

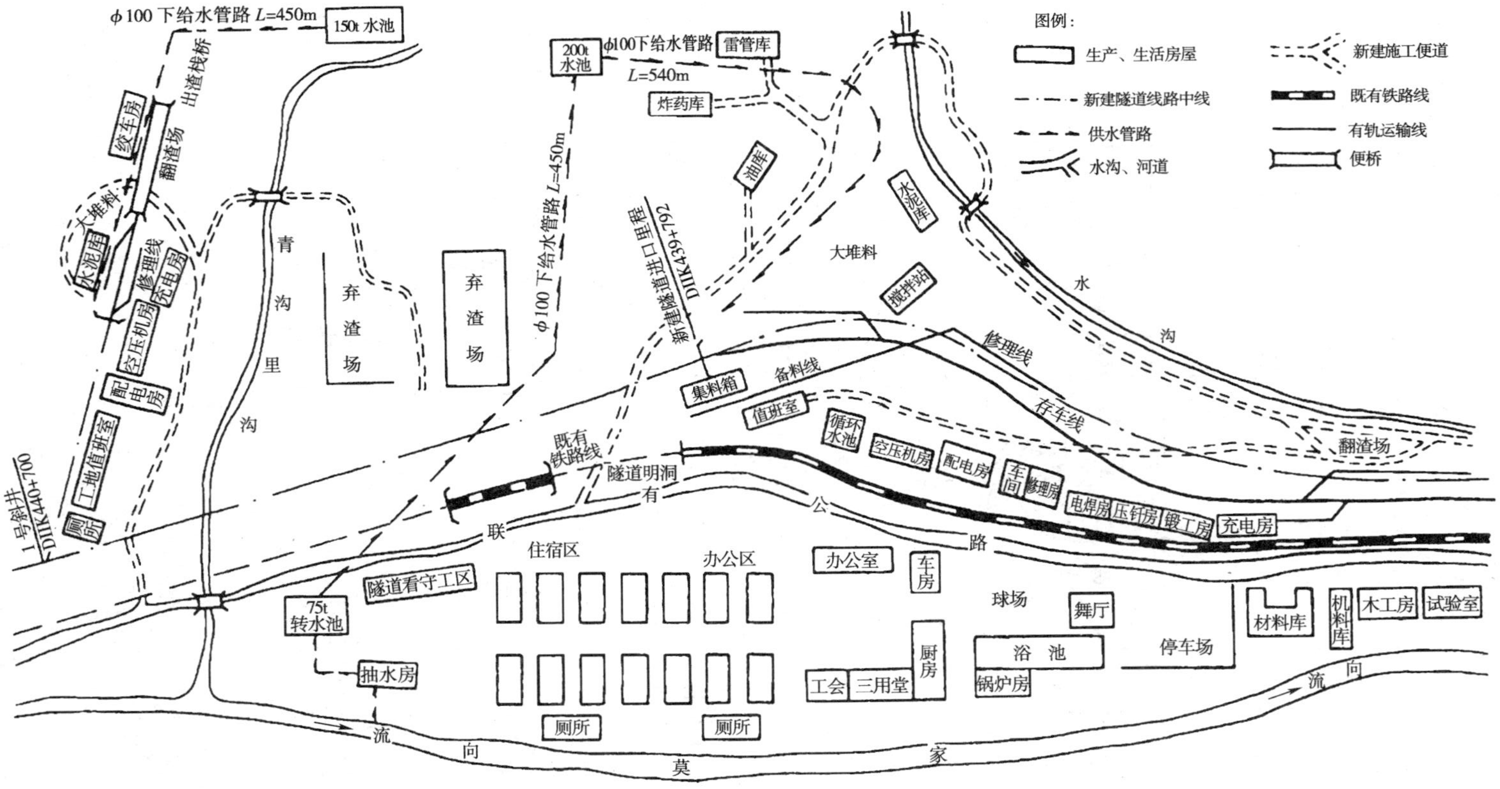

图 4-15　隧道施工场地平面布置图

第五节　技术组织措施

技术组织措施是指在技术、组织方面对保证质量、安全、节约和季节施工以及防止环境污染所采用的方法。确定这些方法是施工组织设计编制者带有创造性的工作。

一、质量保证措施

保证质量的关键是对施工组织设计的工程对象经常发生的质量通病制订防治措施，要从全面质量管理的角度，把措施订到实处，建立质量保证体系，保证“PDCA 循环”的正常运用，全面贯穿执行国际质量认证标准(ISO 9000)。对采用的新工艺、新材料、新技术和新结构，须制定有针对性的技术措施，以保证工程质量。认真制订放线正确无误的措施，确保地基基础特别是特殊、复杂地基基础的措施，保证主体结构中关键部位质量的措施及复杂特殊工程的施工技术措施等。

二、安全施工措施

安全施工措施应贯穿安全操作规程，对施工中可能发生安全问题的环节进行预测，提出预防性措施。安全施工措施主要包括：

(1)对于采用的新工艺、新材料、新技术和新结构，须制订有针对性的、行之有效的专门安全技术措施，以确保安全。

(2)预防自然灾害(防台风、防雷电、防洪水、防地震、防降暑降温、防冻、防寒、防滑等)的措施。

(3)高空及立体交叉作业的防护和保护措施。脚手架搭设、基坑支护及塔吊、升降梯等大型机械安装必须有上级主管安全部门审批的施工方案，各种施工机械的合格证、检测证及安全防护装置齐全，杜绝发生高空坠物、土方坍塌等一切施工安全事故。

(4)防火防爆措施。现场消火栓及其他消防器材配备齐全、位置合理，应有明显的警示标志，严禁挪用，保证消防道路畅通；施工现场严禁吸烟，剧毒、易燃易爆物品及施工动火必须有专人负责管理。

(5)安全用电和机电设备的保护措施。

三、降低成本措施

降低成本措施的制定应以施工预算为尺度，以企业(或基层施工单位)年度、季度降低成本计划和技术组织措施计划为依据进行编制。要针对工程施工中降低成本潜力大的(工程量大、有采取措施的可能性、有条件的)的项目，想方设法提出措施，并计算出经济效果和指标，加以评价决策。这些措施必须是不影响质量的，能保证施工的，能保证安全的。降低成本措施应包括节约劳动力、节约材料、节约机械设备费用、节约工具费、节约间接费、节约临时设施费、节约资金等措施。一定要正确处理降低成本，提高质量和缩短工期三者的关系，对措施要计算经济效果。

四、季节性施工措施

当工程施工跨越冬季和雨季时，就要制订冬期施工措施和雨季施工措施。制订这些措施的目的是保证质量、安全、工期,保证节约。

雨期施工措施要根据工程所在地的雨量、雨期及施工工程特点(如深井基础、大量土方、使用的设备、施工设施、工程部位等)进行制订。要在防淋、防潮、防泡、防淹、防拖延工期等措施,分别采用疏导、堵挡、遮盖、防雷、合理储存、改变施工顺序、避雨施工、加固防陷等措施。

冬季因为气温、降雪量不同,工程部位及施工内容不同,施工单位的条件不同,则应采用不同的冬季施工措施。北方地区冬期施工措施必须严格、周密,要按冬期施工手册或有关资料(科研成果)选用措施 ,以达到保温、防冻、改善操作环境、保证质量、控制工期、安全施工,减少浪费的目的。

五、防止环境污染的措施

为了保护环境,防止污染,尤其是防止在城市施工中造成污染,在编制施工方案时应提出防止污染的措施。主要应对以下方面提出措施:

(1)防止施工废水污染的措施,如搅拌机冲洗废水、油漆废液、灰浆水等。

(2)防止废气污染的措施,如加热沥青、消解石灰等。

(3)防止垃圾粉尘污染的措施,如运输土方与垃圾、白灰堆放、散装材料运输等。

(4)防止噪声污染的措施,如打桩、搅拌混凝土、混凝土振捣等。

六、文明施工措施

文明施工是指建设工程施工过程中按照规定采取措施,保障作业环境、市容环境卫生质量和人员健康安全的施工活动。

文明施工主要从以下方面提出措施:

(1)施工现场应围挡整齐,沿街及重要部位须保证安全美观,施工标语内容文明;现场布局合理整洁,无杂草、积水、异味,场内道路必须进行硬化并保证畅通;各种材料应堆放整齐,施工垃圾须定点堆放,及时清运。

(2)施工现场布局及工序安排应考虑噪声、照明控制,严格按照国家和地方有关规定执行,避免扰民;施工现场必须设置专用厕所,并有专人管理,严禁随意大小便;生活、生产废水及施工降水未处理合格,不得排入地下水;不得破坏树木、绿地;土方外运过程,严格按程序操作,不得遗洒,同时应有避免扬尘的措施。

(3)施工现场临时用电必须符合《施工现场临时用电安全技术规范》,固定式配电箱应设置围栏并有明显的安全警示标志,严禁非专业人员接拆电线,防止发生触电事故,严禁使用电炉子等妨碍现场安全的用电设备。

(4)现场施工人员须统一着装、佩戴胸卡,严禁闲杂人员进入施工现场;进入施工现场必须佩戴安全帽(红色为业主专用颜色),高空作业必须系好安全带,严禁工人酒后上岗,严禁攀爬脚手架,高空作业严禁向下抛掷物品。

(5)工人食堂必须干净整洁,无蝇无鼠,操作人员证件齐全,认真执行食品卫生安全的有关规定,严防工人食物中毒;施工人员宿舍要求卫生整洁,严禁随意拉扯电线,冬季取暖严防工人煤气中毒。

(6)施工单位现场应有专门负责文明施工的管理人员,定期检查,发现问题及时整改;对建设单位提出的其他有关安全、文明施工等方面问题必须积极配合,认真履行。

第五章　计算机辅助施工组织设计

第一节　Microsoft Project 简介

Microsoft Project（以下简称 MS Project）是美国微软公司开发的项目管理软件，近几年在公路建设中得到了非常广泛的应用，在许多项目上要求用它来编制施工组织设计。借助 MS Project 软件不仅可以编制施工进度计划，它还可以为每道工序分配各种资源（工料机等），从而生成资源需求计划图表，如果为资源指定了使用成本，则可以对施工组织设计的经济性做出评价。除此之外，MS Project 具有很强的跟踪、沟通、协调管理等功能。限于篇幅，我们只对其中施工进度功能管理、资源分配、成本管理功能做一简单介绍。

一、管理施工进度

利用 MS Project 可以很方便地编制施工进度计划。首先，输入并组织需完成施工任务的列表，包括每项任务的工期，指定任务的先后逻辑关系。利用这些信息，MS Project 将创建一个进度计划安排（包括甘特图和网络图），并可核对这个进度计划，在必要时做出调整。在开始工作后，可以跟踪实际的开始和完成日期、实际完成的任务百分比和实际工时。跟踪实际进度可显示所做的更改影响其他任务的方式，从而最终影响项目的完成日期。

二、资源分配与管理

项目资源就是指完成任务所需的人员、设备和原材料等，资源负责完成项目中的任务。完成项目计划，需要对资源进行有效的管理，可以为项目建立一个资源库，输入资源的基本信息，然后为每个任务分配资源。分配的资源可以是单个的人或一台设备，也可以是一个工作组。MS Project 根据分配的资源来计算每项任务的工期，资源分配是否合理对项目产生直接的影响。

三、项目的成本管理

施工组织设计的经济性如何，可以使用 MS Project 的成本管理功能来评价。MS Project 不仅可以预测和计划项目成本，而且可以跟踪和控制项目成本。它采用自下而上的成本估算方法，即确定资源的基准费率以及各个任务的固定成本，然后由 MS Project 计算出资源、任务的成本，进而推算出整个项目的成本。

四、MS Project 的使用步骤

采用 MS Project 软件编制工程项目进度计划可分为 15 个步骤：

第 1 步：设定用户格式与操作环境

第 2 步：设置项目基本信息

第 3 步:确定工作分解结构
第 4 步:输入详细工序名称
第 5 步:输入工序持续时间
第 6 步:确定工序之间的逻辑关系
第 7 步:检查网络逻辑关系
第 8 步:资源分配和资源均衡
第 9 步:输入费用数据
第 10 步:设置横道图格式
第 11 步:修改时间坐标
第 12 步:确定外加约束(时限)
第 13 步:将当前计划设置为基准计划
第 14 步:打印报告
第 15 步:保存进度计划和基础数据

后面将对其主要功能进行介绍。

第二节　使用 MS Project 编制施工进度计划图

一、建立一个新项目

在编制施工进度计划图之前,首先要建立一个新项目,建立新项目的操作步骤如下:

1. 创建新项目

(1)单击“新建”按钮。“新建”按钮可能暂时被隐藏了。如果没有足够的空间显示所有按钮,它可能不会显示出来。单击“其他”按钮,然后单击“新建”按钮(图 5-1)。

(2)在“项目”菜单中(图 5-2),打开“项目信息”对话框中为项目键入或选择一个开始或结束日期,然后单击“确定”按钮。

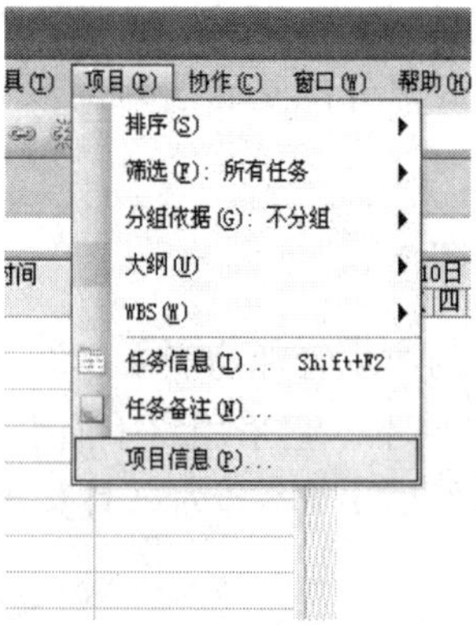

图 5-1　创建新项目步骤 1

图 5-2　创建新项目步骤 2

(3)单击“保存”按钮。

(4)在“文件名称”对话框中,键入项目的名称,然后单击“保存”按钮,见图 5-3。

可以随时改变项目信息,只需单击“项目”菜单中的“项目信息”命令。

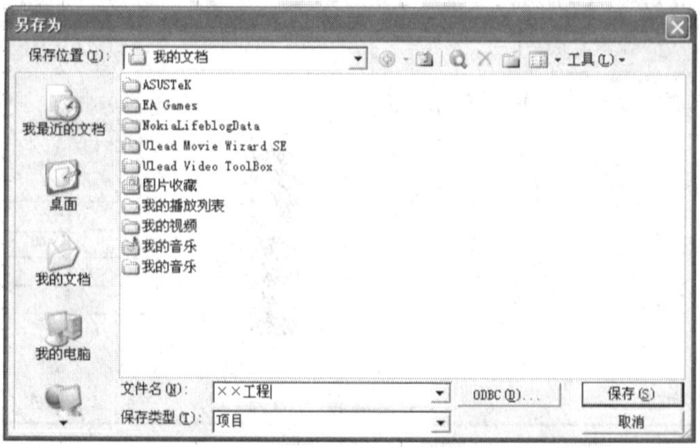

图 5-3　设置项目日历

2. 设置项目日历

可以修改项目日历,以反映项目中每个人的工作时间。日历的默认值为星期一至星期五,上午 8:00 至下午 5:00,其中有一个小时的午餐时间。

可以指定非工作时间,如周末和晚上的时间以及一些特定的休息日,如节假日等。

(1)单击“视图”菜单中的“甘特图”命令。见图 5-4。

(2)单击“工具”菜单中的“更改工作时间”命令。见图 5-5。

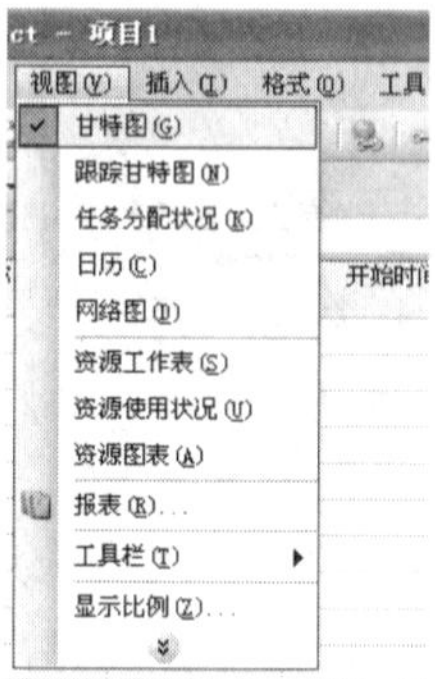

图 5-4　“甘特图”命令

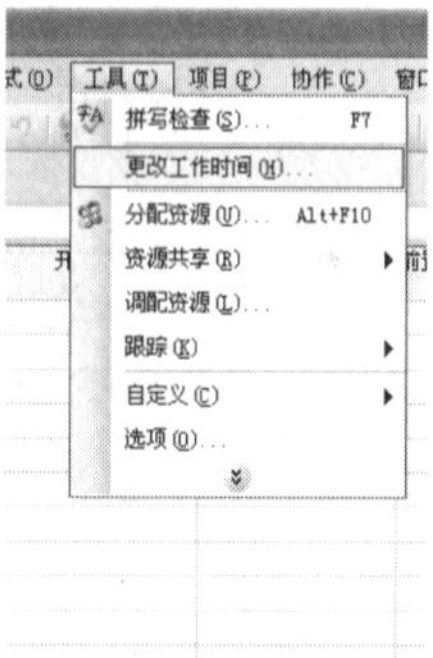

图 5-5　“更改工作时间”命令

(3)在日历中选择一个日期:

①如果要在整个日历中修改每周中的某一天,单击日历顶端那天。

②如果要修改多个工作日,则需选中你所希望修改的多个工作日期。例如,希望从星期二到星期五的工作日上午 9:00 上班,单击一周中第一个工作日的缩写(例如,星期二的缩写为 T,也就是顶端的“二”)。按住 Shift 键,然后单击一周中最后一个工作日的缩写(例如,星期五的缩写为 F,也就是顶端的“五”),然后更改右侧工作时间表。见图 5-6 和图 5-7。

(4)如果要将某些天标记为非工作日,单击此对话框中“非工作日”单选按钮,如果要改变工作时间,可单击“非默认工作时间”单选按钮。

(5)如果在第 3 步中单击了“非默认工作时间”单选按钮,请在“从”文本框中键入开始工作的时间,在“到”文本框中键入结束工作的时间。

(6)单击“确定”按钮。

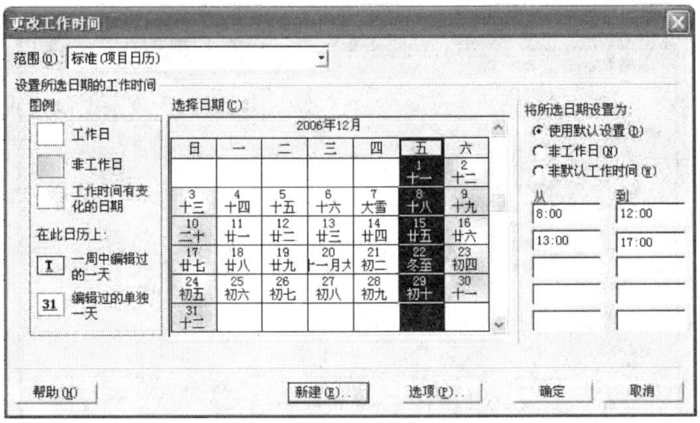

图 5-6　修改多个工作日 1

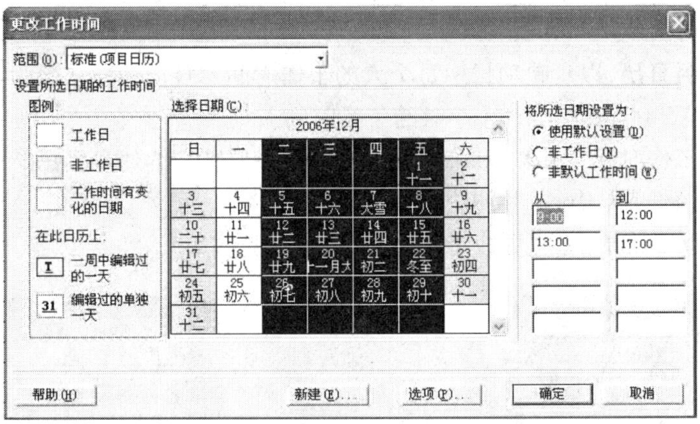

图 5-7　修改多个工作日 2

二、创建任务列表

1. 输入任务及其工期

通常，项目是由一系列相互关联的任务组成。一个任务代表了一定量的工作，并有明确的可交付结果，如一道工序、分项分部工程等；它应当是很短的，以便定期跟踪其进展情况。任务通常应介于一天到两周之间。

按照发生的先后顺序输入任务，然后估计完成每项任务所需的时间，将估计值作为工期输入。MS Project 利用工期计算完成任务的工作量。

注意：请不要为每项任务都在“开始时间”和“完成时间”域中输入日期，MS Project 根据任务的相关性计算其开始和完成的日期。有关这些信息的输入方法，读者将会在下一课中学习。

(1)单击“视图”菜单中“甘特图”命令。

(2)在“任务名称”域中键入任务名称，见图 5-8。

然后双击任务名称“基础工程”，则跳出如下对话框。见图 5-9。

MS Project 为此任务输入估计为一个工作日的工期，并且工期值后面带有一个问号。

(3)在“工期”域中，键入每项任务的工作时间，单位可以是月、星期、工作日、小时或分钟，不包括非工作时间。也可以利用下面这些缩写：

月 = mo；星期 = w；工作日 = d；小时 = h；分钟 = m

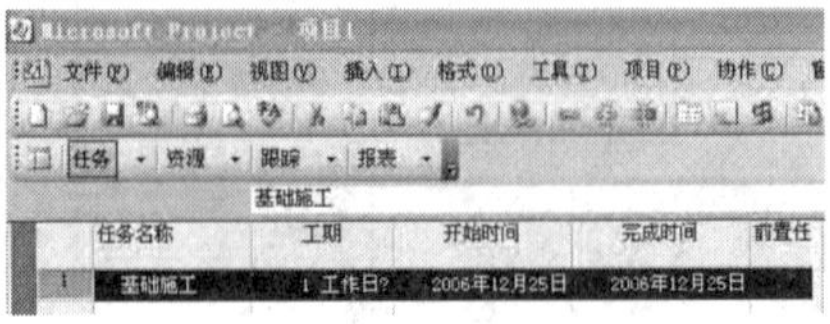

图 5-8 键入任务名称

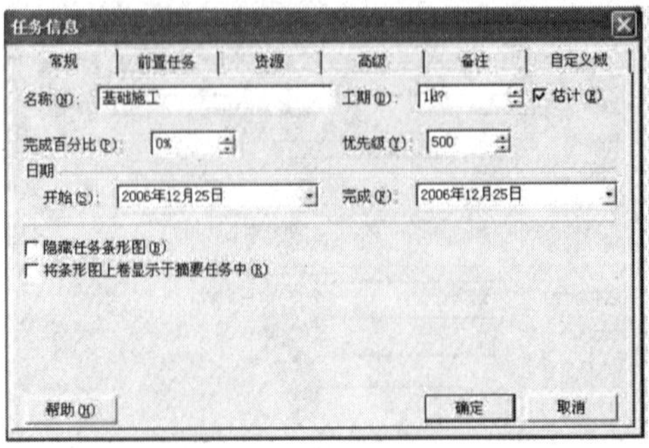

图 5-9 “基础工程”对话框

为了标明是估计工期,请在工期之后键入一个问号。

(4)按 Enter 键,也可以为任务添加备注。在“任务名称”域中,选择任务,然后单击“任务备注”按钮。在“备注”文本框中键入信息,然后单击“确定”按钮。

所需的工具条按钮可能暂时被隐藏了,如果没有足够的空间显示所有的按钮,有些按钮可能不会显示出来。这时可以单击“其他”按钮,然后单击“任务备注”按钮。见图 5-10。

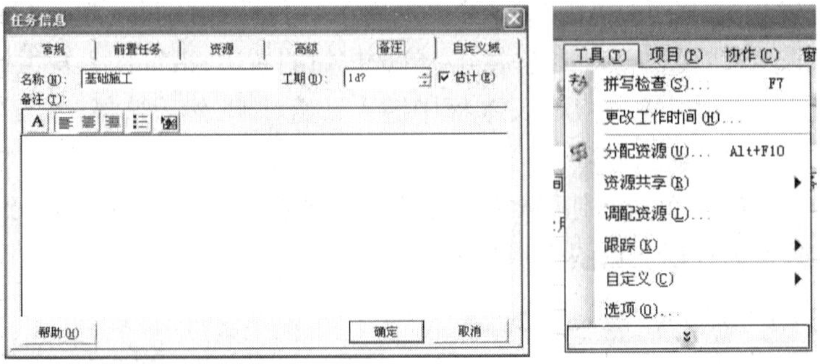

图 5-10 “任务备注”对话框

2. 创建里程碑

里程碑是一种用以识别日程安排中重要事件的任务,如某个主要阶段的完成。如果在某个任务中将工期输入为 0 个工作日,MS Project 将“甘特图”中的开始日期上显示一个里程碑符号。

(1)在“工期”域中,单击要设为里程碑任务的工期,然后键入“0d”。

(2)按 Enter 键。

除了工期为 0 的任务会被自动标记为里程碑之外,也可以将任意一项任务标记为里程碑。如果要将某个任务标记为里程碑,请单击“任务名称”域中的任务,然后单击“项目信息中”的“任务信息按钮”,然后单击“高级”选项卡,选中其中的“标记为里程碑”复选框。见图 5-11。

如需查看所有的里程碑,单击菜单中的“项目”命令,点击“筛选”列表中的“里程碑”命令。见图 5-12。如需再次查看整个项目,单击“筛选器”列表中的“所有任务”命令。

3. 创建周期性任务

周期性任务是定期重复的任务,如每周召开的工程例会。周期性任务可以按日、周、月或年为周期。可以指定每次执行任务所需的工期以及执行任务的时间和次数。

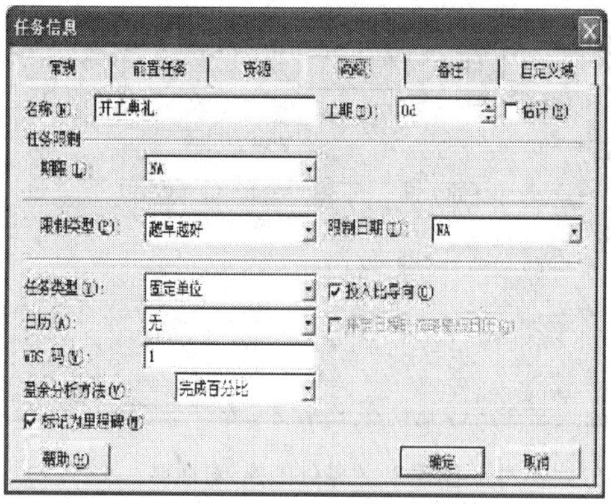

图 5-11　创建里程碑

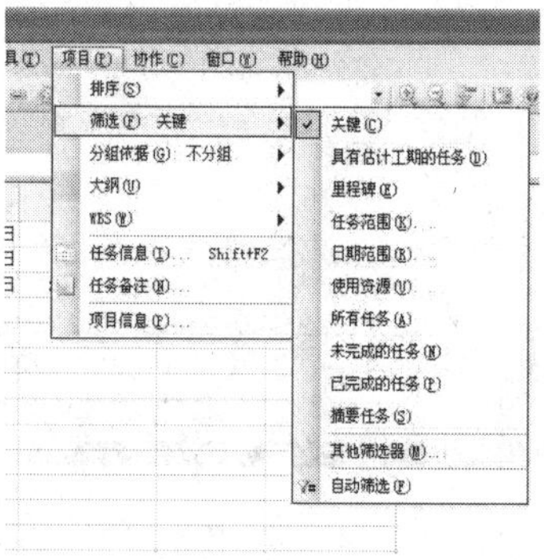

图 5-12　查看里程碑

(1)单击要在“任务名称”域中插入周期性任务的行。

(2)单击“插入”菜单中的“周期性任务”命令。见图 5-13。

(3)在“任务名称”文本框中,键入任务名称。

(4)在“工期”文本框中,键入或选择每次任务所需的工期。

(5)在“重复发生方式”下,单击“每天”、“每周”、“每月”或“每年”单选按钮。

(6)在“每天”、“每周”、“每月”或“每年”单选按钮的右边,指定任务发生的频率。

(7)在“重复发生期限”下的“从”文本框中键入开始日期,然后选择“共发生”或“到”单选按钮。

如果选定了“共发生”单选按钮,请键入任务发生的次数。如果选定了“到”单选按钮,请键入周期性任务结束的日期。见图 5-14。

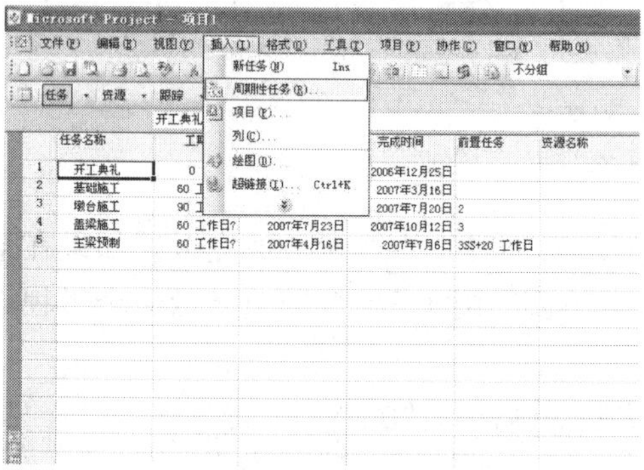

图 5-13　周期性任务

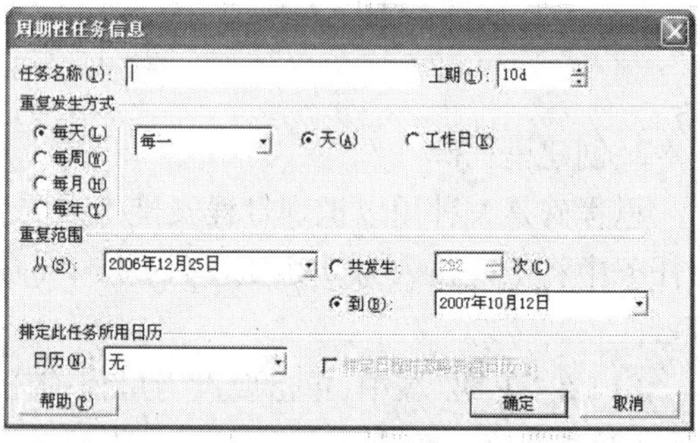

图 5-14　周期性任务信息

(8)单击“确定”按钮。如果要查看所有周期性任务执行的情况,请单击主周期性任务旁边的加号。

4. 将任务按结构组织到逻辑大纲中

大纲可以帮助读者将任务组织成更易于管理的模块。将相关的任务按一定层次缩进到概括的任务中,从而创建层次化的结构。这些概括的任务称作摘要任务;摘要任务下面附属的任务称作子任务。摘要任务的开始和完成日期取决于其最早的子任务的开始日期和最晚的子任务的结束日期。

如果要组织大纲,可以利用大纲按钮。如“降级”按钮;“升级”按钮;“显示子任务”按钮;

“隐藏子任务”按钮;“显示所有子任务”按钮。

(1)单击“视图”菜单中的“甘特图”命令。

(2)单击第一个要作为子任务的任务。

(3)单击“插入”菜单中的“新任务”命令。

(4)在插入行的“任务名称”域中,键入新的摘要任务的名称。

(5)在“任务名称”域中,选择要作为子任务的任务。

(6)单击“降级”按钮,将这些任务降级。

可以利用鼠标迅速地降级或升级一项任务。选中这个任务,然后将鼠标指针放到任务名称的第一个字上。在指针变成双向的箭头后,向右拖指针可以降级任务,而向左则可以升级任务。见图 5-15。

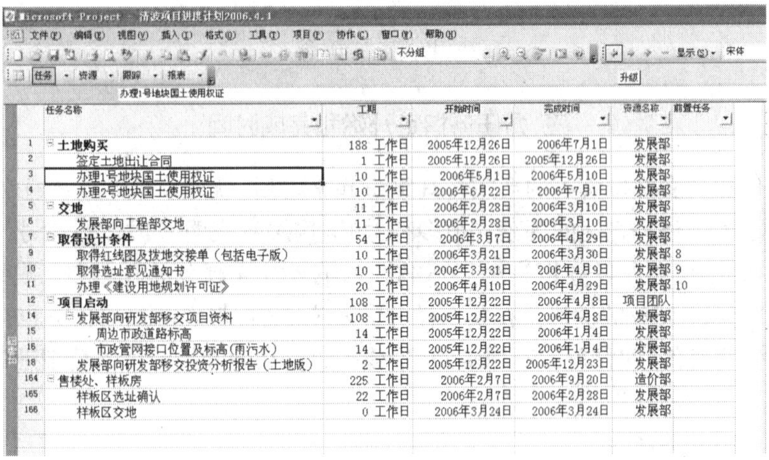

图 5-15　升、降级任务

5. 编辑任务列表

在创建任务列表的过程中,可能需要将大任务分割成小任务,并重新安排这些任务,也可能要在项目中复制、删除或移动任务。按大纲组织重新安排项目阶段是很容易的。在移动或删除摘要任务时,与其相关的子任务也同时被删除或移动。

(1)在“标识号”域(最左侧的域)中,选中需要复制、移动或删除的任务。要选择一行,请单击任务的标识号。要选择一组相邻的行,请按住 Shift 键,然后单击第一行和最后一行的标识号。要选择不相邻的几行,请按住 Ctrl 键,然后单击各个任务的标识号。

(2)复制、删除或移动任务。要复制任务,请单击“复制”按钮。要移动任务,请单击“剪切任务”按钮。要删除任务,请按 Delete 键。

(3)要移动已经剪切的任务或者重复复制的任务,选择要粘贴的行。请确保选择整行。

(4)单击“粘贴”按钮。如果在目标行中已经有了信息,新行将会插入到目标行的上面。所需的工具条按钮可能暂时被隐藏起来。如果没有足够的空间显示所有的按钮,有些按钮可能不会显示出来。请单击“其他”按钮,然后单击所需的按钮。

要在现有的任务中插入新任务,请单击任务的标识号然后按 Insert 按钮。在插入新任务后,任务将会重新编号。见图 5-16。

图 5-16　插入新任务

三、为任务指定开始和完成时间

在创建了任务列表并按大纲的形式将其组织起来之后，就可以决定这些任务之间的相互关系并指定日期了。任务之间的关系有很多种，如链接关系表明一项任务在另一项任务完成后立即开始，这些链接称作任务相关性。MS Project 自动决定任务的开始和完成日期。

相关性或"链接"任务的优势是在某个任务被改变之后，与之链接的任务也会自动重新安排日程。在工作暂时停止时，可以利用限制、重叠或延迟任务和拆分任务精细地调整任务的日期安排。

1. 建立任务间的关系

可以利用任务相关性建立任务间的关系。首先，选择相关的任务，链接它们，如果需要，则可以改变相关的类型。开始和完成时间取决于其他任务的任务称作后续任务。后续任务所依赖的任务称作前置任务。例如，如果将"砌筑基础"与"开挖基坑"链接起来，那么"砌筑基础"是后续任务，而"开挖基坑"则是前置任务。

在将任务链接起来后，改变前置任务的日期将会影响后续任务的日期。MS Project 在默认情况下创建完成—开始相关性。但是，并不是所有的情况都是完成—开始相关的，可以根据项目的实际情况将任务链接类型设成开始—开始(SS)、完成—完成(FF)或开始—完成(SF)。

(1)单击"视图"菜单中的"甘特图"命令。

(2)在"任务名称"域中，按照链接顺序选择要链接的两项或多项任务。要选择相邻的任务，按住 Shift 键，然后单击需要链接的第一项和最后一项任务。要选择非相邻的任务，按住 Ctrl 键，然后依次单击需要链接的任务。

(3)单击"链接任务"按钮。见图 5-17。

(4)如果需要改变任务链接，双击需要修改的任务之间的链接线。会弹出"任务相关性"对话框。见图 5-18。如果弹出的是"设置条形图格式"对话框，那么读者未能准确地双击任务链接线，这里需要关闭这个对话框然后再次双击任务链接线。

(5)在"类型"文本框中，选择所需的任务链接类型，然后单击"确定"按钮。

如果需要取消任务链接，请在"任务名称"域中选择需要取消链接的任务，然后单击"取消任务链接"按钮。这些任务将会根据与其他任务的链接或限制重新安排日程。

图 5-17 “链接任务”对话框

2. 重叠任务或在其间加入延隔时间

在链接了前后相关的任务后，读者还可以重叠或者推迟这些任务。在 MS Project 中，在前置任务中增加延隔时间实现任务延迟，也可以输入前置重叠时间实现任务重叠，还可以按任务的百分比输入前置重叠或延隔时间。

(1)在“任务名称”域中，单击需要加入前置重叠或延隔时间的任务（这项任务必须有前置任务），然后单击“任务信息”按钮（或者双击，则弹出“任务信息”对话框）。见图 5-19。

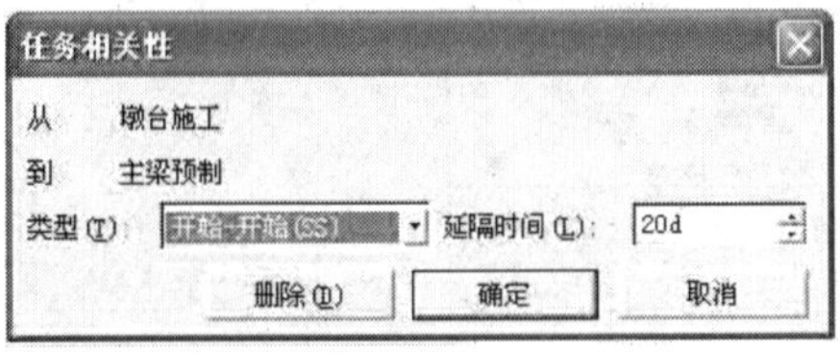

图 5-18 “任务相关性”对话框

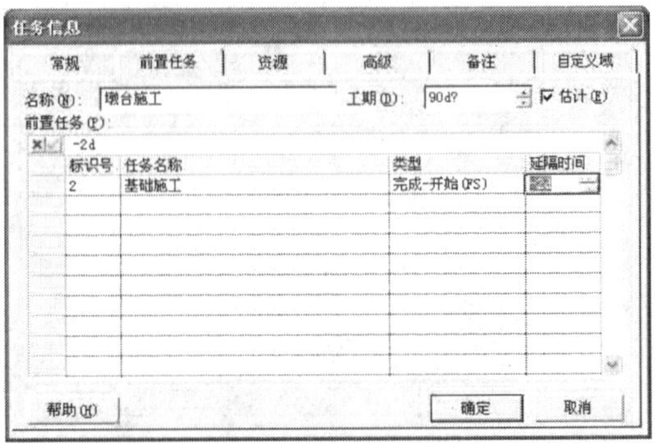

图 5-19 “任务信息”对话框

(2)单击“前置任务”选项卡。

(3)在“延隔时间”列中，以工期或前置任务工期百分比的形式键入所需的前置重叠时间或延隔时间。键入负数或负的百分比是表示前置重叠时间（例如，-2d 表示前置重叠时间为两个工作日）。键入正数或正的百分比是表示延隔时间。

(4)单击“确定”按钮。

如果要迅速地在前置任务中加入前置重叠或延隔时间，请在“甘特图”中双击链接线，然后在“任务相关性”对话框中的“延隔时间”文本框中键入前置重叠或延隔时间的数值。

3. 设定任务的开始或完成日期

安排任务日程最有效的办法是输入任务的工期，创建任务的相关性，然后让 MS Project 计算任务的开始和完成日期，也可以在需要的时候设定任务的开始或完成日期。

为任务设置特定日期的任务限制称作非弹性限制，最不灵活的限制是指定任务开始或完成日期。因为 MS Project 在计算日程安排时需要考虑这些限制条件，所以请在任务必须在特定的日期开始或完成时才使用非弹性限制。

(1)在“任务名称”域中单击需要设定开始或完成日期的任务,然后单击“任务信息”按钮(或者双击,则弹出“任务信息”对话框见图5-20)。

(2)单击“高级”选项卡。

(3)在“限制类型”文本框中选择一种限制类型。

(4)在“限制日期”文本框中键入或选择一个日期,然后单击“确定”按钮。

如果在“甘特图”的“开始时间”域中为任务选择了开始时间或者拖动甘特条改变了开始时间,MS Project 自动按照新的开始时间设定“不得早于……开始(SNET)”限制类型。如果为任务选择了完成时间,MS Project 自动设定“不得早于……完成(FNET)”限制类型。

4. 设定任务期限

在设定任务的期限时,如果将任务设定在期限之后完成,MS Project 会显示一个标记。

设定期限不会影响任务的日程安排。这只是 MS Project 用于通知读者任务将在期限之后完成的一种方式,从而,读者可以调整日程安排以满足期限的要求。

(1)单击“视图”菜单中的“甘特图”命令。

(2)在“任务名称”域中,单击需要设定期限的任务。

(3)单击“任务信息”按钮 ,然后单击“高级”选项卡。

(4)在“任务限制”下,在“期限”文本框中键入或选择期限日期,然后单击“确定”按钮。见图5-21。

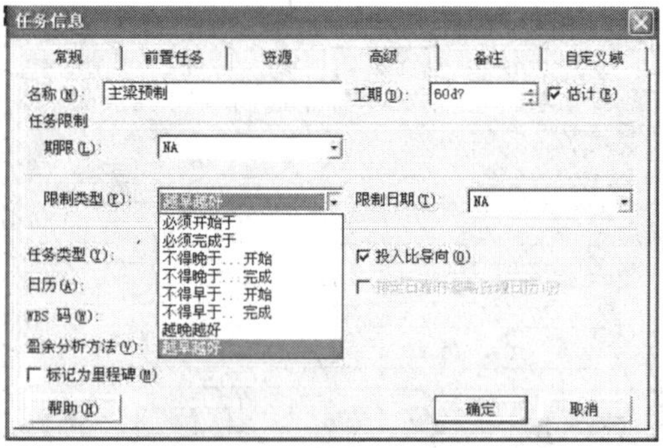

图5-20 “任务信息”对话框

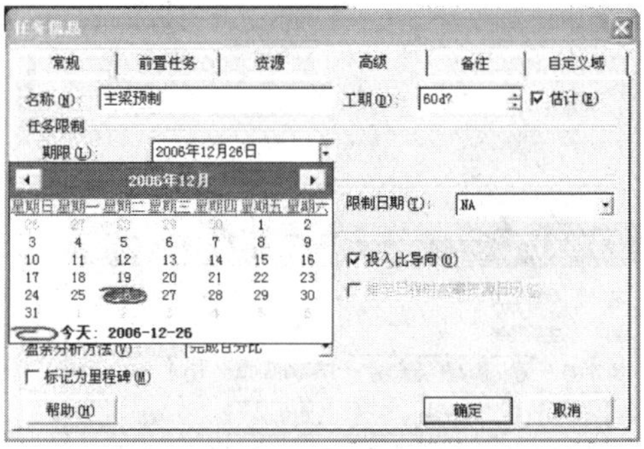

图5-21 选择期限日期对话框

可以在“甘特图”中拖动期限符号改变期限日期。

5. 拆分任务

如果某项任务需要中断后继续开始,读者可以在日程中拆分任务。例如,如果需要暂时停止某任务的工作,转而进行其他任务,可根据不同的需要可以将任务拆分任意多次。

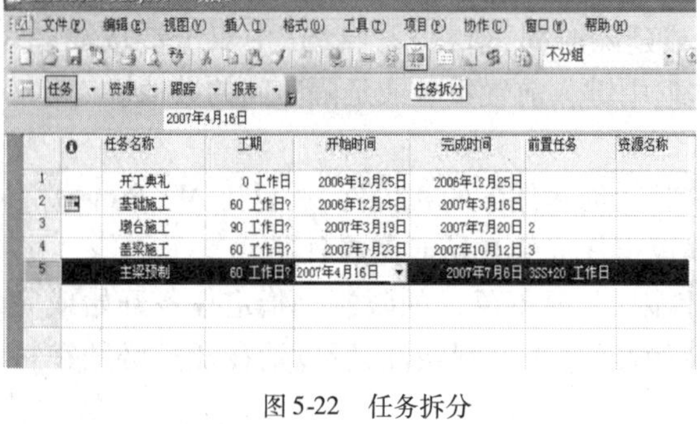

图5-22 任务拆分

请注意,将任务拆分成多个部分与周期性任务不同。周期性任务是按固定的间隔进行的任务,如员工会议。

(1)单击“视图”菜单中的“甘特图”命令。

(2)单击“任务拆分”按钮。

(3)在任务的“甘特条形图”中,单击要拆分的日期,然后拖动条形图的第二部分直至要继续开始工作的日期。见图5-22。

拖动拆分后的任务的某一部分使其与另一部分相接，这样可以取消拆分。见图 5-23。

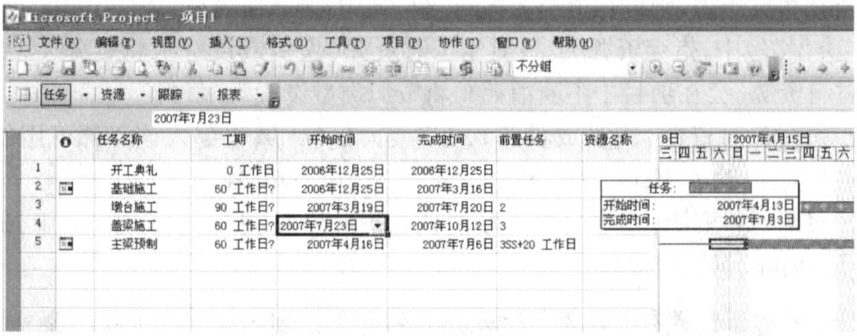

图 5-23　取消拆分

第三节　使用 MS Project 编制资源供应计划

读者应当在所需的时候为任务分配资源，MS Project 的资源管理功能比较强大：它可以跟踪由分配给任务的人员和设备完成的工时量或监视使用的材料；可以监视分配了太少或太多工时的资源；可以跟踪资源成本。

如果不输入资源信息，那么 MS Project 仅使用任务工期和相关性来计算日程。

一、创建资源列表

读者可使用 MS Project 中的“资源工作表”创建人员、设备和材料资源的列表，由它们组成工作组并实施项目任务。资源列表可以由工时资源或材料资源组成。工时资源为人员或设备；材料资源为可消耗的材料或供应品，如混凝土、木材或钢筋。

（1）单击“视图”菜单中的“资源工作表”命令。

（2）指向“视图”菜单中的“表”子菜单，然后单击“项”命令。见图 5-24。

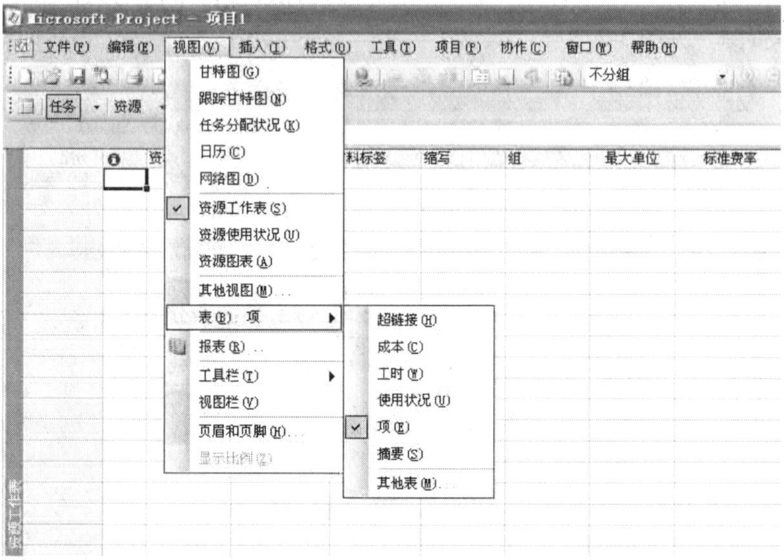

图 5-24　“项”命令对话框

(3)在“资源名称”域中,键入资源名称。

(4)若要指明资源组,则可在资源名称的“组”域中,键入组名。

(5)在“类型”域中,指定资源类型:对于工时资源(人员或设备),将资源类型设置为“工时”。对于材料资源(会在项目中不断消耗),将资源类型设置为“材料”。

(6)对于每个工时资源(人员或设备),在“最大单位”域中键入该资源可用的资源单位数,为百分比。例如,输入300% 表明特定资源的三个全时单位。

(7)对于每个材料资源(在项目中不断消耗的供应品),在“材料标签”域中,键入材料资源的度量单位,如吨。见图5-25。

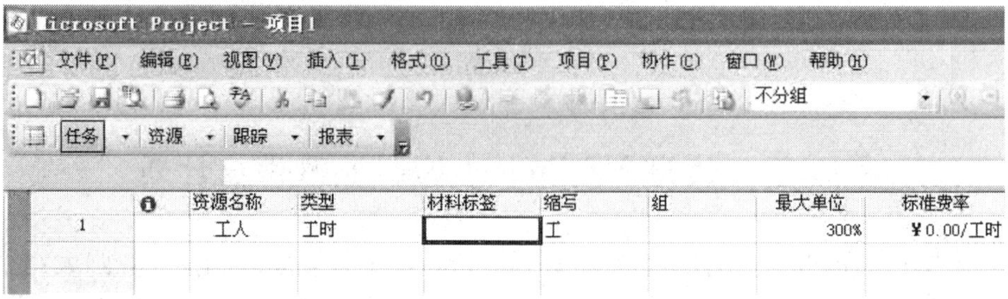

图5-25 键入度量单位

属于特定组的资源可使用资源组对任务进行排序、筛选或分组。读者可使用资源组指示人力资源所属的部门,或为账单指定账户代码。

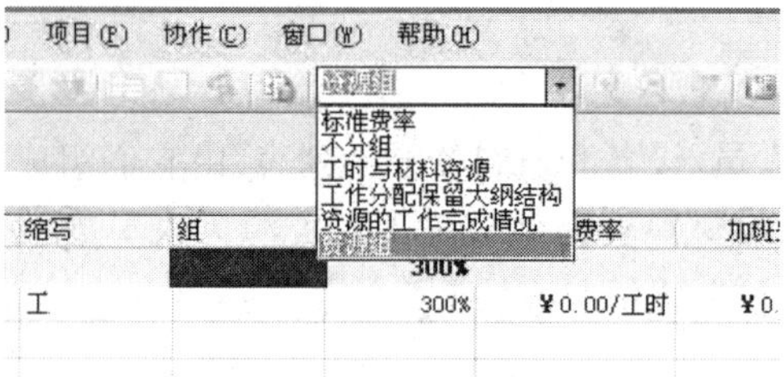

图5-26 合并资源组

读者不能为任务分配资源组。如果想指定合并资源,如“木匠”、“编辑”或“工程师”,请将他们作为资源名称输入,然后为任务指定合并后的资源名。见图5-26。

当读者使用“甘特图”视图或其他任务视图时,可以输入其他资源名称。要分配其他资源,请单击“分配资源”按钮,然后在“名称”域中键入资源名称。也可单击“地址”按钮从电子邮件通讯簿中选择资源。见图5-27。

图5-27 “分配资源”对话框

二、更改资源的工作日程

在项目日历中定义的工作时间和休息日是每个资源默认的工作时间和休息日。当个别的资源按完全不同的日程工作时,或者当读者计算假期或设备停工期时,可以修改个别的资源日历。

(1)单击"视图"菜单中的"资源工作表"命令,然后选择希望更改其日程的资源。

(2)单击"项目"菜单中的"资源信息"命令,然后单击"工作时间"选项卡。注意:需先选中资源名称后,"项目"菜单中才会出现"资源信息"命令。见图 5-28。

(3)在日历上,选择希望更改的日期。若要更改整个日历的一周中的某一天(如所有星期三),请单击日历顶部的该天的缩写。

(4)单击"使用默认设置"、"非工作日"或"非默认工作时间"单选按钮。当读者单击"使用默认设置"单选按钮时,选定的工作日将返回 MS Project 标准日历的默认值,即从周一到周五,工作时间为上午 8:00 到 12:00,以及下午 13:00 到 17:00。见图 5-29。

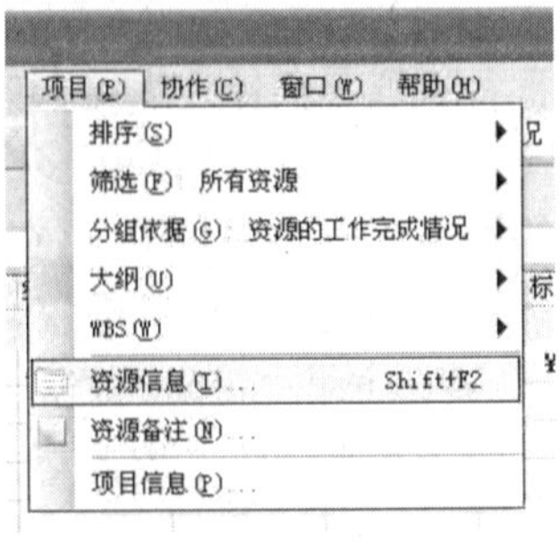

图 5-28 "资源信息"对话框

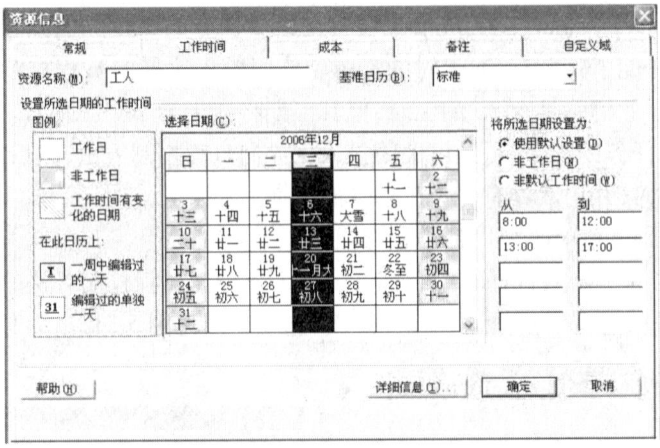

图 5-29 "使用默认设置"对话框

(5)如果在第 4 步中单击了"非默认工作时间"单选按钮,那么请在"从"框中键入希望工作开始的时间,在"到"框中键入希望工作结束的时间。

(6)单击"确定"按钮。如果资源组具有相同的特殊工作时间和休息日,则可为他们创建一个新的基准日历。请单击"工具"菜单中的"更改工作时间"命令。单击"新建"按钮,然后输入新基准日历名。单击"新建基准日历"单选按钮来从默认日历开始创建。

如果要根据原有的日历新建日历,则可单击"复制"单选按钮,然后在"日历"框中单击原有日历的名称。单击"确定"按钮,然后在日历中修改工作日和小时。单击"视图"菜单中的"资源工作表"命令,然后在希望为其指定日历的资源的"基准日历"域中选择新基准日历。

三、为任务分配资源

当为任务分配资源时,就创建了一个工作分配。读者可为任何任务分配任何资源,并可在任何时刻更改工作分配。可以为一个任务分配多个资源,并指定资源在任务上是全职还是兼职。如果分配给资源的工时超过了显示在资源工作时间日历中的每工作日的全职工作时间,那么 MS Project 将在资源视图中用红色显示过度分配的资源名称。

(1)单击"视图"菜单中的"甘特图"命令。

(2)在"任务名称"域中,单击希望为其分配资源的任务,然后单击"分配资源"按钮。

(3)在"名称"域中,单击希望分配给任务的资源。

(4)要指定资源兼职,可以在“单位”列中输入或选择小于 100 的百分比,该百分比表示读者希望资源在任务上花费的工作时间的百分比。要分配几个不同的资源,请按住“Ctrl 键”并单击资源名称。要分配多个相同的资源(如两个木匠),可在“单位”列中输入或选择大于 100 的百分比。如果必要,可在“名称”列中输入新资源的名称。见图 5-30。

(5)单击“分配”按钮。“名称”列左边的选中标记表明该资源分配给了选定的任务。

(6)单击“关闭”按钮。

读者可用一个资源替换另一个资源,选定希望替换其资源的任务。在“资源分配”对话框中,选定已分配的资源,然后单击“替换”按钮。选择要分配的一个或多个资源,然后单击“确定”按钮。

四、修改任务工期

当为任务分配多个资源时,MS Project 会自动减少任务的工期。例如,某个任务具有一个工作日的工期,并分配了一个有 8h 工时的资源。使用投入比导向日程控制方法,如果读者分配了第二个资源,任务仍然具有 8h 的工时,但其工期将减少为半个工作日。

如果希望更改任务的工时量,则可关闭投入比导向日程控制方法,然后指定其他资源。任务将具有 16h 的工时,并仍然具有一个工作日的工期。

(1)单击“视图”菜单中的“甘特图”命令。

(2)在“任务名称”域中,选择希望为其关闭投入比导向日程控制方法的任务。

(3)单击“任务信息”按钮 ,然后单击“高级”选项卡。见图 5-31。

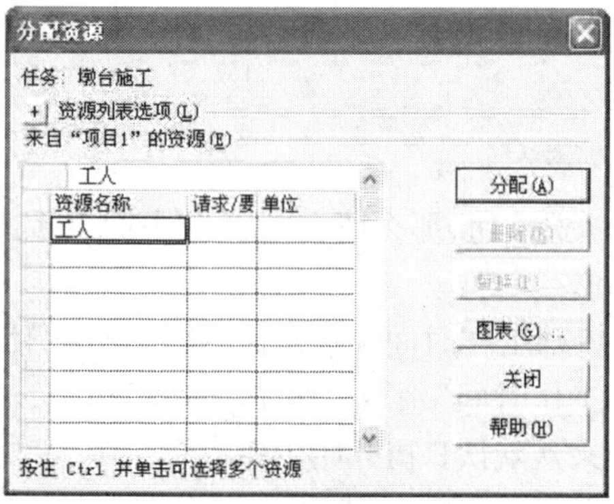

图 5-30 “分配资源”对话框

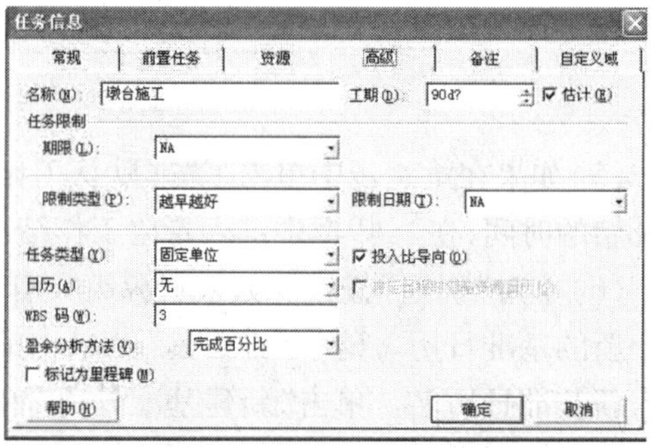

图 5-31 “任务信息”对话框

(4)清除“投入比导向”复选框,然后单击“确定”按钮。

现在当读者分配其他资源时,任务工期将不发生变化。

可以为所有新建的任务关闭投入比导向日程控制方法。原有任务将不受影响。请单击“工具”菜单中的“选项”按钮,然后单击“日程”选项卡,再清除“新任务为投入比导向”复选框。

五、检查和编辑资源分配

“资源使用状况”视图显示项目资源,以及分配给这些资源并按其分组的任务。使用“资源使用状况”视图,读者可以查找在指定任务上为每个资源安排的工时数,并可以查看过度分配的资源,还可确定每个资源具有多少可用时间能用于其他工作分配。

(1)单击“视图”菜单中的“资源使用状况”命令。要查看关于资源分配的不同的信息,例如,工时和成本,请指向“视图”菜单中的“表”子菜单,然后单击希望在“资源使用状况”视图中查看的表。见图 5-32。

(2)在“资源名称”列中,核查资源分配。

(3)如果要重新将任务从一个人分配给另一个人,则可选择整行移动,将鼠标指针放置在“标识号”域(最左边的列)上,然后将任务拖动到新位置。

读者可以将时间刻度更改为其他刻度,如周,如果更适合项目的话。单击“格式”菜单中的“时间刻度”命令,然后更改“主要时间刻度”和“次要时间刻度”区域中“单位”框中的值。

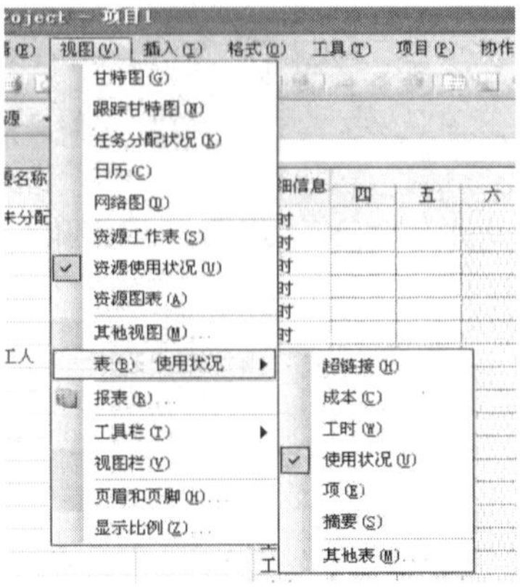

图 5-32 查看资源分配的不同信息

更改视图或表不会对项目添加信息,也不会从项目中删除信息;它仅更改显示的项目信息。如果资源名称为红色并且为粗体,则资源为过度分配。

第四节 使用 MS Project 管理成本

无论读者是需要考虑每个任务的费用还是整个项目的成本,通过输入资源在任务上工作的工资率或固定的任务成本费率,都可使读者查看到项目是否还处于预算范围内。读者可选择何时增加成本,输入资源的每次使用成本费率和加班工资率,并为加薪进行计划。当完成本课程后,读者就已经为资源和任务输入了成本信息。如果不需要跟踪项目中的成本,请单击左边的“查看日程”跳到下一课程。

一、为资源分配成本

MS Project 允许读者为人员和材料资源分配支付费率,从而可以精确地管理项目成本。读者可为资源分配标准工资率、加班工资率或每次使用成本费率。

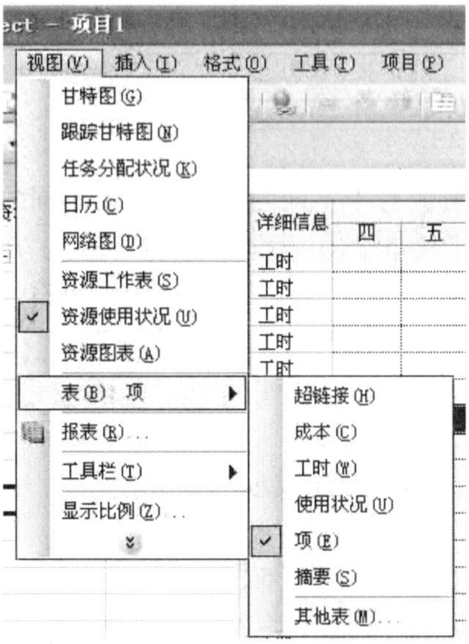

图 5-33 “项”命令对话框

(1)单击“视图”菜单中的“资源工作表”命令。

(2)指向“视图”菜单中的“表”子菜单,然后单击“项”命令。见图 5-33。

(3)在“资源名称”域中,选择资源或输入新资源名。见图 5-34。

(4)在“类型”域中,如果资源为工人或机器,则可单击“工时”选项,如果资源为材料或供应品(如水泥),则可单击“材料”选项。

(5)对于工时资源,请在“标准工资率”、“加班工资率”或“成本/使用”域中输入资源支付费率。对于材料资源,在“材料标签”域中,输入材料资源的度量单位(如吨),并在“标准工资率”或“成本/使用”域中输入支付费率。

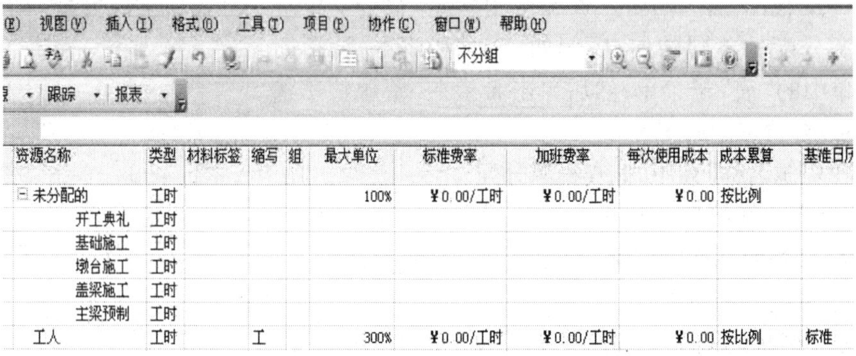

图 5-34　选择资源或输入新资源名

(6)按 Enter 键。可为输入的任何新资源设置默认的标准工资率和加班工资率。请单击“工具”菜单中的“选项”按钮,然后单击“常规”选项卡。在“默认标准工资率”和“默认加班工资率”框中,输入新的支付费率。如果希望将该设置作为默认值用于所有将来的项目,则可单击“设为默认值”按钮。见图 5-35。

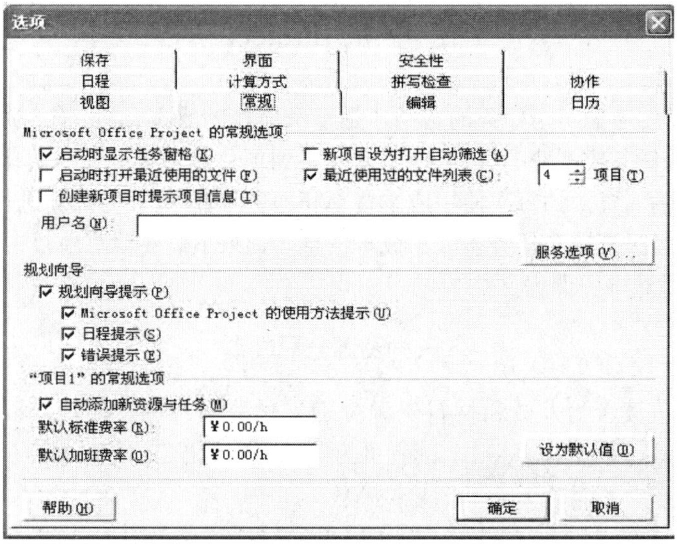

图 5-35　设置默认的标准工资率和加班工资率

如果资源的支付费率在项目过程中发生变化,或如果资源对于不同的工作分配有不同的支付费率,或者如果使用不同级别的材料,则可单击“视图”菜单中的“资源工作表”命令。在“资源名称”域中,选择资源,然后单击“项目”中的“资源信息”按钮,在“成本”选项卡中输入信息(图 5-36)。

二、设置固定任务成本

当读者清楚与任务相关的精确成本,如设备成本时,则可输入固定成本。

(1)单击“视图”菜单中的“甘特图”命令。

(2)指向“视图”菜单中的“表”子菜单,然后单击“成本”命令。见图 5-37。

(3)在任务的“固定成本”域中,输入成本。见图 5-38。

(4)按 Enter 键。

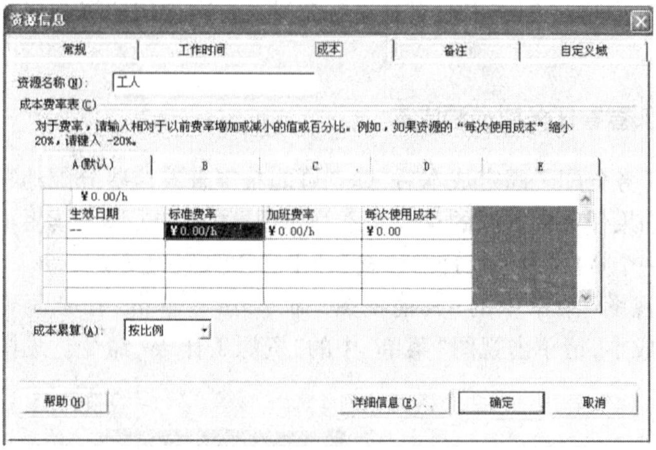

图 5-36　输入支付费率

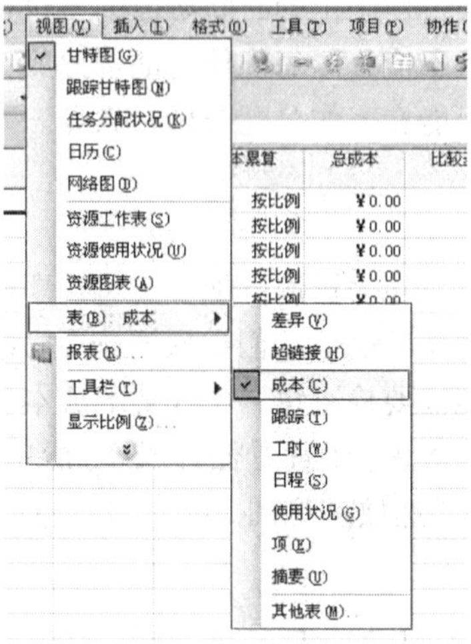

图 5-37　单击"成本"命令

	任务名称	固定成本	固定成本累算	总成本	比较基准	差异
1	开工典礼	¥5,000.00	按比例	¥5,000.00	¥0.00	¥5,000
2	基础施工	¥200,000.00	按比例	¥200,000.00	¥0.00	¥200,000
3	墩台施工	¥300,000.00	按比例	¥300,000.00	¥0.00	¥300,000
4	盖梁施工	¥100,000.00	按比例	¥100,000.00	¥0.00	¥100,000
5	主梁预制	¥500,000.00	按比例	¥500,000.00	¥0.00	¥500,000

图 5-38　输入成本

注意：在"成本"表中，当固定成本累加时，也可通过选择"固定成本累算"域中的累算方法来进行更改。

三、定义成本累算的时间

在 MS Project 中，资源成本是按默认方式来进行分派的。成本累算分布于整个工期中。不过，读者可以更改成本累算方法，从而使得资源成本在任务开始或结束时生效。

(1)单击"视图"菜单中的"资源工作表"命令。见图 5-39。

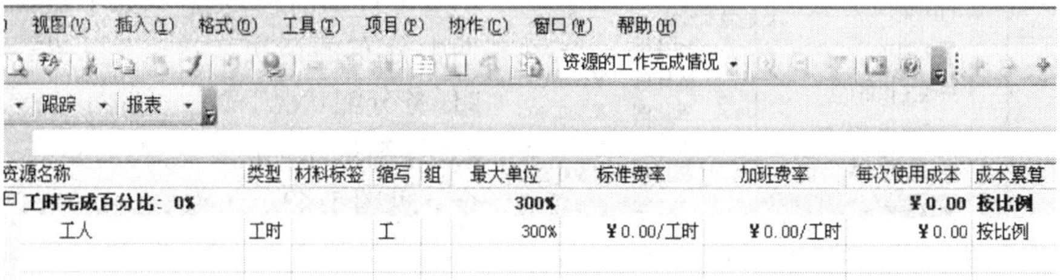

资源名称	类型	材料标签	缩写	组	最大单位	标准费率	加班费率	每次使用成本	成本累算
工时完成百分比: 0%					**300%**			**¥0.00**	**按比例**
工人	工时		工		300%	¥0.00/工时	¥0.00/工时	¥0.00	按比例

图 5-39　资源工作表

(2)指向"视图"菜单中的"表"子菜单，然后单击"项"命令。

(3)在"成本累算"域中，单击所需使用的累算方法。

当为资源输入了按时间分段变化的支付费率，并使用"按比例"成本累算方法时，成本将通过使用正确时间阶段的支付费率而得到计算,并且在任务的完成过程中可能发生变化。读者不能分派每次使用的资源成本,或在任务分配结束时对其进行累算。每次使用的资源成本只能在工作分配开始时累算。

四、查看任务或资源成本

在为资源分配了支付费率或为任务分配了固定成本后,读者可能希望查看这些分配的总成本以确信它们在预期范围之内。如果任务或资源的总成本不符合预算的要求,那么读者可能需要检查每一个任务的成本和每一个资源的任务分配,以查看可减少成本的地方。

(1)要查看任务成本,请单击“视图”菜单中的“其他视图”命令,然后单击“任务工作表”选项。见图5-40。要查看资源成本,请单击视图“菜单”中的“资源工作表”命令。见图5-41。

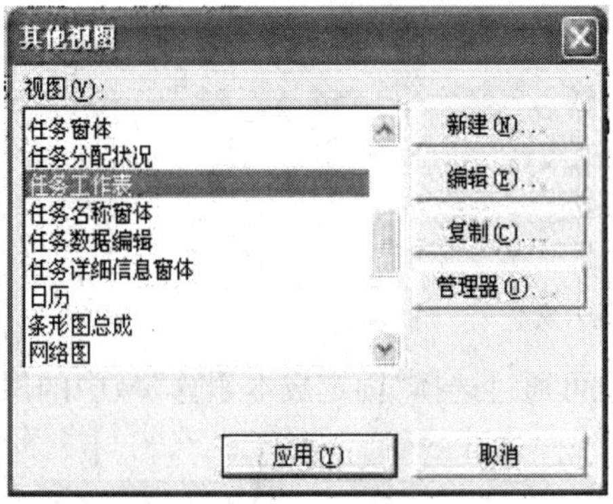

图5-40 单击“资源工作表”命令

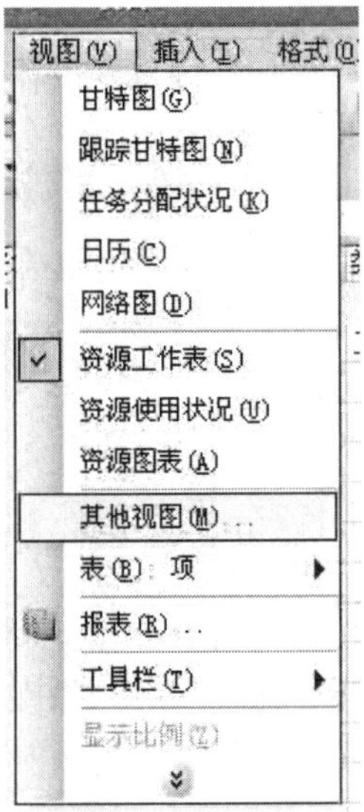

图5-41 查看资源成本

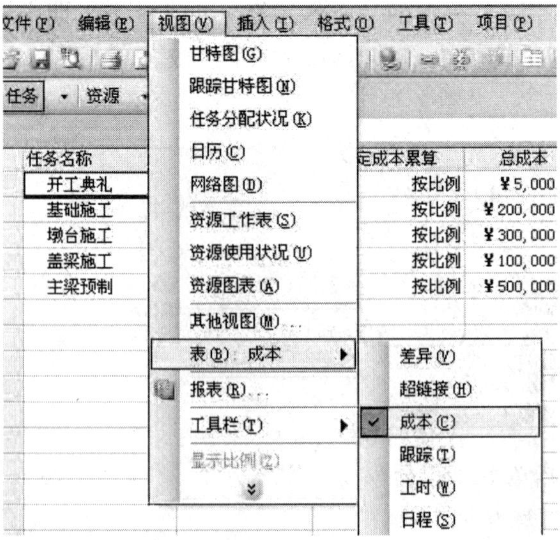

图5-42 “表”子菜单

(2)指向“视图”菜单中的“表”子菜单,然后单击“成本”命令。见图5-42。

也可在“任务分配状况”视图中通过显示成本详细信息,来查看成本在整个任务工期中分布的情况。单击“视图”菜单中的“任务分配状况”命令。指向“格式”菜单中的“详细信息”子菜单,然后单击“成本”命令。见图5-43。

通过单击“视图”菜单中的“资源使用状况”命令,然后指向“格式”菜单中的“详细信息”子菜单并单击“成本”命令,读者可查看资源成本的详细信息。也可通过单击“视图”菜单中的“资源图表”命令,然后指向“格式”菜单中的“详细信息”子菜单并单击“成本”或“累计成本”命令以图形化来查看资源的成本总计。见图 5-44。

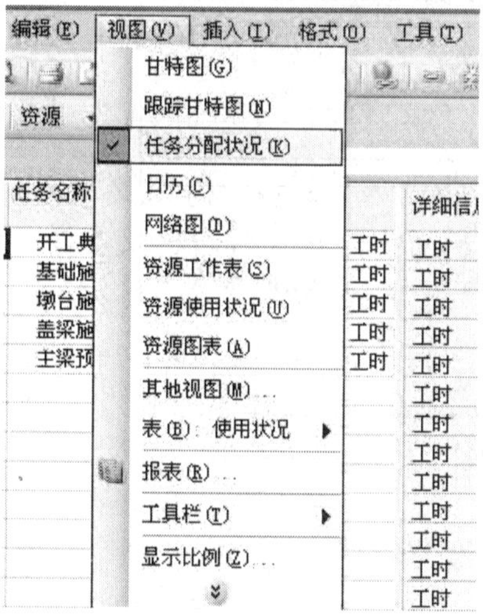

图 5-43　查看成本分布情况

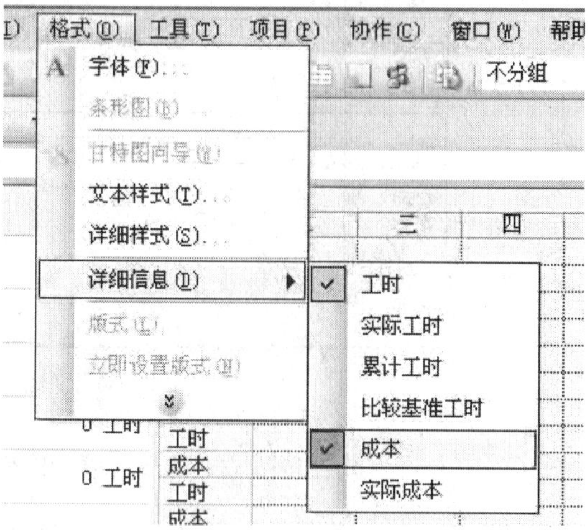

图 5-44　查看资源成本详细信息

五、查看整个项目的成本

读者可以查看项目当前的比较基准、实际和剩余成本来确定项目是否在整个预算内。在 MS Project 每次重新计算项目时，都将更新这些成本。

（1）单击“项目”菜单中的“项目信息”命令。见图 5-45。

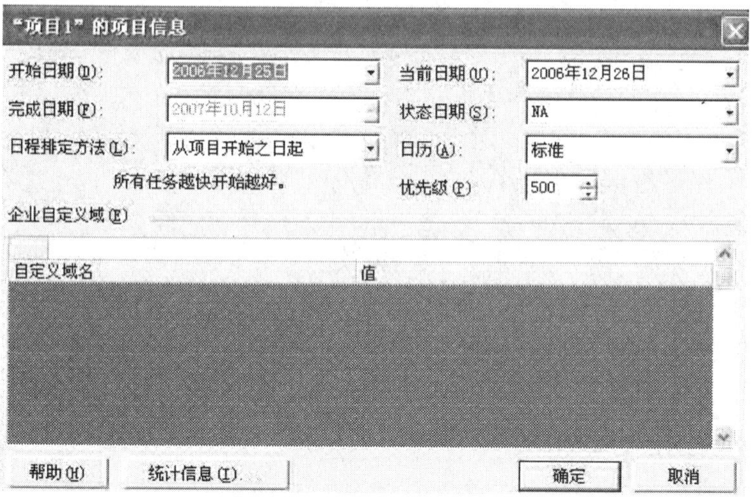

图 5-45　“项目信息”对话框

（2）单击“统计信息”按钮。见图 5-46。

（3）在“当前”行的“成本”列标题下，可查看项目的总计划成本。

在设置比较基准并开始跟踪实际成本后，读者可比较“比较基准”域和“实际”域来查看项目成本是否按预期进行。随着实际工时的进行，读者也可通过比较“当前”和“剩余”域的差异来查看是否有足够的资金可用来完成项目。

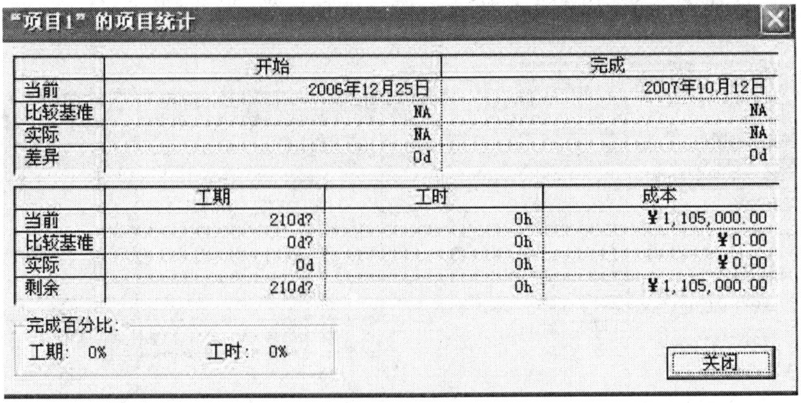

"项目1"的项目统计

	开始	完成
当前	2006年12月25日	2007年10月12日
比较基准	NA	NA
实际	NA	NA
差异	0d	0d

	工期	工时	成本
当前	210d?	0h	¥1,105,000.00
比较基准	0d?	0h	¥0.00
实际	0d	0h	¥0.00
剩余	210d?	0h	¥1,105,000.00

完成百分比:
工期: 0%　　工时: 0%
关闭

图 5-46　“统计信息”对话框

复习思考题

1. 如何使用 MS Project 编制施工进度计划图?
2. 如何为任务分配资源?
3. 如何评价施工进度计划的成本?

第六章　公路工程施工组织设计示例

公路工程施工组织设计主要是用来指导公路施工实践的基本技术经济文件，是对公路施工项目实行科学管理的重要手段，是公路项目施工中不可缺少的重要组成部分。

本章选用××水电站场内交通工程左岸低线公路施工组织设计实例来介绍工程概况、常见的施工方案和施工方法、工程进度图、施工总平面图、主要材料、机具、设备设计和工程质量控制与施工组织保证措施等内容。

第一节　工 程 概 况

××水电站位于四川省××市××县××乡境内的大渡河干流，为大渡河干流水电规划的第 14 梯级电站，坝址区位于海流沟上游约 3km 河段的中高山峡谷地区，具有一个"Ω"形的嵌入河曲，峡谷出口以下有宽广的阶地。大渡河为不通航河流，泸定—石棉的 S211 省道穿越工程坝址区，从电站枢纽区南行 40km 至石棉，接 108 国道向东北方向约 50km 至汉源，由汉源向东约 40km 至成昆铁路乌斯河车站，由汉源向北经雅安约 297km 至成都；从挖角乡往北 72km 可至泸定，全线道路都为三级及以上公路或高速公路，电站对外交通条件较好。

××电站场内交通工程左岸低线公路起于省道 S211 线 K355 +500 附近，沿大渡河左岸逆流而上，经电站挖角渣场(1 号渣场)、海流沟沟口接省道 S211 线，沿现有公路上行经下游临时吊桥左岸桥头(高程 970m)、坝址至上游临时吊桥左岸桥头(高程 985m)附近止。

一、工 程 概 况

(一)概述

本合同段范围为 K1 +700 ~ K5 +400(线路终点)，路线全长 3.7km。工程区内两岸山体雄厚，谷坡陡峻，基岩裸露，自然坡度一般为 40° ~65°，相对高差一般在 600m 以上，两岸零星发育 I、II 级阶地，I 级阶地拔河高度 8 ~15m，II 级阶地拔河高度 20 ~30m，为基座阶地。同时工程区内植被覆盖率高，呈立体分布，高中山区以林地为主，河谷平坝区以农作物为主。

(二)本项目公路的技术标准

公路等级：矿山二级。

设计行车速度：30km/h。

设计荷载：汽车—60 级、挂车—100 级(海流沟桥挂—300)(即现行《公路工程技术标准》(JTG B01 —2003)中的公路—Ⅱ级)。

平曲线最小半径：25m(1 处)。

路基宽度：12m。

路面宽度：10.5m。

路面结构形式：水泥混凝土路面。

最大纵坡：5.6%(1 处)。

设计洪水频率:大中桥 1/100,路基、小桥涵 1/50。

(三)本项目主要工程内容及工程数量

路基挖方:3.246 万 m^3。

路基填方:1.66 万 m^3。

防护工程:1.36 万 m^3。

涵洞工程:141m(钢筋混凝土盖板涵)。

桥梁工程:中桥 1 座(30mT 梁)。钢筋 49.7t,钢绞线 8.7t,混凝土 1 485.6m^3,片石混凝土 523m^3。

水泥混凝土面层:3.6 万 m^2。

二、本标段自然地理条件

(一)地理位置

本项目位于四川××市××县××乡境内,路线起点位于省道 S211 线 K355+500 附近,止点位于坝址至上游临时吊桥左岸桥头(高程 985m)附近。

本项目从电站枢纽区南行 40km 至石棉,接 108 国道向东北方向约 50km 至汉源,由汉源向东约 40km 至成昆铁路乌斯河车站,由汉源向北经雅安约 297km 至成都;从挖角乡往北 72km 可至泸定,全线道路都为三级及以上公路或高速公路。

(二)气候条件

本项目区属亚热带湿润气候区,最高气温多发生在 7、8 月。据石棉气象站资料统计,多年平均气温 16.9℃,极端最高气温 39.2℃(1988 年 5 月 3 日),极端最低气温 -3.9℃,多年平均年蒸发量 1 637.5mm(20mm 蒸发器),多年平均相对湿度 69%,多年平均风速 2.3m/s,多年平均年降水量 801.3mm,历年最大日降水量 108.6mm,年平均降水日数 143d。

(三)地形地貌

本项目工程区内两岸山体雄厚,谷坡陡峻,基岩裸露,自然坡度一般在 40°~65°,相对高差一般在 600m 以上,左岸海流沟、右岸铜槽沟为较大的支沟,海流沟口以上大渡河河谷呈"V"形峡谷,向下游河谷相对较宽缓。工程区河谷呈"Ω"形的嵌入河曲形态,河水流向由和平沟上游的近 EW 向,转为 SW26°~47°通过上坝址,在铜槽沟口大渡河一约 135°的大转弯向东流经下坝址,海流沟口以下急转向南流。枯水期河水位 952~957m,水面宽 40~70m,水深 7~11m,正常蓄水位 1 130m 时谷宽 380~470m,向下游河谷变宽,两岸地形坡度相对略缓。

两岸零星发育 I、II 级阶地,I 级阶地拔河高度 8~15m,为基座—堆积阶地;II 级阶地拔河高度 20~30m,为基座阶地。

(四)地质构造及地震

本项目工程区位于川滇南北向构造带北段,为南北向与北西向、北东向等多组构造的交汇复合部位。大地构造部位属扬子准地台西部构造单元康滇地轴范畴,其西侧以锦屏山—小金河断裂、磨西断裂为界与雅江冒地槽褶皱带相邻,东面及东北面以金坪断裂、二郎山断裂为界分别与上扬子台褶带和龙门山台缘褶断带相连。

本项目工程区基岩以澄江期花岗岩类为主。其中灰白色、微红色黑去二长岩(r24-1)分布在上、下坝址,以中粒结构为主。肉红色正长花岩(rk24-4)具中细粒结构,主要分布在上坝址上游桃坪以西、铜槽沟一带,其他地段则呈透镜体分布于黑云二长花岩之中。工程区第四系松散堆积物主要有冲积、洪积、崩坡积等,河床覆盖层为含漂(块)卵砾石层,一般厚 10~20m,

最厚处为 20.5m,具上游较薄,往下游渐渐变厚的特点。

本区的抗震设防烈度为 VIII 度,经国家地震安全性评定委员会审定,××水电站坝址 50 年超越概率 10% 的地震动峰值加速度为 247cm/s^2,结合××水电站场内交通工程使用功能,左岸低线公路大部分位于电站库区及施工区,是电站施工期临时道路,故在公路设计时临时道路不考虑地震影响,永久道路按地震动峰值加速度 247cm/s^2 考虑。

(五)水文及水文地质条件

××水电站坝区多年平均流量为 1 010m^3/s,年径流深为 507.8mm,年径流总量为 318.5 亿 m^3。坝区常年洪水流量为 4 100m^3/s,相应洪水位为 964.4m。洪水频率 2% 时洪水流量为 6 430m^3/s,水位高程为 968.8m,洪水频率 1% 时洪水流量为 6 880m^3/s,水位高程为969.6m。现阶段设计正常蓄水位 1 130m,相应坝顶设计高程为 1 135m。

本项目工程区地下水类型按赋存条件可分为基岩裂隙水和第四系松散堆积层孔隙潜水两种类型。基岩裂隙水按其埋藏条件可进一步分为基岩裂隙潜水和基岩裂隙承压水。

三、本标段工程条件

(一)交通

本项目工程区内现有省道 S211 线公路,其为山岭重丘区三级公路,路基宽度在 6.0 ~ 7.5m,路面宽度在 5.0 ~ 6.0m,为沥青表处路面,其和较为发达的地方路网衔接。本项目路线基本上是沿老路布设,交通运输条件良好。

(二)供水、供电

本路段较大的地表水主要有大渡河,水流量较大,此外沿山谷多发育树枝状支沟,汇成山间小溪,水流资源较丰富,无腐蚀性,水质纯净,可作为生活及生产用水。

沿线地区电力供应较充足,施工用电可以解决,可根据需要搭接临时高压线和变压器以满足桥梁及构造物施工用电。

(三)地材

本路段除大型构造物用的中粗砂外,其他建筑材料质量较好、储量较丰富,且运距较短;地方道路均可作为本项目筑路材料及设备的运输道路,交通较为便利。

第二节 施工方案和施工方法

本合同段主要工程项目为路基、桥梁、涵洞、防护等工程项目。施工线路长 3.7km,施工以桥梁、石方爆破、路基填方、防护工程及构造物等的施工为制约要素。

一、总体施工方案

(一)施工准备

施工准备是工作全面开工的前提和先决条件,它直接影响到施工任务的完成,涉及全合同段的征地拆迁,进场运输便道、临时电力干线、通信、施工生活用水等各个方面,开工前做好施工准备工作,为施工队伍进场创造良好条件,为全面开工及早形成生产力创造条件。

(二)路基施工

路基土石方工程全部采用机械化施工,先处理特殊路基地段,多个工点同时作业,先施工无桥涵的路段。桥涵位置待桥涵完成后进行缺口填筑。软土路基的施工应避开雨季,严格按设计及规范进行施工，控制好工程质量。在路基施工之前，对路基范围内的表土、危石、杂草、树木、淤泥等进行清除，碾压后再填筑路基。在取、弃土时注意水土流失和环境保护工作，以防止水土流失侵害农田、村庄，运土时避免土石沿路洒落，影响周围环境。

（三）防护与排水施工

根据路基施工的情况决定防护与排水施工，路基施工过程中，进行设置必要的排水设施，填方路段路基施工时，先开挖两侧的排水沟，加快路基地面土的排水固结作用，并防止路基土浸入农田，路堤边坡成型后，立即进行边坡防护，以防止雨水冲刷边坡；挖方路段施工时，及时开挖截水沟，防止山坡上的雨水冲刷边坡，并根据不同的路段采用不同的防护措施。为利于路基的稳定，防护与排水应衔接。对高填方和易滑坡塌方地段先防护或一边路基施工一边防护。

（四）桥梁施工

本合同段的桥梁工程海流沟中桥（1-30m 预应力 T 梁）。上部结构为预应力混凝土 T 梁；下部构造是 U 形桥台，基础为扩大基础。

1. 下部结构

桥台采用明挖扩大基础。根据地质情况，扩大基础采用机械开挖为主，人工开挖为辅进行施工；台身、帽梁根据其高度采用支架法进行施工；全部模板采用钢模；混凝土由混凝土搅拌站用拖拉机送到混凝土灌注点，台身混凝土根据台身高度采用一次或分次浇筑完成，扩大基础、帽梁采用一次浇筑完成。

2. 上部结构

本合同段的桥的上部结构为预应力混凝土 T 形梁，根据桥位和周边地形、地貌、交通，采用就近集中预制、运输，用双导梁、人字扒杆架设。

（五）涵洞及通道施工

沿线涵洞分散，施工时采取分散作业，多点施工的方案进行。

（六）路面施工

混凝土路面采用集中拌和、摊铺、压实、养护的方法施工。

二、路基土石方及特殊路基的施工方案和施工方法

路基施工包括开挖土石方、填筑土石方和弃运土石方及特殊路基处理工程等。本合同段路基施工有挡土墙、排水及防护工程，包括边沟、排水沟、截水沟、路堑墙、挡土墙等多项施工内容，主要有机械开挖、装、卸、填、运、压、砌和人工清理，辅助爆破等流水作业。

（一）施工准备

路基土石方正式开工前，认真做好线路复测和现场核对，发现问题按有关程序及时提出修改意见并上报审批，同时把中桩和水准点基桩增设加密至满足和方便施工生产的需要。详细调查现场，认真测量路基断面，制订土石方调配方案。

清除路基范围内的树根、草皮、垃圾、有机物残渣，挖除淤泥等。做好路堤坡脚和路堑顶的临时排水设施，截断地表水流入路堤、路堑区域内，并保持畅通。邻近既有道路或材料运输主便道的地段，疏通或改移排水系统，以确保既有道路或材料运输主便道的安全。

（二）路基填筑施工

1. 路堤基底的处理与填料选择

为使路堤填料与原地面两者结合紧密，避免路堤沿基底发生滑动，防止因草皮、树根腐烂而引起路堤沉陷，需视基底的土质、水文、坡度和植被情况及填筑高度采取相应的处理措施，加

强地表及地下水的排出，必要时增设盲沟。

(1)伐树、除根及表土处理

路堤填筑时如果不清除结合面上的草木残株等有害于路堤稳定的杂物，路堤成形后一旦杂物腐烂变质，地基将发生松软和不均匀沉陷等现象，为了预防这种情况，就必须在填土之前做好伐树、除根和表层土壤处理工作。特别当路基填筑高度小于1.0m时，就注意将路基范围内的树根、草丛全部挖除。伐树、除根和清除草丛作业可采用人工方法或机械方法。应注意的是对草丛等不能用火烧的办法，因为火势不易控制，稍有不慎，即会造成烧山毁林等严重后果。

如基底的表层土系腐殖土，则须用挖掘机或人工将其表层土清除换填，厚度视具体情况而定，一般以不小于30cm为宜，并分层压实，压实度应符合规范要求。如发现草炭层、鼠洞裂缝、溶洞等，都必须处理好，以防造成日后塌陷。

(2)坡面基底的处理

填方路堤，如基底为坡面时，在荷载作用下，粒料极易失稳而沿坡面产生滑移，因此在施工前必须注意对基底坡面处理后方能填筑。当坡度较小，在1:10～1:5之间时，只需清除坡面上的树、草杂物后，将翻松的表层压实后即可保证坡面的稳定。当坡度较大，在1:5～1:2.5之间时，将坡面做成台阶形，一般宽度不宜小于2m，高度最小为1.0m，而且台阶顶面应做成向堤内倾斜4%～6%的坡度。如果基底坡面超过1:2.5时，则采用修护墙、护脚等措施对外坡脚进行特殊处理。

2. 路堤填料的选择

由于公路沿线土石的性质和状态不同，故路基的稳定性亦有很大的差异。为保证路堤的强度和稳定性，需尽可能选择当地稳定性良好并具有一定强度的土石作填料。

3. 填土路堤施工作业原则

(1)不同土质应分层填筑，层次应尽量减少，每层总厚度最好不小于0.5m。不得混杂乱填，以免形成水囊或滑动面。

(2)透水性差的土填筑在下层时，其表面应做成一定的横坡(一般为双向4%横坡)，以保证来自上层透水性填土的水分及时排出。

(3)为保证水分蒸发和排除，路堤不宜被透水性差的土层封闭，也不应覆盖在透水性较大的土所填筑的下层边坡上。

(4)根据强度与稳定性要求，合理地安排不同土质的层位，一般为：凡不因潮湿及冻融而变更其体积的优良土应填在上层，强度(形变横量)较小的土应填在下层。

(5)为防止相邻两段用不同土质填筑的路堤在交接处发生不均匀变形，交接处应成斜面，并将透水性差的土填在斜面的下部。

4. 施工方法

根据本合同段地形结构特点，路堤填筑采用水平分层填筑、纵坡分层填筑、横向填筑及混合填筑四种方法。分述如下：

(1)水平分层填筑法

填筑时按照横断面全宽分成水平层次，逐层向上填筑，如原地面不平，应从最低处分层填起，每填一层经过压实符合规定要求后再填上一层。

(2)纵向分层填筑法

宜于用推土机从路堑取料填筑距离较短的路堤，依法纵坡方向分层，逐层向上填筑碾压密实。对原地面纵坡大于12%的地段采用此法。

(3)横向填筑法

从路基一端或两端同时按横断面的全部高度,逐步推进填筑,仅用于无法自下而上填筑的深谷、陡坡、断岩、泥沼等运土和机械无法进场的路堤。横向填筑因填土过厚,不易压实时采取下列措施:

①选用高效能压实机械。

②采用沉陷量较小的砂性土或附近开挖路堑的废石方,并一次填足路堤全宽度。

③在底部进行拨土夯实。

(4)混合填筑法

即路堤下层用横向填筑而上层用水平分层填筑,使上部填料经分层压实获得需要的压实度。混合填筑法适用于因地形限制或填筑堤身较高,不宜采用水平分层法和横向填筑法自始至终进行填筑的情况。可以单机作业,也可多机作业,一般沿线路分段进行,每段距离以20~40cm为宜,多在地势平坦,或两侧有可利用的山地土场的场合采用。

5.路堤填筑的机械作业

路堤填筑根据不同的施工条件,采用不同的施工机械进行作业。

(1)推土机作业

①推土机横向推填。即推土机由路基两侧或一侧取土,按水平分层的填筑方法进行施工。

②推土机纵向推填。当挖方土壤符合填土要求,开挖部分坡主小于1:5时且施工区域在半填半挖路基施工地段,采用推土机移挖作填可保证纵坡分层的压实质量并提高经济效率。

③推土机纵横向综合作业。对50~80m的填土路段,在作业条件同时符合上述①、②时,可采用推土机进行纵横向推填综合作业。即在路段中部设置横向送土道,用横向作业方式将两侧土送上路堤,再由另外的推土机纵向推送铺平压实。

(2)挖掘机(或装载机)与运输车辆配合作业

当取土位置较远或地形较为特殊的路段进行施工时,采用挖掘机(或装载机)与运输车配合作业,其工作过程比较简单,但对施工便道的要求较高。作业时,挖掘机(或装载机)按基本的作业方法给运输车装土,由运输车将土送到路堤并进行均匀卸料,然后由推土机或铲运机按规定厚度进行铺平,再由压实机械进行碾压,并达到压实要求。运输车装载容量必须保证大于装载斗容量的3~4倍,以提高机械的利用率。

6.路基边坡的机械化作业

填土路堤的路基边坡施工应按设计和规范要求的规定进行施工。

(1)放线

根据线路中桩和设计图表,通过放样定出边坡的位置、坡度,确定路基轮廓,做好边坡坡度试样,并据试样作为全面施工的参照。

(2)测量

对高路堤或深路堑,每做一段距离就要抄平放线一次,发现问题,及时纠正;尤其应注意测量检查变坡点处。

(3)余量

路基修筑(包括路堑、路堤)时,边坡部位要留有一定余量,以方便进一步修理后,达到设计要求的标准。

(4)临时排水

对已成形的填土路基的边坡,在路基填筑时要做好临时排水槽,以防止坡面因雨水洗刷渗透而造成边坡上的冲刷和流失。

(5)平地机或推土机进行坡面整形

使用平地机或推土机进行坡面整形前,应在作业段沿线路方向两端做好标准坡面或通过挂线方法设置基准线,然后按照设计坡度调整平地机的刮刀,使其与设计坡度相符后再进行刮坡施工,根据填土高度的不同,平地机刮坡可在一个平面或几个平面上进行,但必须是先刮好上平面后再刮下平面,由此往复,达到完成所有需修坡面路段的施工。

7. 土石路堤施工

(1)填料要求

一般情况下,石块强度大于20MPa时,就不易被压路机压碎,所以当土石混合料中石料强度大于20MPa时,其粒径不得超过压实层厚度的2/3,超过的应予清除。这有利于压实均匀,并在填筑时,不致使上下层石块重叠,避免碾压时不稳定。当土石混合料中所含石块为软质岩或极软岩(强度小于15MPa)时,易为压路机压碎,不存在强度较大石块产生的问题,故其粒径可与压实层厚度相同,但不宜超过层厚,超过的应打碎。

(2)填筑方案

土石路堤不采用倾填方案,只采用分层填筑,分层压实。

当土石混合料中石料含量超过70%时,宜采用人工铺填,即先铺填大片石料,且大面向下,放置平稳,再铺小片石料、石渣或石屑嵌缝找平,然后碾压。当土石混合料中石料含量小于70%时,可用推土机将土石混合料铺填,每层铺填厚度应根据压实机械类型和规格确定,不宜超过40cm。用机械铺填时注意避免硬质石块,特别是集在一起的尺寸大的硬质石块。

(3)填筑方法

①若将压实后渗水性差的细粒土填在路堤两侧,则雨后填筑于路堤中部渗水性好的土吸收的水分无法排除而降低路堤承载力,甚至在路堤中部形成水囊,使路面严重破坏。所以,压实后渗水性差异较大的土石混合填料应分层或分段填筑,不宜纵向分幅填筑。如确需纵向分幅填筑,应将压实后渗水性良好的土石混合料填筑于路堤两侧。

②土石混合填料一般来自不同的路段。如果均为硬质石料,则不论石料类别如何,可混在一起填筑;如果均为软质石料且压实后的渗水性基本相同,也可混在一起填筑。但如果来自不同路段的土石混合料的岩性或土石混合比相差较大,则应分层或分段填筑。如分层或分段填筑有困难,则应将硬质石块的混合料铺于填筑层的下面,且石块不得过分集中或重叠,上面再铺软石质料混合料,然后整平碾平。

③由于填石路堤空隙大,在行车作用之下易产生推移。所以,为使路面稳定,并保持较好的平整度,以利舒适行车。在土石路堤的路床顶面以下50cm范围内应填筑符合路床要求的土并分层压实,可使路床高程范围之内强度均匀一致,并有利于加强路面结构与土石路堤之间的结合。

(三)挖方路基施工

1. 土方路堑的开挖

(1)挖掘方案、方法

土方路堑的开挖全部采用机械施工。施工时严禁掏洞取土和乱挖乱掘,应从上自下开挖。根据本合同段特点,主要采取以下几种方案:

①对路段短且挖掘深度小于3m的路堑,采取单层横向全宽挖掘。主要机械为推土机。

②对路段短且控制深度大于3m的路堑,采取多层横向全宽挖掘。主要机械为挖掘机。

③对路段长且控制深度较小的路堑，采取分层纵向全宽挖掘。主要机械为铲运机。

④对路长且控制深度较大，两端路面纵坡较小的路堑，采取通道纵挖法，通过沿路堑纵向挖一通道向两侧拓宽至路堑边坡进行挖掘。主要机械为挖掘机。

⑤对路段长、弃土运距较远且傍山的路堑，当至少有一侧挖掘深度不大时，采用分段纵挖。路段长度小于100m时可用推土机作业；当超过100m时采用铲运机作业；超过500m时采用挖掘机。

⑥对路段长且挖深较大路段，采取多层横挖与通道纵挖法相结合进行挖掘。主要机械为挖掘机。

⑦对半填半挖路堑采用纵向分层挖掘，移挖作填。主要采用推土机施工。

此外，路基在开挖过程中，必须时刻注意保持边坡的稳定，不能乱挖超挖，移挖作填施工时，应随时对现场土样进行试验，不同指标的土样不能混填，应按分层或分段要求进行填筑压实，以保证其压实质量。开挖过程中应做好场内排水导流工作。如遇土质变化需修改施工方案时，应及时向监理报批；如因冬季或雨季影响，使挖出的土方不能及时用于填筑路堤时，应按路基季节性施工的有关方法进行处理；如路堑路床的表层下为有机土、难以晾干压实的土、CBR值小于规定要求的土或不宜作路床的土，均应清除换填，必要时还应设置渗沟，以保证满足路基深度的需要。如遇到特殊土质以及易于坍滑的土时，应按特殊土的有关要求施工。

挖方路基施工高程，应考虑压实的下沉值。绝不能将路基的施工高程与路基的设计高程（路线纵断面图上设计高程）混同，造成超挖或少挖，产生浪费或返工。

（2）排水设施的开挖

在路堑开挖前应作好截水沟，并根据土质情况做好防渗工作。施工期间应修建临时排水设施。临时排水设施应与永久性排水设施相结合，水流不得排入农田、耕地，污染自然水源，也不得引起淤积或冲刷。

①排水沟渠的位置、断面尺寸应符合设计图纸的规定。截水沟不应在地面坑洼处通过，必须通过时，应按路堤填筑要求将洼处填平压实，然后开挖，并防止不均匀沉陷和变形。

②平曲线外边沟沟底纵坡，应与曲线前后的沟底相衔接。曲线内侧不得有积水或外溢现象发生。

③路堑和路堤交接处的边沟应缓慢引向路堤两侧的天然沟或排水沟，不得冲刷路堤，路基坡脚附近不得积水。

④排水沟渠应从下游出口向上游开挖。同时，应保证排水设施沟基稳固，严禁将排水沟挖筑在未加处理的弃土上；沟形整齐，沟坡、沟底平顺，沟内无浮土杂物；沟水排泄不得对路基产生危害；截水沟的应用于路堑与截水沟间筑土台，并分层压（夯）实，台顶设2%倾向截水沟的横坡，上台边缘坡脚距路堑顶的距离不应小于设计规定。

（3）边坡开挖

土质路堑挖方段的边坡开挖基本上与填土边坡类似，注意在开挖前对边坡留有20～30cm的余量，以便于以后进行边坡修整，同时也避免边坡受雨水冲刷造成边坡亏方而增大防护工程量。

（4）弃土处理

本合同段弃方考虑设在海流沟沟口，施工时严格按照设计要求新修便道，将弃土运至弃土场。弃于弃土场内的土不能乱堆乱放，应按顺序分层堆放，并做好排水及防护设施等。

2. 岩石路堑破碎开挖

本合同段地处山区丘陵地段，沿线有许多傍山沿溪及集中或分散的岩石区域，石质坚硬，数量大。主要采取挖掘清理，空压机、挖掘机和带松土器的推土机与爆破作业方法配合开挖采石、运输。施工前，应对周边环境、边坡稳定性进行详细分析，并将爆破施工方案报主管部门审批，经主管部门同意后方可进行爆破作业。

（1）施工方案

开挖石方应根据岩石和类别、风化程度和节理发育程度等确定开挖方式，对于软石和强风化岩石，能用机械直接开挖的均应采用机械开挖和辅助人工开挖。凡不能使用机械或人工直接开挖的石方，才采用爆破法开挖。

①爆破区管线调查及起爆炸药的选用。石方需用爆破法开挖的地段，如空中有缆线，应查明其平面位置和高度；还应调查地下有无管线，如果有管线，应查明其平面位置和埋设深度；同时应调查开挖边界线外的建筑物结构类型、完好程度、距开挖界距离，然后制订爆破方案。任何爆破方案的制订，必须确保空中缆线、地下管线和施工区边界处建筑物的安全。爆破方案确定后，要进行炮位、炮孔深度和用药量设计，其设计图纸资料应报送有关部门审批，起爆炸药采用硝铵炸药、铵油炸药、TNT 炸药等敏感性较低的缓性炸药。

②爆破方法。爆破施工对边坡的稳定性影响很大，为保证边坡及滑坡的稳定，爆破时要密切注意。

a. 当石方风化较严重、节理发育或岩层产状对边坡稳定不利时，宜用小型排炮微差爆破，小型排炮药室距设计边坡线的水平距离不应小于炮孔间距的 1/2。

b. 当岩层走向与路线走向基本一致，倾角大于 15°，且倾向公路，或开挖边界线外有建筑物，施爆可能对建筑物地基造成影响时，应在开挖层边界，沿设计坡面打预裂孔，孔深同炮孔深度，孔内不装炸药和其他爆破材料，孔的距离不宜大于炮孔纵向间距的 1/2。

c. 开挖层靠边坡的两列炮孔，特别是靠顺层边坡的一列炮孔，宜采用减弱松动爆破。

d. 开挖边坡外有必须保证安全的重要建筑物，即使采用减弱松动爆破仍无法保证建筑物安全时，可采用人工开凿。

③爆破法开挖程序。石方爆破开挖必须严格按如下程序进行：施爆区管线调查→炮位设计与设计审批→配备专业施爆人员→用机械或人工清除施爆区覆盖层和强风化岩石→钻孔→爆破器材检查与试验→炮孔（或坑道、药室）检查与废渣清除→装药并安装引爆器材→布置安全岗和施爆区安全人员→炮孔堵塞→撤离施爆区和飞石、强地震波影响区内的人、畜→起爆→清除瞎炮→解除警戒→测定爆破效果（包括飞石、地震波对施爆区内外构造物造成的损伤及造成的损失）。

④施爆及排水。进行爆破作业时必须由经过专业培训并取得爆破证书的专业人员施爆。要注意开挖区的施工排水，在纵向和横向形成坡面开挖面，其坡度应满足排水要求，以确保爆破出的石料不受积水浸泡。

⑤边坡清刷工序如下：

a. 石质挖方边坡应顺直、圆滑、大面平整。边坡上不得有松石、危石。突出于设计边坡线的石块，其突出尺寸不应大于 20cm，超爆凹进部分尺寸也不应大于 20cm。对于软质岩石，突出及凹进尺寸均不应大于 10cm，否则应进行清理。

b. 挖方边坡应从开挖面往下分别清刷边坡，下挖 2 ~ 3m 时，应对新开挖边坡刷坡，对于软质岩石边坡可用人工或机械清刷边坡，对于坚石和次坚石，可使用炮眼法、裸露药包法爆破清刷边坡，同时清除危石、松石。清刷后的石质路堑边坡不应陡于设计规定。

c. 石质路堑边坡如因过量超挖而影响上部边坡岩体稳定时，应用浆砌片石补砌超挖的坑槽。如石质路堑边坡系易风化岩石，还应该砌筑碎落台。

⑥路床整修工序如下：

a. 石质路堑路床底高应符合设计要求，开挖后的路床基岩高程与设计高程之差应符合规范要求。如过高，应凿平；过低，应用开挖的石屑或灰土碎石填平碾压密实。

b. 石质路堑路床顶面宜用密集小型排炮施工，炮眼底高程宜低于设计高程 10 ~ 15cm，装药时宜在孔底留 5 ~ 10cm 空眼，装药量按松动爆破计算。

c. 石质路床超挖大于 10cm 的坑洼有裂隙水时，应采用渗沟连通，渗沟宽不宜小于 10cm，渗沟底略低于坑洼底，坡度不宜小于 5‰，使可能的裂隙水或地表渗水由浅坑洼渗入深坑洼，并与边沟连接。如渗沟底低于边沟底则应在路肩设纵向渗沟，沟底应低于深坑洼底至少 10cm，宽不宜小于 60cm；纵向渗沟由填方路段引出。渗沟应填碎石，并与路床同时碾压到规定的要求。

（2）爆破施工

①爆破设计内容如下：

a. 工程名称、概述、工程概况、爆破地点（桩号）、工程数量、地形特征、预计爆破范围、要求或预测爆破效果、工期；

b. 自然条件及工程地质、水文地质资料；

c. 爆破方案及类型说明；

d. 药室位置的布置图，包括平面图和导洞、药室剖面图、用药量和爆破网路的主要计算资料；

e. 施工方案和施爆步骤；

f. 爆破预计危险区；

g. 安全措施；

h. 劳力、机械、材料费用与经济指标；

i. 爆破施工的总平面图、纵横剖面图、药室位置图。平面图比例 1∶200 ~ 1∶500，在平面及纵横剖面上应示出爆破范围、药室位置、用于爆破工程的电缆、电线网络以及安全警戒位置等。

②爆破方法。本合同段主要采用中小爆破方法，一般情况下采取浅孔爆破法、深孔爆破法和松动爆破法相结合使用，以满足路堑开挖需要和必要的采石施工；对路堑边坡区域和需预留岩体的区域采取光面爆破和预裂爆破相结合进行施工，以保证边坡和预留岩体的稳定性。

a. 炮孔爆破的施工要点如下：

ⓐ炮孔位置的选择。炮孔的位置、方向和深度都会直接影响爆破的效率，合理地选择炮孔位置十分重要，在布置炮孔位置时，要尽量利用临空面较多的地形，或者有计划地改造地形，使前一次爆破为后一次爆破创造更多的临空面，这样可以提高爆破效果。此外，应防止炮孔的方向与临空面正交，否则，会使炮孔轴线与最小阻力线的方向一致，易于在爆破时首先将堵塞炮孔的封口崩落，而降低效果或失效。

ⓑ凿岩钻孔。凿岩钻孔分人工钻孔和机械钻孔，对小规模的浅孔爆破来用人工打孔，其他采用机械钻孔，钻孔主要以风钻为主，必要时配备适量的潜钻机钻孔。钻孔深度根据岩石爆破

的大小确定,一般为 1 ~ 15m。

ⓒ装药及堵塞。根据炮孔深度,其装药量一般为孔深的 1/3 ~ 1/2,堵塞炮孔采用 1 份黏土,2 份粗砂和含水量适当的松散材料进行堵塞。

b. 预裂爆破和光面爆破要点如下:

为了保证开挖断面符合设计要求并保证开挖区边坡的稳定和边坡平整以及预留岩体完整,施工时,在接近边坡一定的区域采用预裂爆破和光面爆破。

影响预裂爆破和光面爆破的效果主要是炮孔直径、孔距、孔深及装药量,施工中严格按照设计要求进行施工,并严格保持炮孔度在同一平面内。

c. 爆破施工的安全措施及瞎炮处理。爆破施工严格认真执行各有关爆破安全规程,做好爆破安全措施,有组织、有计划、有步骤地进行施工。对于瞎炮,按处理措施施工:

ⓐ应由原装炮人员当班处理,如不可能时,原装炮人员在现场将装炮的详细情况交代给处理人员。

ⓑ如果炮孔外的电线、导火索或导爆索经检查完好,可以重新起爆。

ⓒ可用木制或竹制工具将堵塞物轻轻掏出,另装入雷管或起爆药卷重新起爆。绝对禁止拉动导火索或雷管脚线,以及掏动炸药内的雷管。

ⓓ如系硝铵炸药,可在清除部分堵塞物后,向炮孔内浇水,使炸药溶解,或用压力水冲洗后,重新装药爆炸。

(四)路基压实施工

1. 填石路堤

填石路堤在压实之前,应用大型推土机摊平整。个别不平处应用人工配合以细石屑找平,使石块之间无明显高差台阶才便于压路机碾压。

填石路堤填料石块本身是密实而不能压缩的,压实工作是使各石块之间松散接触状变为紧密咬合状态。由于石块粒径较大,质量较大,必须选用工作质量 12t 以上的重型动压路机,或凸块式强夯碾压机以及 25t 以上的轮胎压路机,才能达到规定的紧密状态,用振动压路机压实时产生振动力和冲击力,可使石块产生瞬时振动而向紧密咬合状态移位。适宜的压实厚度和粒径应通过试验确定,但不应大于 50cm。

填石路堤应先压两侧后压中间,压实路线对于轮碾纵向相互平行,反复碾压。行与行之间应重叠 40 ~ 50cm;前后相邻区段应重叠 1.0 ~ 1.5m,其余注意事项与土质路基压实相同。

填石路堤使用各种压实机具时的注意事项与压实填土路基相同,而填石路堤压实到所要求的紧密程度所需的碾压或夯压的遍数由试验确定。

填石路堤顶面至路床顶面 30 ~ 50cm 范围内应填筑符合路床要求的土,并按要求进行压实。

2. 土石路堤

土石路堤的压实方法与技术要求,应根据混合料中巨粒土的含量多少确定。当混合料中巨粒土(粒径大于 200mm 的颗粒)含量多于 70% 时,其压实作业接近于填石路堤,应按填石路堤的方法和要求进行。当混合料中巨粒土的含量低于 50% 时,其压实作业接近于填土路堤,应按填土路堤的方法和要求进行。

土石路堤的压实度可采用灌砂法或水袋法检测。其标准干重度应根据每一种填料的不同,含石量的最大干重度作出标准干重度曲线,然后根据试坑挖取试样的含石量,从标准干重度曲线上查出对应的标准干重度。当采用灌砂法或水袋法检验有困难时，可根据填石路堤的方法进行检验，即通过12t以上振动压路机压实试验，当压实层顶面稳定，不再下沉（无轮迹）时，可判定为密实状态。

如几种填料混合填筑，则应从试坑挖取的试样中计算各种填料的比例，利用混合料中几种填料的标准干重度曲线查得对应的标准干重度，用加权平均的计算方法，计算所挖试坑的标准干重度。

土石路堤的压实度标准，可采用灌砂法或水袋法检验并符合填土路堤的压实度要求。也可按填石路堤的方法检验并应用灌砂法或用水袋法判定压实度是否合格。

（五）弃方的处理

弃方处理按设计及环境保护的要求进行。弃土应堆置整齐、稳定，有较规则的形状，并保证排水畅通。弃土堆的坡脚应根据图纸规定或监理工程师的指示进行防护加固。弃土堆放时，避免对周围的建筑物排水及其他任何设施产生干扰和损坏，避免对环境造成污染。

为配合理解，此部分内容详见：挖方路基施工工艺流程图（图6-1）、路基填筑施工工艺框图（图6-2）。

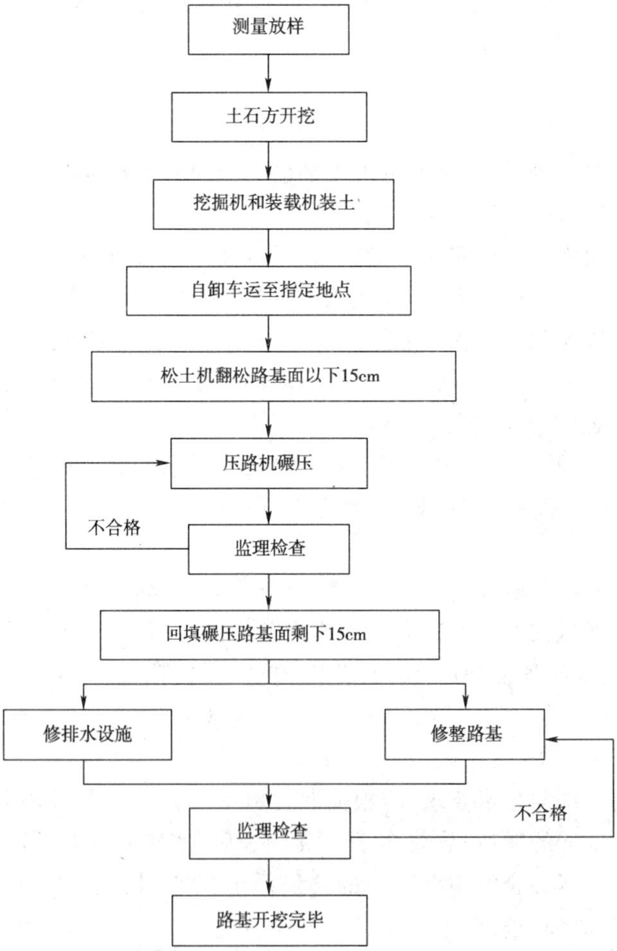

图6-1　挖方路基施工工艺流程图

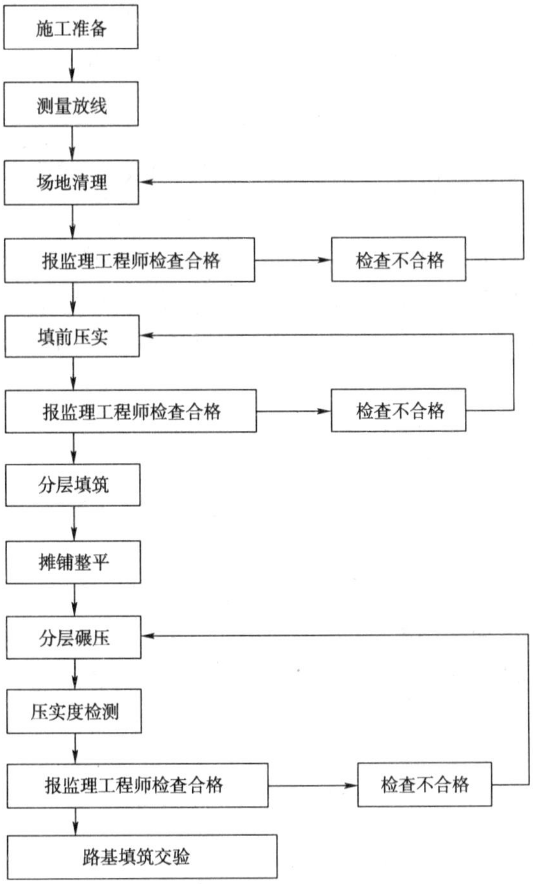

图6-2　路基填筑施工工艺框图

三、防护及排水工程施工方案和施工方法

（一）施工方案

本标段路基排水与防护工程在具体施工中采用小型灵活的混凝土拌和设备和小型发电机，并与路基施工相适应。

（二）施工方法

1. 边坡修整

当路堤填土完工，路基沉降基本稳定，即开始路堤修坡、边坡防护及排水工程施工。本合同段路堤边坡根据路基填土自上而下按高度分段：0～8m边坡坡率为1∶1.5；填土高度8m以上时，8m以下部分边坡坡率为1∶1.75，并在8m处设置1.5m宽护坡道；路堑边坡根据路基挖方高度自下而上分段：挖方超过8m时，在8m处设置2.0m宽挖方平台并开挖平台沟，对深挖地段，其挖深每超过8m设置一级平台，其各级坡率根据地质确定；挖方坡脚处设1.0m宽碎落台。

（1）路堑边坡施工做到完整、平顺、无危石；路堑边坡中部设有平台时，路基截水、排水、防渗和检查设施要符合设计要求，确保边坡平台稳定，排水设施完善。路堑边坡按设计要求的坡度，自上而下进行刷坡。

（2）路堤边坡施工应做到平顺、密实、稳固。路基两侧超填的宽度要进行切除，遇边坡缺土时，挖成台阶，分层填补夯实。

(3)边坡受雨水冲刷形成小冲沟时,将原边坡挖成台阶,分层填补,仔细夯实。要保证边坡棱角分明,坡面平顺、密实,外形美观。

2. 路基排水

本合同段路基排水设施由边沟、排水沟、截水沟、急流槽、边坡平台排水沟、天然河沟等组成。均采用7.5号浆砌片石。路面排水设施由路肩排水组成,同时考虑了路面结构渗透水排除问题。排水设施严格按设计和规范要求进行施工。路基、路面排水设计均为永久性设施,为确保工程质量,施工时严格按《公路路基施工技术规范》(JTG F10—2006)及时做好临时防排水设施。

(1)路基施工的同时应及时做好排水工程,尤其在雨季到来之前,工地沿线应排水顺畅,以防雨水冲刷路基和结构物。排水系统施工时采用见缝插针、灵活多变的原则,确保以最短的工期完成。

(2)填方路基根据设计要求和实际情况,设置边沟和排水沟。

(3)沟的排水应引入涵洞或路基以外的沟谷,边沟和涵洞接合处应与涵洞洞口建筑配合,以使边沟水流顺畅引入涵洞。截水沟的平纵转角处应设置半径不小于5m的圆曲线。截水沟应选择适当出水口,将水引入沟谷中或导入排水沟中。沟长度不宜超过排水沟并尽量采用直线。排水沟长度不宜超过500m,并应与其他水道连接做到顺畅。

(4)石铺砌边沟。截水沟和排水沟的砌体砂浆配合比应准确,砌缝均匀饱满,纵缝平顺密实;砌体内侧及沟底座平顺,沟底不积水;砌体抹面应平整、直顺,不得有裂缝、空鼓现象。

3. 挡土墙施工

(1)施工方案

①施工前应作好地面排水工作,在松软地层或坡积层地段基坑不得全段开挖,以免在挡土墙完工以前发生土体坍滑,必须采用跳槽开挖、及时分段施工的办法施工。

②基坑开挖后若发现基础与设计要求有出入,应根据情况调整设计。

③片石挡土墙的底部、顶部和墙面外层,选用较整齐的大片石砌筑。

④墙址处的基坑在墙身砌筑一定高度后应及时回填夯实,并做成外倾斜坡,以免积水下渗,影响墙身的稳定。

⑤片石挡墙应错缝砌筑。

⑥墙背回填需待砂浆强度达70%以上方可进行,墙背填料应符合设计要求,回填应逐层填筑,逐层夯实。夯实时应注意勿使墙身受较大冲击影响。当墙后地面横坡陡于1∶5时,应先挖台阶,然后再回填。

⑦石料、水泥混凝土或水泥砂浆强度等级应符合设计要求。

⑧应做好施工现场清理。平整夯实、场内注意排水畅通。

⑨背墙回填时,应按图纸规定的位置和要求,设置防、排水设施。

(2)施工方法

①根据工地特点、工期要求及施工条件,结合自己的设备能力,作出施工组织设计,在开始砌筑前报监理,经监理批准后,才开始砌筑。

②砌筑时必须两面立杆挂线或样板挂线,外面线应顺直整齐,逐层收坡,内面线可大致适顺。在砌筑过程中应经常校正线杆,以保证砌体各部尺寸条例图纸要求。

③挡土墙基础直接置于天然地基上时,应经监理工程师检验同意后,方可开始砌筑。当有渗透水时应及时排除,以免基础在砂浆初凝前遭水浸害。

④墙基础置于软弱土层中,地基承载力不能保证图纸要求的强度时,按设计规定或经监理

工程师批准,采用加宽基础或其他措施。浸水或近河路基的挡土墙基础的设置深度,应符合设计,且不小于冲刷线以下 0.5m。

⑤当墙基础设置在岩石的横坡上时,应清除表面风化层,并做成台阶形,台阶的高宽比不得大于 2∶1,台阶宽度不小于 0.5m。

⑥沿墙长度方向地面有纵坡时,应沿纵向按图纸要求做成台阶状。

⑦砌筑基础的第一层时,如基底为基岩时,应先将其表面清洗湿润,坐浆砌筑。砌筑工作中断后再进行砌筑时,将砌层表面清扫和湿润。

⑧砌体分层坐浆砌筑,砌筑上层时,不应振动下层,不得在已砌好的砌体上抛掷、滚动、翻转和敲击石块。砌体砌筑完成后勾缝。

⑨工作段的分段位置宜在伸缩缝和沉降缝之处,各段水平缝应一致分段砌筑时,相邻段的高差不宜超过 1.2m。

⑩墙基槽的开挖和回填应符合设计和规范要求。

⑪墙体的沉降缝、伸缩缝、防水层、泄水孔,符合图纸规定或按监理工程师的指示位置。墙体背面应设置反滤层,并保证泄水孔畅通。

⑫浆砌片石挡土墙的砌筑,按图纸要求及规范有关规定进行。

为配合理解,此部分内容详见:浆砌块、片石挡墙及边沟、护坡工程施工工艺框图(图 6-3)。

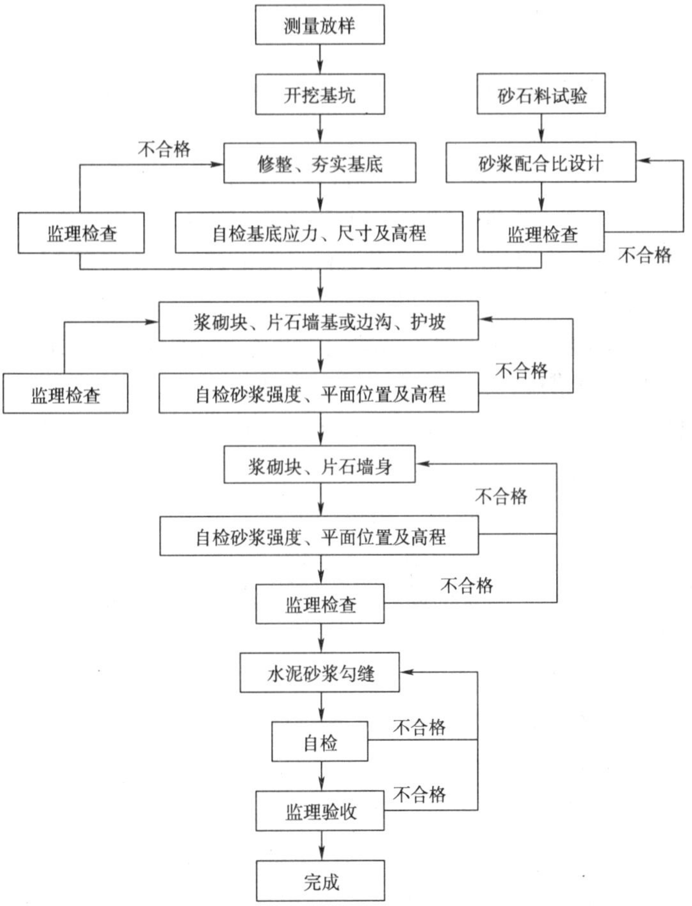

图 6-3　浆砌块、片石挡墙及边沟、护坡工程施工工艺框图

四、涵洞工程的施工方案和施工方法

(一)施工方案

施工前,核实涵洞进出口高程,以确保进出口与原沟衔接顺适,进口应做好水流集纳处理,出口则要做好水流疏导和消能处理。施工时机械配合人工挖基,砂浆、混凝土用机械拌和,钢筋混凝土盖板在预制场集中预制,人工配合机械进行安装。

(二)施工方法

1. 施工准备与施工措施

大部分涵洞均布设在原地沟壑处,施工前做好地表水临时排水设施,做好施工地段冲沟截水设施。沿着线路纵向、既有道路或机耕道修建涵洞的材料运输便道。

2. 各种材料的要求

(1)混凝土、水泥砂浆、钢筋、石料等材料符合图纸要求和技术规范的规定。

(2)模板、支架符合图纸要求。

(3)垫层材料应符合下列要求:

①砂:采用洁净的中、粗砂,含泥量不应大于5%,有机质含量不大于1%。

②砂砾碎石材料粒径不大于50mm,含泥量不超过5%,含砂量不超过40%。

③石灰土符合图纸要求和规范的规定。

3. 一般要求

(1)在开工之前,向监理工程师提供本工程的有关施工方法和施工安排的书面报告,获得监理工程师的批准后,才能开工。

(2)在开工之前,会同业主、监理工程师和设计代表全线核查结构物的位置、涵底高程、进出水口高程、角度、结构形式。将现场情况与设计图纸不吻合的资料重新确认后施工。

(3)排水构造物的基槽开挖和回填,按规范有关规定进行。对于涵洞,当混凝土砌体的砂浆强度达到设计强度的70%以上时,方可进行回填。

(4)排水构造物的基槽底面夯实到图纸规定的压实度,若基槽底面的地质状况与图纸要求不符时,处理方案和加固措施经监理工程师审核批准后实施。

(5)在软弱地基上修筑涵洞时,应在软基处理达到图纸规定及监理工程师批准的沉降期终了之后进行。

(6)为防止排水构造物的基底冲刷,严格按图纸要求施工;若监理工程师根据实际地形指示增加基底深度,按监理工程师的指示执行。

(7)所有砂浆砌体以及养生和表面缺陷修整弥补均应按《公路桥涵施工技术规范》(JTJ 041—2000)①的有关规定执行。

(8)所有地面以下的隐蔽工程,在经监理工程师检验合格之后,才能掩埋。

(9)禁止施工机械直接在涵洞盖板上通过;涵洞盖板上方填土高度大于0.5m时,经监理工程师书面批准,方可通过施工机械。

(10)预制混凝土构件符合下列规定:

①构件按图纸所示尺寸制模,外型轮廓线条应顺直,其端面必须垂直平底面。

---

① 该规范于2011年修订,新规范号为JTG/T F50—2011。

②当构件外露表面宽度小于200mm时,应用整块模板或在内侧(与混凝土接触部分)铺衬适当材料,使外露表面上不得出现搓板及接缝痕迹。

③所预制构件成品。表面应清洁平整,没有蜂窝、麻面、离析、坑洞、破角或其他缺陷,且无外部涂刷的痕迹;外形轮廓清晰,线条顺直,无翘曲现象。

④预制构件的混凝土强度必须达到设计强度的70%以后,才允许脱底模。

4. 盖板涵施工

(1)挖基

基础开挖应符合图纸及规范要求。当在原有灌溉水流的沟渠修筑时,开挖临时通道保护好灌溉水流;基槽开挖后,保护好基槽的暴露面不致破坏,紧接着进行垫层铺设等作业。

(2)垫层与基础

砂砾垫层为压实的连续材料层,压实度95%以上,按重型击实法试验测定;砂砾垫层分层摊铺压实。

当用石灰土作垫层时,混合料的配合比设计在施工前报监理工程师批准;施工中拌和均匀,分层摊铺,分层压实,压实度在90%以上,按重型击实法试验测定。

混凝土基座按规范规定施工,基座尺寸及沉降缝符合图纸要求,沉降缝位置与盖板的接缝位置相一致。

盖板涵基础按图纸或监理工程师的指示,结合土质及路基填土高度设置预留拱度。

(3)涵洞施工

现浇混凝土涵洞的台帽、台身、一字墙为整体式,台身和基础可以连续浇筑,也可不连续浇筑。八字式洞口或锥坡式洞口与涵台之间应是分离式。

混凝土的涵台及基础分别浇筑时,将基础顶面与涵台相接部分拉成毛面。基础、涵台及洞口建筑(帽石除外)采用石砌时,符合相应规范的要求。

涵台或盖板,按图纸设置的沉降缝处分段修筑。

图纸要求将钢筋混凝土盖板用锚栓与涵台锚固在一起时,按图纸规定或监理工程师批准的其他方法固定锚栓;设计有支撑梁时,在安装或浇筑盖板之前完成。

(4)台背填土

必须在支撑梁(或涵底铺砌)及盖板安装且砂浆强度及箱涵混凝土强度达到设计强度的75%以后,方可进行填土,两个涵台同时对称填筑,按规范进行回填。在涵洞上填土时,第1层的最小摊铺厚度不得小于300mm,并防止剧烈的冲击。

(5)沉降缝

设置沉降缝的道数、缝宽和位置符合图纸所示或监理工程师的指示,并按图纸规定填塞嵌缝料。

为配合理解,此部分内容详见:盖板涵施工工艺流程图(预制吊装)(图6-4)。

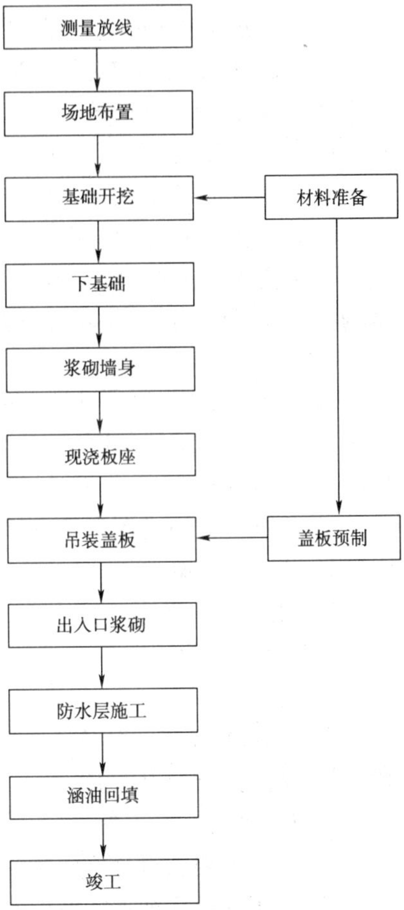

图6-4　盖板涵施工工艺流程图(预制吊装)

五、桥梁工程的施工方案和施工方法

（一）桥梁工程概述

1. 工程概况

（1）概述

海流沟中桥是××水电站左岸低线公路上ZK1+735~ZK1+780处的一座1-30T梁桥。下部采用重力式U形桥台，扩大基础，全长45m。

（2）结构特征

下部构造：桥台基础为扩大基础，采用C20片石混凝土，桥台为U形桥台，C20混凝土台身。

上部构造：30m预应力混凝土T梁，采用后张法施工。

2. 一般施工方法

模板、支架应具有足够的强度、刚度和稳定性，能可靠地承受施工过程中可能产生的各项荷载，保证构造物的设计形状、尺寸及各部分相互之间位置的准确性，模板的接缝务必严实、紧密，确保不漏浆。模板规格符合规范要求。

钢筋必须通过质量鉴定，合格的才能使用。制作钢筋时，在整直、除锈、切断、弯制、焊接或绑扎等工序中，应严格按规定执行。

基础挖方开始之前，应清理现场，检查、测量现有地面高程。开挖进行到图纸所示或监理工程师指定的高程后，应对地基进行检测，根据检测数据确定最终开挖深度。在挖方的整个施工期间，要始终保持良好的排水。

回填必须采用砂卵石材料，分层摊铺压实。桥台的回填，应同时在两侧及基本相同的高程上进行，特别要防止对结构物形成单侧土楔受压。

结构混凝土：所用材料必须符合规范规定，不合格的材料坚决不使用，并清除出场。混凝土在拌和、运输、浇筑、捣压、养生的全过程中，应严格把关，做到每道工序都符合要求。对各类结构的混凝土和不同气候条件下的施工，要采用与之相适应的施工工艺，保证结构物内实外美，尺寸精确。

预应力混凝土：建造、选用符合设计要求的张拉台座和预应力系统，采用的器材、设备应满足施工需要。进场的钢筋、钢丝、钢绞线和锚具等钢材必须通过质检合格，混凝土和水泥浆所用的材料应符合规定。

梁板安装：预制梁在起吊、运输、装卸过程中，须防止构件发生倾倒、滑动或跳动等现象。安装时，应保证准确就位、安置平稳，形成整体结构。施工中，要注意安全，防止发生人员伤亡和构件受损事故。

（二）施工方案

1. 结构特征

本合同段桥梁工程的施工主要以海流沟中桥的施工为主，进度也是受其制约。海流沟中桥上部结构为30m预应力混凝土T梁，下部构造为U形桥台，基础为扩大基础。

2. 施工要点

（1）施工前要求对全桥两桥台中心位置进行精确放样。

（2）施工前要仔细斟酌模板的选用，浇注混凝土时一定要防止模板的变形和位移。T梁就近采用场地预制，人字扒杆吊装施工。

(3)为了扩散应力,预应力锚具在梁端布置力求均匀。

(4)预制时,混凝土强度达到设计强度的90%后,方可张拉预应力钢束,并及时进行压浆。张拉锚下控制应力为 $\sigma_k = 0.75R_{by} = 1\ 395\text{MPa}$,张拉采取双控,以张拉引伸量进行校核。

(三)各分项工程的施工方法

1. 下部结构的施工

本桥桥台设计为扩大基础,扩大基础开挖土质部分按放坡开挖,必要时加设挡板或适当放缓边坡。施工岩层部分时,采用电钻钻孔,小炮爆破,人工凿石检底,坑壁局部加以修凿,人工装渣,扒杆配合卷扬机提升;对于风化严重的岩层和倾斜岩层必须清除至新鲜面,并挖成台阶;基坑渗水时,在基坑内设集水井,采用抽水机排出坑外,保持基坑处于无水状态。基底到达设计高程和岩层后,取样检测地基承载力,基底达到要求后及时进行基底处理和封闭。

扩大基础采用建筑组合钢模立模现浇,混凝土采用机械拌和,人工手推车配合小型翻斗车运输,入仓高度超过2.0m时,加挂带有缓冲装置的串筒,混凝土振捣采用直径为50mm插入式振动棒捣固密实。桥台台身顶面高程以下台尾超挖的岩层部分,用20号片石混凝土填塞密实。桥梁基础为片石混凝土填充片石的数量不超过混凝土体积的25%,片石厚度不少于15cm,片石抗压强度不少于30MPa,在使用前必须进行清扫、冲洗干净,不得使用风化、裂纹和锈斑的片石。片石均匀放置其净距不少于10cm,片石表面离桥台及基础的表面距离不得少于15cm,片石不得接触钢筋或预埋件。

施工注意事项:

①在无水土质基坑底面,基坑平面尺寸每边应放宽0.5~1.0m或模板施工要求的宽度。对有水基底面,应预留四周开挖排水沟与汇水井的位置,每边放宽0.8~1.2m。设计要求采用坑壁为土模灌注混凝土时,基底尺寸为基础轮廓,满灌混凝土。

②在基坑顶面四周适当距离设截水沟,以避免地表水沿边坡流入基坑,冲塌坑壁或浸泡基底。截水沟应设纵坡,使地表水尽快排出,避免沟中积水渗入土层,影响坑壁稳定。

③坑项边缘应留护道,避免在此范围内加载,以保持顶边稳定,静载距坑缘不小于0.5m,动载距坑缘不小于1.0m。在垂直坑壁坑缘顶面的护道还应适当增宽,荷载距坑缘距离应满足不使土体坍塌为限。

④使用机械开挖时,不得破坏基底土的结构,可在设计高程上保持一定厚度(约30cm),由人工开挖。

⑤基坑应安排在少雨气候时施工,基坑开挖不宜间断,并连续进行基础灌注混凝土施工。避免开挖后的基坑暴露过长影响基底的承载力。

⑥混凝土灌注完成后,基坑土层部分宜用原土及时回填,岩层部分用片石混凝土填塞密实,对桥台及有河床铺砌的桥墩基坑,均应分层夯实。

2. 上部结构的施工

预应力T形梁采用集中预制、扒杆架设安装的方法施工。

(1)预应力T梁的预制

①预制场布置要点如下:

a. 预制场布置在海流沟口处。

b. 本项目30mT梁共6片,故只设两个台座即可满足生产需求,台座具体布设视场内地质情况而定。

②普通钢筋制安。钢筋下料尺寸要精确,各种预埋件质量要符合规范要求,位置要准确。

主梁钢筋骨架应附在特制的活动吊架下绑扎，以防绑扎时钢筋骨架倾倒和扭曲。通长钢筋应采用电焊连接，预应力筋孔道定位钢筋网片要焊牢，坐标要准确。保护层砂浆垫块强度等级不低于 C50，形状方正，绑扎在钢筋网上。

③预埋件埋设。孔道采用波纹管成孔，波纹管定位管道每隔 1m 用定位筋固定一道，严格控制波纹管坐标偏位在 5mm 以内，并且固定可靠，接头闭封牢固，避免漏浆。注意按梁号预埋箱梁连续用的预埋钢筋，预留负弯矩预应力管道，伸缩缝的预埋钢筋及防撞栏杆的预埋钢筋，这些预埋件的位置一定要准确，否则可能给下一步工序带来很大困难。

④穿束要点如下：

a. 穿束前应校对钢束上标签注明的束号，长度等无误后方可使用。

b. 钢绞线伸出孔外的长度两端要相等，并满足工作长度。穿入后应再检查一遍波纹管（特别是接头）有无脱落、破坏及松动现象，并及时修补后再安装模板。

⑤安装模板要点如下：

a. 底模用混凝土地胎模形成，表面锚一层薄钢板，地胎模高出地面 30cm 并在体内留有间距为 60cm 的对穿孔道，台座侧面钉一层防漏浆橡胶条或贴海绵。中心位置距端头 0.8m 处设置两块 30cm × 100cm 的活动底板，以便拆除后兜底吊梁钢丝绳扣先期穿过进行移梁作业，对应处的翼缘顶板设预留孔。

b. 侧模采用租赁的钢模，要求精度较高，强度和刚度较好。该钢模的特点是拆装方便，侧模板数量 2 套；附着式振捣器水平间距 1.6m，上下交错布置，一套模板 30 台附着式振捣器。体外拉杆采用 ϕ18 钢筋，间距 0.7m。安装模板几何尺寸、竖直度等应符合设计及施工规范要求，长度方向必须每次用 50m 钢尺检查。

⑥混凝土工程要点如下：

a. 混凝土拌制。用容量 500L 的强制式拌和机现场拌和，生产能力 $10m^3/h$，一片梁需浇筑 6h 左右。拌和混凝土的材料要严格执行规范要求，用 52.5 级普通水泥（峨眉水泥）、中砂、0.5 ~ 2cm碎石，外掺高效减水剂。进料要严格按照配合比确定的材料用量，搅拌时间不少于 2min，入模坍落度控制在 7 ~ 14cm 范围内。按规定要求制作和养护混凝土试件。

b. 混凝土浇筑工序如下：

ⓐ梁混凝土的振捣用附在模板上的附着式振捣器和人工手持的插入式振捣器同时进行，由于翼板部位较薄，插入式振捣器不易振实，采用平板振动器。

ⓑ梁底板较宽较厚的，混凝土浇筑分两步进行。

ⓒ拆模时用人工折模。脱模后在端隔板上用油漆标明梁号、预制日期，便于落梁就位。

⑦施加预应力要点如下：

a. 待梁体强度达到设计强度 90% 即 45MPa 时即进行预应力张拉工作。

b. 采用两端张拉。张拉时两端千斤顶升降压、划线、测伸长等工作应一致。采用应力应变双控，理论伸长量与实际伸长量的偏差不得超过规范规定，否则应停止张拉，查明原因并采取措施后再继续张拉，并且做好张拉记录。张拉完成后，按规范要求：每索钢绞线断丝、滑移总和不超过 1 丝；每个张拉横断面断丝、滑移总和不超过该断面钢丝总数的 1% 。

⑧压浆封锚要点如下：

a. 孔道压浆采用水泥净浆，水灰比控制在 0.4 以内并掺入减水剂。水泥浆必须过细筛，避免堵塞压浆嘴。压浆前先用空压机对预应力管道进行高压清孔，按自下向上的顺序压注水泥净浆，直到排出浓浆后堵塞出浆口，压力保持在 0.6MPa 左右，持压 5min。

b. 梁端封锚采用与梁体同强度等级的混凝土，注意一定要严格控制梁长。

⑨横移存放。压浆并达到一定强度时即可移到旁边的储梁场，存放时要采取防倾倒措施。

(2)预应力T梁的安装

①安装过程要点如下：

a. 预先按要求做好风缆绳、卷扬机的锚桩，将所有机具、设备运至现场。

b. 安装好卷扬机、滑车及钢丝绳，竖好主扒杆的人字辅助扒杆。

c. 立好主扒杆，将风缆绳、牵吊绳等安装到位，对卷扬机、钢丝绳等重要部件仔细检查并试车，检查各部件运转是否正常，若有不正常迹象应立即检查，排除故障后进行下步操作。

d. 起梁运输：将轨道平车拉至台座附近，准备好支撑预制梁的木料，用卷扬机将梁的一头缓慢吊起，小心移至轨道平车上，移动时一定要平稳，防止梁倾倒。

e. 吊装就位：当梁运至安装孔附近时，将梁的前端固定在牵吊绳上，再由牵引绳牵动梁体移动，直至悬空拉到对面的墩台上。

整个吊装过程中要做到实时监控，随时注意情况变化，发现问题立即停止操作，排除问题后方可继续吊运。

②安全措施要点如下：

a. 施工期间应经常与水文、气象单位取得联系，根据水文、气象的长期、中期和短期预报指导施工安排。

b. 对于安全生产关系重大的设施如卷扬机、钢丝绳等，必须指定专人经常检查。

c. 现场必须建立明确的岗位操作责任制，严格执行统一指挥、统一信号、统一行动，除指定的现场指挥人员外，其他人不得直接发号施令。

d. 为了确保施工安全，梁段架设后在边梁设临时栏杆，上下作业设防滑木梯。

e. 桥头设有警卫，非施工人员不得进入作业区。

(3)桥面系的施工

①桥面施工时要一次性立好桥面模板，整体浇成。

②桥面铺装先绑扎桥面钢筋网，再安装泄水管以及预埋件，然后确定浇注顺序，报请监理批准。

③桥面铺装时要严格按图纸所示的位置及尺寸预留好伸缩缝工作槽。桥面铺装混凝土表面要按图纸的要求及高程摊铺，并用整平板整平。

④防水层应根据图纸规定设置，防水层应横桥向闭合铺设，底层表面应平顺、干燥、干净，沥青防水层不宜在雨天或低温下铺设。浇筑外侧防撞护栏时，要按照桥面宽度的设计变化浇筑护栏，不可将护栏浇筑成折线，护栏在伸缩缝处断开。

3. 有关混凝土浇筑、养护的说明

(1)混凝土浇筑施工

预制梁部分由设于预制场内的拌和机提供现场拌和混凝土。

(2)混凝土养护

混凝土在气温较低时采用覆盖麻袋保湿保温养护，侧面钢模用彩条布覆盖，以控制内外温差。气温较高时，未脱模部分混凝土表面蓄水养护，已脱模表面洒水养护或用塑料薄膜全封闭等方法，养护期一般为8～15d。在养护期间必须保证混凝土表面充分的润湿，并不得形成干湿循环。

为配合理解，此部分内容详见：扩大基础施工工艺框图(图6-5)、墩台身施工工艺流程图

(图6-6)、后张法预应力T梁预制施工工艺流程(图6-7)。

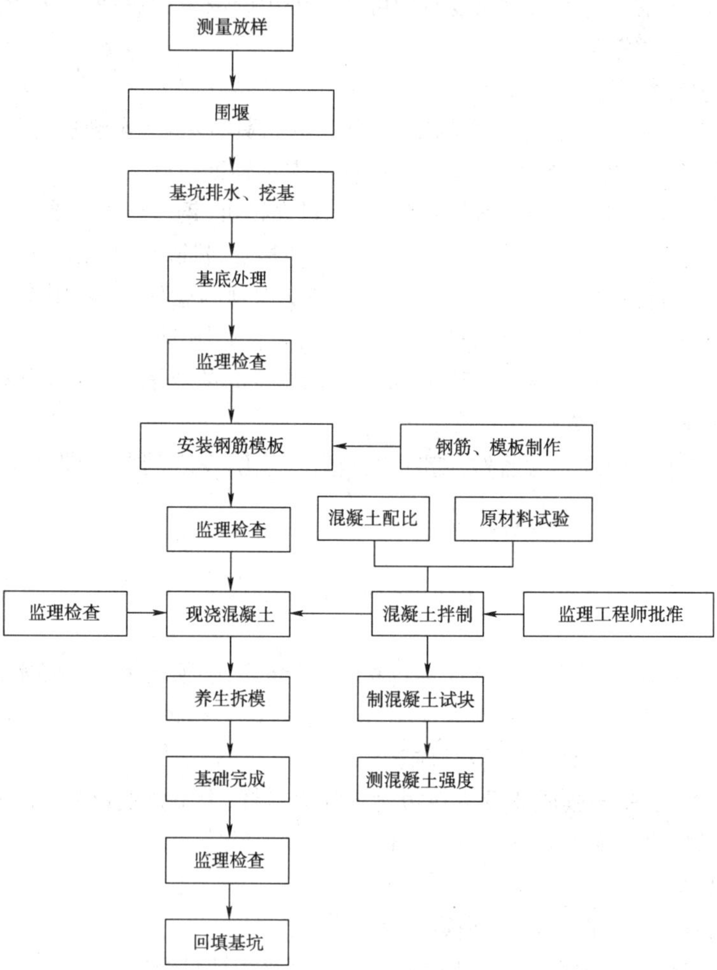

图6-5　扩大基础施工工艺框图

六、路面工程的施工方案和施工方法

(一)级配碎石底基层的施工

1. 路床检验

在路面级配碎石底基层施工前,应将路基表面的浮土、杂物全部清除,并洒水湿润。对路基平整度、纵横坡度、宽度、压实度进行检查,如有能不满足规范要求的项目,找出原因,及时进行处理。如发现路基有严重问题,上报监理工程师。提出合理的经监理工程师批准的修正方案,待路基各项技术指标完全满足规范要求后,方可进行级配碎石底基层的施工。

2. 摊铺碾压

级配碎石采用路拌法,路面级配碎石底基层采用推土机摊铺,平地机找平。摊铺重点是平、匀、快。严格控制摊铺厚度,严禁薄层摊铺、贴补或超厚度摊铺。摊铺表面要平整,砂砾料级配要良好,对局部要进行人工摊铺,摊铺后的砂砾料应无明显离析现象,对平地机找平过程中产生的粗集料"窝"采取清除换填级配砂砾处理。碾压采用振动压路机,严禁压路机在已完成的或正在碾压的路段上掉头和紧急制动。

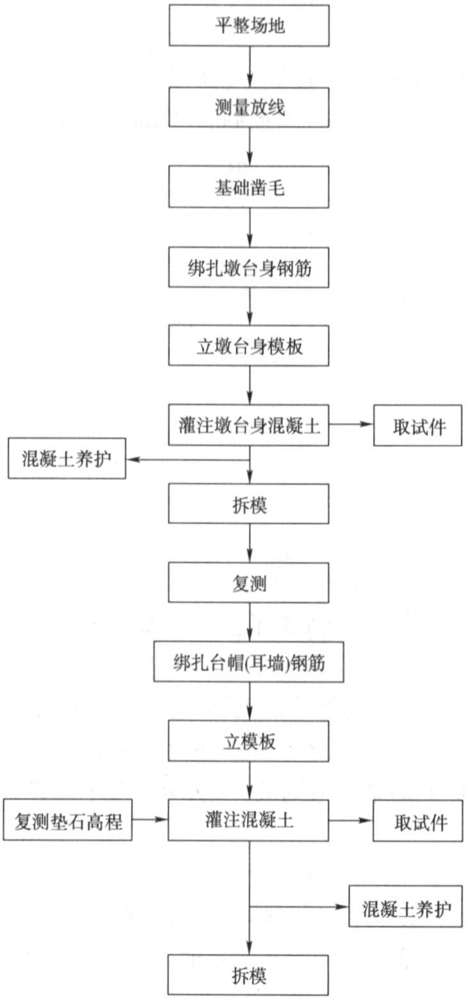

图 6-6　墩台身施工工艺流程图

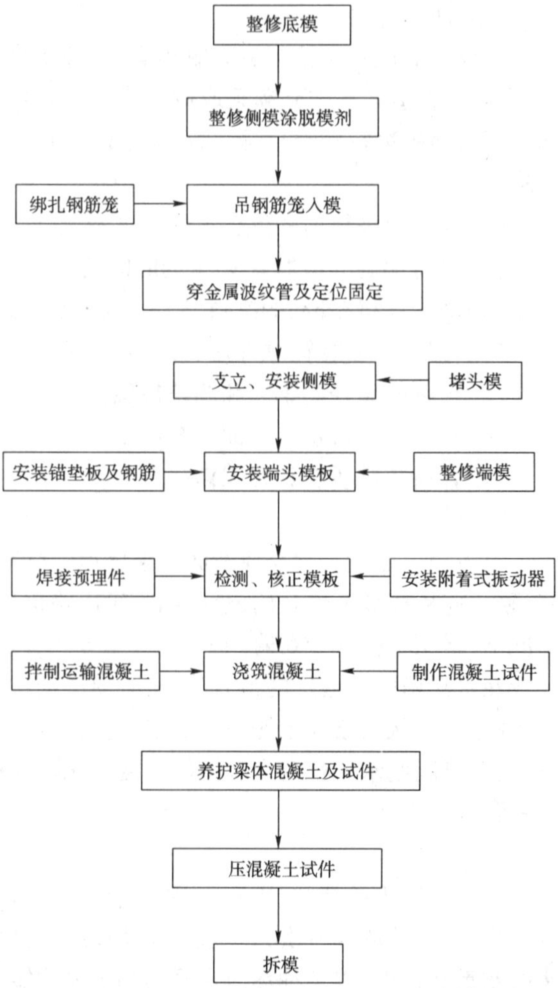

图 6-7　后张法预应力 T 梁预制施工工艺流程

(二)水泥稳定碎石基层的施工

本标段基层料采用在拌和场进行集中拌和,用自卸汽车运输,摊铺机摊铺,振动压路机碾压,洒水车洒水,塑料薄膜覆盖养生的施式方式。

1. 准备下承层

首先要对下承层的中线、高程、压实度、弯沉、厚度等做必要的复测,埋设横向排水管,并做好记录,请监理工程师签字后备案。如有不符合设计要求或未达优良标准,由业主协调,督促路基施工单位予以完善,达到优良标准后再施工水泥稳定层。

2. 施工放样

用全站仪恢复中线,直线段每 10 设一桩,平曲线段每隔 5m 设一桩,同时将两侧边桩放出,在两侧路肩边缘外 0.3 ~ 0.5m 设边桩。对两侧边桩进行水准测量,按设计高程标出水泥碎石稳定层顶面的施工高程(考虑压实系数)。在施工过程中,标桩如有丢失或移动,及时补桩抄平。

3. 拌和

采用厂拌设备:拟配备拌和设备两套,用装载机进料,在拌和过程中,严格控制材料配合比、含水率和拌制时间等。

4. 摊铺混合料

混合料的摊铺应控制好运输环节和平整度。在运输混合料的过程中,为减少混合料中水分的蒸发,在运输车上必须采取遮盖措施(如用帆布等),运输的时间控制在30min以内。摊铺采用摊铺机进行摊铺,在摊铺水泥稳定土混合料时,为了保证面层表面的平整,将采取下列措施:

(1)保持熨平板前的混合料的高度不变。

(2)保持螺旋分料器有90%的时间的在工作状态。

(3)减少停机/开动的次数,避免运料卡车碰撞摊铺机。

(4)做好横向接缝,立即用直尺检验。

(5)经常检验控高钢丝和调整传感器。

(6)经常用直尺检验表面平整度。

(7)保持摊铺机在良好工作状态。

5. 碾压

水泥稳定层整平到需要断面和坡度后,立即用钢轮压路机进行静压,再用振动压路碾压密实,碾压应从横坡下侧开始,最后用胶轮压路机进行"终压",确保表面平整。在含水率合适的情况下,碾压不得少于6遍。

在水泥稳定土碾压的最后阶段,必须特别注意:在压路机过重的情况下,稳定土可能遭受过大的应力,从而破坏水泥稳定层结构,同时也要避免碾压时间过长。过大的应力和碾压时间过长,都可能使水泥稳定土裂缝使水泥水化过程中刚形成的结构遭到破坏,从而降低水泥稳定层的强度。

6. 养生

水泥稳定土的拌和、压实后,用麻袋覆盖并进行喷洒水养生(每天喷洒水的次数随气候条件而定,一般喷洒四五次),一般养生7d,养生后及时进行下封。洒水车洒水时,一定要控制喷头的水量和角度,以免冲坏尚未固结的水泥稳定土。

在养生期和下封前,一定要加强水泥稳定层的保护,设专人防护,不得让运输车辆碾压。

7. 质量控制

在已完工的路段上按《公路工程质量检验评定标准　第一册　土建工程》(JTG F80/1—2004)中规定的检测项目及频率进行质量检测。检测完毕后,认真整理检测数据,填写相关表格,并得到监理工程师的签证。整理归档。

(三)混凝土面层的施工

1. 施工准备

施工前的准备工作包括选择混凝土拌和场地、材料准备及质量检查,混合料配合比检验与调整,基层的检验与整修等项工作。

2. 测量放样

测量放样是水泥混凝土路面施工的一项重要工作。首先应根据设计图纸放出中心线及边线,设置胀缝、缩缝等桩位,同时根据放好的中心线及边线,在现场核对施工图纸的混凝土分块线。对测量放样必须经常进行复核,包括在浇筑混凝土过程中,要做到勤测、勤核、勤纠偏。

3. 安装模板

基层检验合格后，即可安设模板。模板宜采用钢模，长度 3～4m，接头处应有牢固拼装配件，装拆应简易。模板高度应与混凝土面层板厚度相同。模板两侧铁钎打入基层固定。模板的顶面与混凝土板顶面齐平，并应与设计高程一致，模板底面应与基层顶面紧贴，局部低洼处（空隙）要事先用水泥浆铺平并充分夯实。

模板安装完毕后，宜再检查一次模板相接处的高差和模板内侧是否有错位和不平整等情况，高差大于 3mm 或有错位和不平整的模板应拆去重新安装。如果正确，则在内侧面均匀涂刷一薄层油或沥青，以便拆模。

4. 混凝土拌和

混凝土必须采用机械搅拌。搅拌站采用海流沟中桥处的预制场搅拌站，同时，施工工地须有备用的搅拌机和发电机组。

搅拌机的装料顺序宜为：砂、水泥、碎（砾）石，或碎（砾）石、水泥、砂。进料后，边搅拌边加水。搅拌时间应根据搅拌机的性能与拌和物的和易性确定。混凝土拌和物的最短搅拌时间，自材料全部进入搅拌鼓起，至拌和物开始出料止的连续搅拌时间应符合表 6-1 的规定。搅拌最长时间不得超过最短时间的三倍。

混凝土拌和物最短搅拌时间 表 6-1

搅拌机容量		转速（r/min）	搅拌时间（s）	
			低流动性混凝土	干硬性混凝土
自由式	400L	18	105	120
	800L	14	165	210
强制式	375L	38	90	100
	1 500L	20	180	240

5. 混凝土运输

为保证混凝土的工作性，在运输中应考虑蒸发失水和水化失水，以及因运输的颠簸和振动使混凝土发生离析等。混凝土拌和物可采用自卸汽车运输。混凝土拌和物从搅拌机出料后，送至铺筑地点进行摊铺、振捣和抹面，直至浇筑完毕的允许最长时间，由试验室根据水泥初凝时间及施工气温确定。

6. 混凝土的摊铺

摊铺混凝土前，应对模板的间隔、高度、润滑、支撑稳定情况和基层的平整、润湿情况，以及钢筋的位置和传力杆装置等进行全面检查。

混凝土混合料运送车辆到达摊铺地点后，一般直接倒入安装好侧模的路槽内，并用人工找补均匀，如发现有离析现象，应用铁锹翻拌。

用铁锹摊铺时，应用“扣锹”的方法，严禁抛掷和搂耙，以防止离析。在模板附近摊铺时，用铁锹插捣几下，使灰浆捣出，以免发生蜂窝。

7. 振捣

摊铺好的混凝土混合料，应迅速用插入式振捣器均匀地振捣。振捣混凝土混合料时，首先在模板边缘角隅等平板振捣器振捣不到的地方，应用插入式振捣器振一次（由于其面板厚度大于 22cm，则需用插入式振捣器全面顺序插振一次），同一位置不宜少于 20s。插入式振捣器移动间距不宜大于其作用半径的1.5倍,其至模板的距离不应大于其作用半径的0.5倍,并应避免碰撞模板和钢筋。

混凝土在全振捣后,再用振动梁进一步拖拉振实并初步整平。振动梁往返施拉2~3遍,使表面泛浆,赶出气泡。振动梁移动的速度要缓慢而均匀,前进速度以1.2 ~1.5m/min为宜。对不平之处,应及时辅以人工补填找平。补填时应用较细的混合料原浆,严禁用纯砂浆填补,振动梁行进时,不允许中途停留。牵引绳不可过短,以减少振动梁底部的倾斜,振动梁底面要保持平直,当弯曲超过2mm时应调查或更换,下班或不用时,要清洗干净,放在平整处(必要时将振动梁朝下搁放,以使其自行校正平直度),不得暴晒或雨淋。

最后再用平直的滚杠进一步滚揉表面,使表面进一步提浆并调匀。滚杠的结构一般是笔直的、直径75~100mm的无缝钢管,在钢管两端加焊端头板,板内镶配轴承,管端焊有两个弯头式的推拉定位销,伸出的牵引轴上穿有推拉杆。这种结构既可滚拉又可平推提浆赶浆,使表面均匀地保持5~6mm的砂浆层,以利密封和作面。设有路拱时,应使用路拱成形板整平。

8. 混凝土面板整修

应用大木抹多次抹面至表面无泌水为止。修整时,每次要与上次抹过的痕迹重叠一半。在板面低洼处要补充混凝土,并用3m直尺检查平整度。抹面结束后,即可用尼龙丝刷(或拉槽器)在混凝土面层表面横向拉毛(槽)。

9. 接缝施工

接缝是混凝土路面的薄弱环节,接缝施工质量不高,会引起板的各种损坏,并影响行车的舒适性。因此,应特别认真地做好接缝施工。

(1)纵向施工缝

按一个车道的宽度一次施工,纵向施工缝一般采用平缝加拉杆或企口缝加拉杆的形式。但在特殊部位,一次性浇筑的混凝土板宽度可能会大于4.5m,这就需要设纵向缩(假)缝。纵向假缝一般亦应设置拉杆。缝纵拉杆应采用螺纹钢筋,设置在板厚的中间。并应避免将脱模剂(如沥青等)涂洒在拉杆上。纵向施工缝拉杆可采用三种方式设置。第一种是在模板上设孔,立模后在浇筑混凝土之前将拉杆穿在孔内。假缝顶面缝槽用切缝机切缝,缝宽为3~8mm,深为1/4~1/5板厚,使混凝土在收缩时能从此缝向下规则开裂,防止因切缝深度不足引起不规则裂缝。

(2)横缝

①缩缝:横向缩缝可采用在混凝土凝结后(碎石混凝土抗压强度达到6.2~12.0MPa,砾石混凝土达到9.0~12.0MPa)切割或在混凝土铺筑时采用压缝的方式修筑。

压缝法施工方法是:当混凝土混合料摊铺面层后,应立即用振动压缝刀压缝。当压至规定深度时,应提出压缝刀,用原浆修平缝槽,严禁另外调浆。然后,应放入铁制或木制嵌条,再次修平缝槽,待混凝土混合料初凝前泌水后,取出嵌条,形成缝槽。由于切缝可以得到质量比压缝好的缩缝,因此,应尽量采用这种方式。

②胀缝应与路中心线垂直,缝壁必须垂直,缝隙宽度必须一致,缝中不得连浆。缝隙下部设胀缝板,上部灌胀缝填缝料。传力杆的活动端,可设在缝的一边或交错布置,固守后的传力杆必须平行于板面及路面中心线,其误差不得大于5mm。

(3)接缝填封

混凝土板养护期满后应及时填封接缝。填缝前必须保持缝内清洁,防止砂石等杂物掉入缝内。常用的填缝方法有灌入式和预制嵌缝条填缝两种。

10. 养生及拆模

（1）养生

混凝土表面修整完毕后，应进行养生，使混凝土板在开放交通前具备足够的强度和质量。养生期间，须防止混凝土的水分蒸发和风干，以免产生收缩裂缝；须采取措施减少温度变化，以免混凝土板产生过大的温度应力；须管制交通，以防止人畜和车辆等损坏混凝土板的表面。在养生初期，为减少水分蒸发，避免阳光照射，防风吹和暴雨等，可以用活动的三角形罩棚将混凝土板全部遮起来。

（2）拆模

拆模时间应根据气温和混凝土强度增长情况确定。

拆模应仔细，不得损坏混凝土板的边、角，尽量保持模板完好。拆模后不能立即开放交通，只有混凝土板达到设计程度时，才允许开放交通。当遇特殊情况需要提前开放交通时，混凝土板的强度应达到设计强度 80% 以上，而且其车辆荷载不得大于设计荷载。

为配合理解，此部分内容详见：水泥稳定碎石基层施工工艺框图（图 6-8）、水泥混凝土路面施工工艺流程图（图 6-9）。

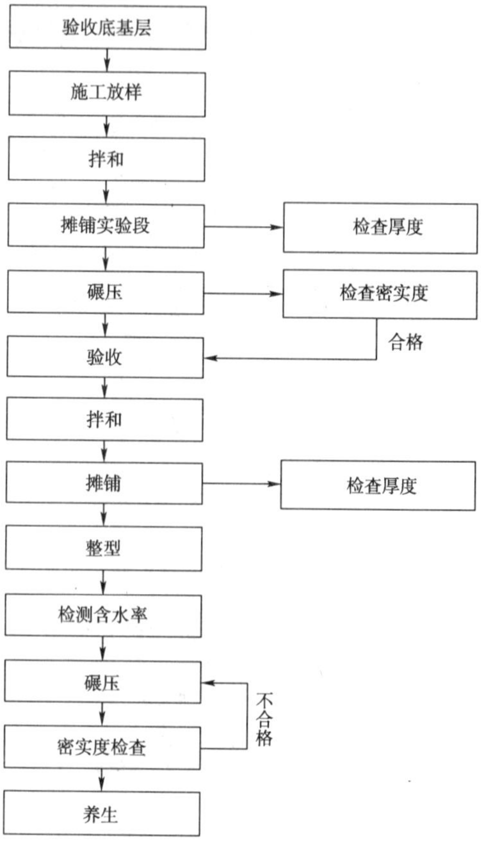

图 6-8　水泥稳定碎石基层施工工艺流程图

七、隔离栅的施工方案和施工方法

（一）施工方案

（1）测量放样按图纸设计要求及实际地形、地物的情况进行施工放样，定出立柱中心线，按规定的坡度和线形修建隔离栅。

（2）立柱埋设分段进行，先埋两端的立柱，然后拉线埋设中间立柱，从纵向看，立柱的轴线在一条直线上，不该有参差不齐的现象；从高度看，柱顶平顺，不应出现高低不平的情况。

（3）一行隔离栅中如有断开处或在道路交叉口时，可按需要适当调整立柱间距，跨越河流时，当河两岸跨度小于 6m，按图纸所示连接；当河两岸跨度大于 6m，隔离栅做终止封闭连接设置。

（4）立柱、支撑埋入混凝土基础中，设置临时拉索或支撑，把立柱固定于适当位置，直到混凝土硬化为止，在混凝土养生 7d 期间，禁止在立柱、拉索或支撑上安装或拉紧任何材料或部件。所有立柱按设计图要求和线形垂直埋设。

（5）尺寸和型号符合设计要求的隔离栅网片，按图纸设计规定方式从立柱端部开始牢固安装到立柱上，所有网片均要绷紧而不变形，其安装高度符合图纸设计规定，隔离栅安装完毕，立柱基础进行最后压实处理。

（6）在高压输电线穿越安装隔离栅的地方，隔离栅按电力部门的规定接上地线。

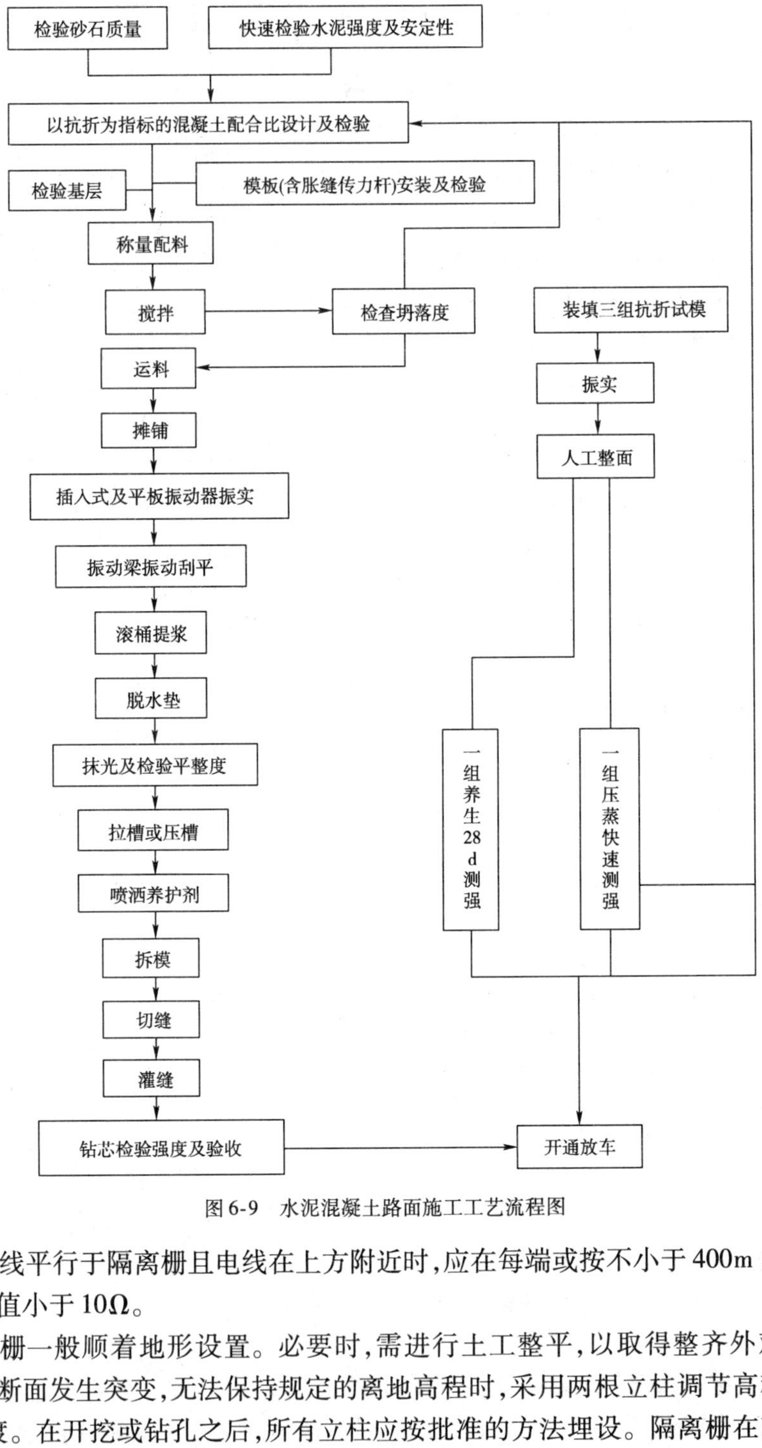

图6-9　水泥混凝土路面施工工艺流程图

(7)当电线平行于隔离栅且电线在上方附近时,应在每端或按不小于400m的间距埋设地线,接地电阻值小于10Ω。

(8)隔离栅一般顺着地形设置。必要时,需进行土工整平,以取得整齐外观。在低洼地区,当地面纵断面发生突变,无法保持规定的离地高程时,采用两根立柱调节高程或采用异形网片渐变过渡。在开挖或钻孔之后,所有立柱应按批准的方法埋设。隔离栅在改变方向的地方,立柱应设三向斜撑。

(9)单侧每100m设立加固斜撑一处。

(二)施工方法

测量放样利用仪器及钢卷尺放样。隔离栅立柱安装采用人工开挖基坑、混凝土现浇埋设,混凝土采用机械或人工拌和,隔离栅网片安装采用人工安装。

第三节　工程进度图

一、施工总体目标及形象进度安排

（一）施工总体部署的指导思想

针对本工程的特点，为保证工期和质量，我公司将精心组织、科学管理、严格执行合同，严格按有关规范规定施工，按照施工组织设计的要求，投入足够的管理力量及技术人员、机械设备和资金，本工程施工总体部署的指导思想是“严守合同，注重信誉，注重质量，确保工期，争创优良工程”。

（二）施工总目标

1. 工期目标：施工工期6个月。

2. 质量目标：土建单元工程优良率≥90%，安装单元工程优良率≥96%，一次性验收合格率100%。

3. 安全目标：无死亡重伤事故，年轻伤率在3‰以下。

（三）施工形象进度安排

1. 施工准备工作

接到中标通知书后，在办理签约等手续的同时即进行人员、设备动员，以“边筹备，边进场，边开工”的措施，突出一个“快”字，在2005年9月中旬完成施工准备工作，完成桥梁上、下部施工的机具，试验设备，土石方机械设备和相应的施工人员进场工作，当监理下达开工令后，立即进行桥梁下部结构、路基清表与掘除等工程的施工。

2. 施工形象进度安排

根据公司目前闲置设备、人员，总体工期拟安排为6个月，即从2005年9月20日至2006年3月20日。

施工准备：2005年9月20日~2005年9月29日；

路基挖方与填筑：2005年10月1日~2005年12月20日；

涵洞：2005年10月20日~2005年12月10日；

防护与排水：2005年10月15日~2005年12月30日；

桥梁工程：2005年9月20日~2006年3月20日；

路面工程：2005年12月1日~2006年3月1日；

其他工程及工程验交：2006年3月1日~2006年3月20日。

本合同段工期主要受海流沟中桥的制约。本合同段总体施工进度安排详见表施工总体计划表（横道图）（图6-10）和各分项工程进度率计划图（斜率图）（图6-11）。

二、进度控制

施工组织安排的总体原则：“合理布局、突出重点、全面展开、科学组织、均衡生产、分阶段控制、确保工期、力争提前。”

（一）工期安排原则

（1）以业主提供的招标文件为基础，以我公司所投入本工程的人力、物力、机械设备为依据，以合同工期为前提，运用网络计划技术，统筹兼顾，合理安排工期。

(2)在确保工程质量、安全的前提条件下，优化资源配置，挖掘机械设备的潜力，充分发挥企业的综合优势，确保或提前完成施工任务。

(3)本合同段按照主次分明，突出重点，加强控制，争取主动，保证总工期实现。

序号	任务名称	开始时间	完成时间	2005年9月	2005年10月	2005年11月	2005年12月	2006年1月	2006年2月	2006年3月
1	施工准备	2005年9月20日	2005年9月30日							
2	路基处理	2005年9月30日	2005年10月5日							
3	路基填筑	2005年10月5日	2005年12月20日							
4	涵洞	2005年10月20日	2005年12月10日							
5	防护及排水	2005年10月15日	2005年12月30日							
6	路面基层	2005年12月1日	2006年1月10日							
7	(1)底基层	2005年12月1日	2005年12月15日							
8	(2)基层	2005年12月10日	2006年1月10日							
9	路面铺筑	2006年1月1日	2006年2月28日							
10	路面标志标线	2006年3月1日	2006年3月5日							
11	边坡处理	2006年1月15日	2006年2月15日							
12	桥梁工程:	2005年9月20日	2006年3月20日							
13	(1)基础、墩台工程	2005年9月20日	2005年12月30日							
14	(2)梁体预制安装	2005年11月1日	2006年2月1日							
15	(3)桥面铺装及人行道	2006年2月10日	2006年3月10日							
16	其他	2006年3月10日	2006年3月20日							

图 6-10　横道图

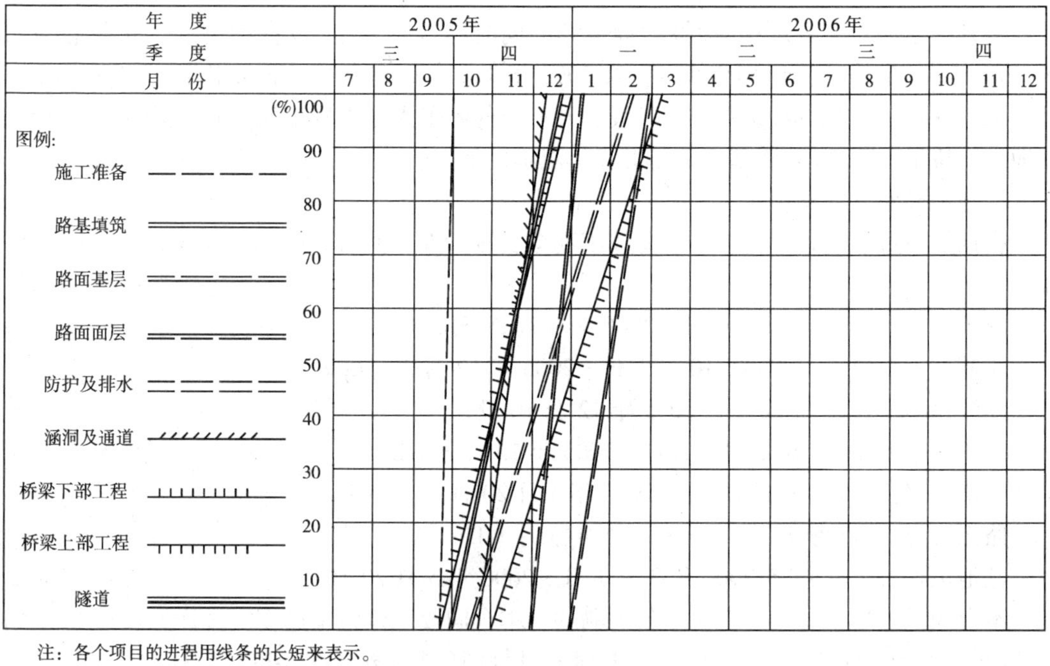

注：各个项目的进程用线条的长短来表示。

图 6-11　分项工程进度率计划(斜率图)

(二)总工期安排

进度计划安排的总思路是：以桥梁和构造物的施工为重点、难点，平行安排作业，多个工点同时开工，相互协作，相互配合，确保施工重难点的进度。

根据招标文件，业主要求工期控制在6个月内，公司根据自己的技术力量、施工机械和现场条件，在保证质量和安全的前提下完成本合同段内的全部工程内容，即计划工期控制在6个月内。

第四节　施工总平面图

一、布置原则

施工场地布置的好坏，直接影响工程建设的进度和工程造价，必须在施工前对每一环节认真考虑、周密计划，否则将会造成大量窝工、废工，对此我们将慎之又慎。布置时尽量使用业主提供的红线征地范围，减少临时租地；利用永久征地或已完工程作未完工程的临时场地；依实际地形布置场地、修筑施工便道，减少建场费用；考虑当地规划，减少返工费用；尽量集中，便于管理；符合环境保护，满足使用卫生、安全。

二、施工便道、便桥

通过现场考察，施工便道可以利用原有的道路，交通方便。只需要对其进行简单的铺筑就可以满足施工的需要，在使用过程中要对其经常进行养护和维修。

在施工过程中，需在海流沟上搭建临时便桥一座，以满足施工及老路通行需要。

三、现场施工场地布置图

现场施工场地布置见施工总平面布置图（图 6-12）。

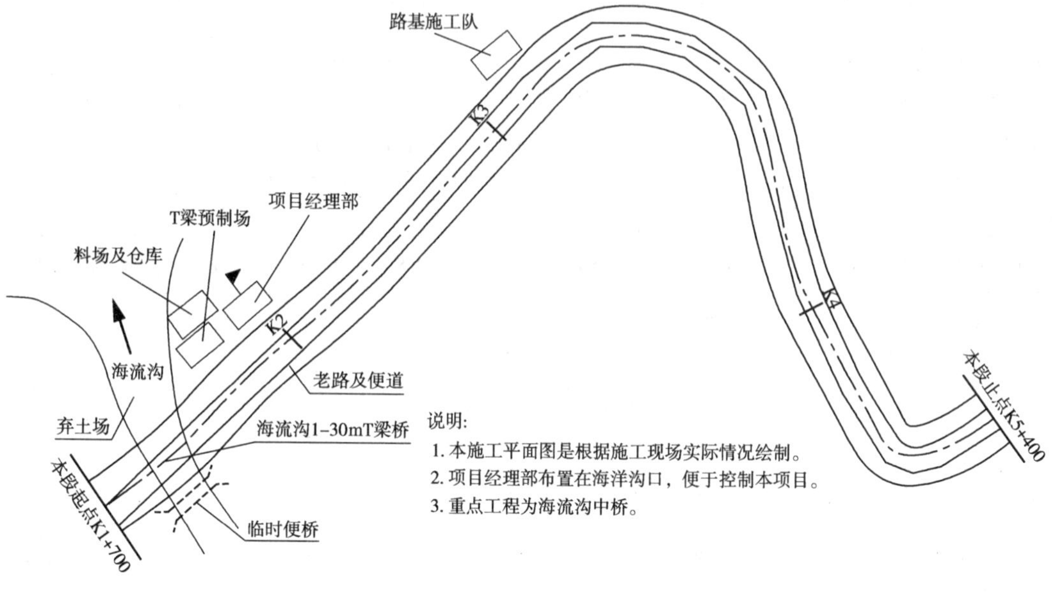

图 6-12　施工总平面布置图

第五节　主要材料、机具、设备计划

本合同段材料用量大，组织时间短，能否在规定时间内组织到施工所需的各类工程材料成为保证工程进度和工期的关键和前提，因此，一方面需对各类材料组织的来源和与之相匹配的运输能力进行调查、分析，另一方面结合工程进度计划制订相应的材料组织计划，并根据该计划组织力量进行落实,各种材料的组织计划见表6-2。

拟投入本合同工程的主要材料使用计划表 表6-2

机械名称	单位	数量	2005年				2006年		
			9月	10月	11月	12月	1月	2月	3月
原木	m^3	3	3						
锯材	m^3	11	7	4					
Ⅰ级钢筋	t	24	2	3	4	6	2	3	4
Ⅱ级钢筋	t	35	4	6	10	7	4	4	0
32.5级水泥	t	1 537	345	205	108	315	112	152	300
42.5级水泥	t	245	12	34	61	54	61	13	10
硝铵炸药	kg	8 727	1 234	2 340	4 354	455	344		
导火线	m	2 002	123	435	345	533	566		
普通雷管	个	2 752	222	455	655	655	765		
石油沥青	t	3			1		1		1
汽油	kg	512	23	23	38	34	38	233	123
柴油	kg	314	23	45	55	45	56	45	45
电	kW·h	24 494	1 740	3 740	3 470	3 470	3 470	4 115	4 759
生石灰	t	30	3	4	5	5	5	5	3
中、粗砂	m^3	4 824	250	682	468	1 150	467	530	1 277
砂砾	m^3	1 876			272	444	272	544	344
片石	m^3	3 793		100	609	704	604	760	1 016
碎石(2cm)	m^3	991		343	80	455	80	33	
碎石(4cm)	m^3	543		333	66	33	67	44	
碎石(8cm)	m^3	1 306		298	344	298	34	34	298
碎石	m^3	504	72	72	72	72	72	72	72
石屑	m^3	21		7		7			7
块石	m^3	8 798	310	615	1 575	1 575	1 575	1 574	1 574

项目部配备的施工机械测量试验检测仪器主要有:路基土石方机械:挖掘机、推土机、平地机、压路机等;桥涵构造物施工机械:混凝土搅拌站、梁板起吊设备、运输机械、钢筋加工机械、木工机械、预应力张拉设备等。投入的机械设备及数量详见表6-3及表6-4。

拟投入本合同工程的主要施工机械表 表6-3

设备名称	型号及规格	数量	制造厂名	购置年份	已使用台时	检修情况	进场时间	现有状况
推土机	TY220	2	山东	2002		良好	2005.9.20	良好
装载机	ZL50C	3	柳工	2002		良好	2005.9.20	良好
挖掘机	CAT320B	2	美国	2003		良好	2005.9.20	良好
压路机	W1803D	3	徐工	2003		良好	2005.9.20	良好
振动压路机	SFY－1	1	四川	2003		良好	2005.9.20	良好
平地机	PY180	1	天津	2004		良好	2005.9.20	良好
搅拌机	JS500	2	853厂	2003		良好	2005.9.20	良好
稳定土路拌机	WBC200	1	南方路机	2003		良好	2005.9.20	良好
洒水车	SQG5140 GSS	2	成都	2003		良好	2005.9.20	良好
东风自卸汽车	EQ3141G	8	二汽	2003		良好	2005.9.20	良好
张拉设备	YCW－120	2	成都	2002		良好	2005.9.20	良好
空压机	VY－12/7	3	成都	2002		良好	2005.9.20	良好
潜水电泵	QY型	4	成都	2002		良好	2005.9.20	良好
柴油发电机	6135ZG	1	成都	2002		良好	2005.9.20	良好

拟配备本合同工程主要的材料试验、测量、质检仪器设备表 表6-4

序号	仪器设备名称	规格型号	单位	数量	备注
20	砂子筛	0.08～10mm/浙江	套	2	自有
21	石子筛	5～100mm/浙江	套	2	自有
22	弯沉仪	5.4m/浙江	台	2	自有
23	轻型触探仪	10kg德阳	台	1	自有
24	路面构造深度仪	无锡	台	2	自有
25	灌砂筒	四川	套	2	自有

续上表

序号	仪器设备名称	规 格 型 号	单位	数量	备注
26	电子分析天平	感量0.1mg/成都	台	1	自有
27	电子称	感量0.1g/成都	台	1	自有
28	浸水力学天平	感量0.1g/成都	台	1	自有
29	电子天平	感量1g/济南	台	2	自有
30	电子磅秤	150kg/上海	台	2	自有
31	全站仪	PTS－V2/日本宾得	台	1	自有
32	水准仪	C30II/上海索佳	台	2	自有
33	经纬仪	J2	台	1	自有
34	标准养护室	$20m^3$	m^2	20	自有

第六节　工程质量控制与施工组织保证措施

一、质量保证体系

（一）创优规划

本工程是一项工程规模较大、工期紧迫、施工难度较大的工程。高速、优质地建设好该工程，维护我企业声誉，弘扬我企业施工水平，为业主提供满意的工程。为此，制订了该工程的创优目标和创优指标。

（二）创优目标

本标段工程创优目标是：管理保证，全员创优，规范标准，科学求实，工艺达标，样板引路，数据为凭，一丝不苟，开工必优，一次成优；工程合格率100%，优良率90%以上；消除工程质量隐患，杜绝施工重大事故；竣工文件真实可靠，完整规范。

（三）创优指标：

（1）工程质量：工程合格率100%，工程优良率大于90%。

（2）安全工作：无死亡重伤事故；年轻伤率在3‰以下。

二、工程质量控制措施

（1）建立、健全质量保证体系和创优体系，项目部成立以项目经理任组长，项目总工程师任副组长的创优领导小组，负责全项目的质量创优领导工作。

（2）建立、健全以项目总工程师为首的技术质量管理体系，项目部设工程部、安质部，配备相应的专业工程师。实行技术工作统一领导，分级管理，划分各级技术权限，明确各级技术负责人的职责，推行技术承包责任制，开展技术优质服务。

（3）坚持“百年大计，质量第一”的方针，强化各种形式的宣传。教育，队伍进场后，将实行分项、分工序专项质量意识教育，有的放矢，标准明确，使全项目上下形成创优声势。

（4）健全完善各种工程质量检查验收签证制度，严格执行各项质量检验程序，通过全方位、全过程的质量控制，确保创优目标的实现。

（5）制订质量目标和创优规划，开展目标管理。根据质量目标和创优规划提出的各项指标，从项目部到班组逐步分解为工作指标、管理指标、各项保证指标和操作指标，层层抓落实，保证各项指标的实现，确保质量总目标。

（6）加强施工技术指导，认真做好设计图纸自审与会审，充分理解设计意图；逐级进行技术交底，严格按设计图、相关的技术规范及操作规程要求进行施工。技术人员深入现场精心指导，质管与测试人员准确检测、严格把关。强化工序、工种、工艺的质量控制，在一些重点工序建立质量管理体系和质量专人负责，对关键性的重点工艺开展 TQC 活动，组织技术攻关。

（7）严格实行质量终身责任制。认真贯彻国务院办公厅国办发[1999]16 号《国务院办公厅关于加强基础设施工程质量管理的通知》精神，严格实行质量负责制和质量终身责任制，实行企业法人代表、项目负责人、各级技术人员及工班负责人对工程质量负相应责任，层层签订质量责任书，做到责任落实到位，使各级指挥人员在实施组织指挥中始终坚持"百年大计，质量第一"方针，确保工程质量。

（8）建立、健全和严格执行各种质量管理制度如下：

①认真执行工前技术交底制度，开工前必须向全体参战职工进行技术交底：交设计意图、交技术标准、交质量标准、交施工方法、交施工中的注意事项。进行专项技术培训，使全体施工人员质量目标明确，标准清楚，施工方法得当，工艺操作符合要求。

②认真贯彻执行"三工三查"制，即工前交底，工中检查指导，工后总结评比。坚持施工过程中的"五不施工"和"三不交接"的规定。"五不施工"是未进行技术交底不施工，材料无合格证、试验不合格不施工，上道工序或成品或半成品未经检查验收不施工，隐蔽工程未经监理工程师检查签证不施工，图纸和技术要求不清不施工。"三不交接"是无自检记录不交接，未经质检人员验收不交接，施工记录不全不交接。执行四个"坚持"、一个"依靠"，四个"坚持"是坚持开工必优的质量意识；坚持内实外美的严格要求；坚持施工操作做到三化，即制度化、规范化、标准化；坚持领导干部、技术人员工人三结合的岗位责任制。一个"依靠"：依靠科技进步，相适用的新技术、新方法、新工艺、新设备、新材料广泛应用到施工中去。执行十个不准制度，即未进行技术交底不准施工；图纸未经审校或图纸和技术标准不清不准施工；测量桩位和资料未经换手复核不准施工；原材料（含成品、半成品）不经检验不准投产，检验不合格者不准使用；隐藏工程未经检查签证，不准掩盖；灌注混凝土，准备工作不充分，或基地、立模、钢筋未经验收合格，不准开盘；不准弄虚作假，以次充好；不合格的工程不准移交；不准使用涂油性、塑料薄膜、油毡贴模；主体工程混凝土不用人工搅拌，以保证质量。

③认真贯彻执行各项技术管理制度，技术岗位责任制、图纸会审制、技术交底制、测量换手复核制、隐蔽工程检查签证制、施工技术内部资料档案管理制，使技术管理标准化规范化，确保工程质量。

④原材料、成品和半成品现场验收制度。对原材料、成品及半成品要由质检工程师组织质量、技术、物资部门及施工队的有关人员进行验收，确保各单项材料的性能符合技术要求，各种混合材料使用按设计规定的配合比进行。

⑤检测仪器设备的标定制度。各种检测仪器、仪表均按照计量法的规定进行定期或不定期的标定。工地设专人负责计量工作，设立账卡档案，监督和检查。检测仪器设备由工地试验室指定专人管理。

⑥建立挂牌施工制,每项工程开工时都必须挂牌,明确创优目标、明确创优责任人。

⑦测量资料换手复核制度,测量资料需换手复核后交项目总工程师审核,现场有关测量标记须定期复核检测。

⑧隐蔽工程检查签证制度。凡属隐蔽工程项目,首先由班组、项目部逐级进行自检,自检合格后会同监理工程师一起复检,检查结果填入验收表格,由双方签字。

⑨施工资料管理制度。施工原始资料的积累和保管由专人负责,及时收集整理,分类归档,工程结束时组成竣工文件装订成册移交业主,施工单位同时保留一份完整的文件记录,并按规定存档。

⑩坚持持证上岗制。主要工序、工种均要培训、考核、合格者持证上岗,保证工序、工种的操作质量。

⑪服从并主动求得监理工程师的监理和业主的检查指导,严格执行监理工程师的决定和接受业主的指导和监控。

三、施工组织保证措施

(一)保证工期的主要措施

(1)充分发挥我公司长期从事各级公路施工任务,所积累的较为丰富的施工经验及拥有很强的机械设备能力和现代化科学管理的优势。中标后,选派有丰富施工管理和技术管理经验、科研开发能力强的高素质专业人员组成精干、高效、整体功能强、运转效率高的项目部,全面负责组织实施。

(2)合同签订后,立即组织队伍、设备上场,并做好开工前的准备工作,一是做好技术准备,熟悉设计文件,领会设计意图,办理交接桩,搞好复测和材料取样鉴定,编制好实施性施工组织设计,搞好技术交底。二是搞好物资准备,做好材料计划,疏通供应渠道。三是抓好施工力量及时到位。四是办理征(租)地手续,作好施工便道及临时设施的修建工作。保证做到“三快”,即进场快、安家快、开工快。

(3)加强管理。在业主的指导下,施工中做到统筹规划,周密安排,全方位有序协调,强化计划管理、网络管理、目标管理和成本管理。

(4)配备性能优良,数量满足施工要求的各种机械设备和运输车辆,做到机械设备齐全,配置合理,性能先进,能保证施工进度和施工质量的要求。在施工中,科学地组织机械化一条龙作业和流水作业,加强对机械设备管理,组织好设备配件的采购、供应,提高设备完好率和利用率,保证机械化生产顺利进行,保证工程进度的落实。

(5)作好施工中的技术保证工作。在接到设计资料后,立即组织有关专业技术人员进行图纸会审,认真领会设计意图,积极与设计单位沟通,抓紧时间进行技术交底。设立技术攻关组,对关键性技术问题进行攻关。加强现场技术指导和测试工作,杜绝发生技术性失误;积极推广应用“四新”和开展“五小”革新工作,不断改进施工作业工艺,提高工效,加快施工进度。

通过健全的质量保证体系,严格的质量管理制度和行之有效的质量保证措施,确保各项工程施工一次合格,避免返工。

(6)作好计划管理,保持均衡生产,施工进度分阶段控制,计划部门根据全标段工程量和总工期要求,结合施工组织设计,编制年度和季度计划,生产调度和各施工队根据季度计划制订每月施工计划,做到以月保季、季保年,以年度计划保总工期。

(7)开展目标管理,搞好经济承包:包任务、包投资、包工期包安全、包质量、包环境保护、落实政策，奖惩兑现，提高职工的主动性、创造性。

（8）施工过程中，加强指挥与协调，定期召开工程分析会。每天按时召开调度会，根据存在的问题及时调剂力量、设备，保证施工顺利进行。

（9）创造良好的施工环境。一是主动与业主、设计、监理单位建立良好关系，通力合作，主动认真接受监督指导；二是在业主单位的指导下与沿线有关单位建立良好的关系，在施工中密切配合保证施工高效率进行；三是与当地政府及沿线群众建立融洽的关系，取得他们的支持和帮助，解决施工中遇到的相关问题，减少干扰，确保施工的顺利进行。

（二）确保安全生产的主要措施

（1）健全安全管理保证体系，成立安全生产领导小组，负责指导、监督安全生产，项目经理任组长，下设安全办公室。

（2）建立工作许可证制度。对可能有危险的施工现场建立工作许可证制度，只有在安全保证措施落实后，才能由安全办批准作业许可证。

（3）进行安全教育。工地安全员上岗前必须接受一周的安全培训，熟练掌握安全生产方针和规章制度，牢固树立安全生产意识，全体职工上岗前都要接受安全教育，特殊工种实行持证上岗。

（4）以科学、严肃的态度制订各项施工方案，充分考虑各种不利因素，制订周密的安全防范措施，坚持复核与审批制度，确保施工方案的安全可靠。

（5）按照施工总平面设置临时设施，严禁侵占场内道路及安全防护等设施，同时应符合防火、防尘、防爆、防洪、防雷电等安全规定和文明施工的要求。

（6）夜间施工项目施工现场应有足够的照明，不得有黑暗死角。

（7）进入施工现场的人员，应按规定佩戴劳动保护用品和安全器具，作业人员不得穿拖鞋、高跟鞋、硬底易滑鞋。

（8）工地设专职安全员，佩戴徽章，与工人跟班作业，督查工地安全情况，预防事故发生。

（9）施工作业时，操作人员必须精神集中，不得嬉闹。

（10）机械驾驶员、电工等专业工种，必须按《特种作业人员安全技术考核管理规定》（GBQJ 1423—1988）经过技术培训，考试合格，发给操作证后方可单独作业，严禁无证操作。

（11）施工现场全体人员必须严格执行《建筑安装工程安全技术规定》和《建筑安装工人安全技术操作规程》。

（12）施工现场临时电线线路必须符合建设部颁发的《施工临时用电安全技术规范》（JGJ 46—2005）的要求，严禁任意拉线接电。

（13）配电系统按施工组织设计要求设总配电箱、分配电箱、开关箱，实行分级配电。开关箱内必须装设漏电保护器，漏电保护器应符合《剩余电流动作保护器的一般要求》（GB 6829—1995）标准的要求。严禁乱拉乱接，高压配电处设置明确标志，防止触电事故。配电盘要防止雨淋日晒。

（14）电动机械和手持电动工具的安全装置应符合国家有关标准和安全技术规程，在做好保护接零的同时，应按要求装设漏电保护器。

（15）施工现场必须设有保证施工安全要求的照明，危险潮湿场所的照明以及手持照明机具，必须采用符合安全要求的电压。

（三）雨季、冬季的施工保证措施

雨季、冬季对日常的施工会产生一定影响，为使整个施工过程能够连贯下去，要充分考虑这些因素。

(1)与气象台保持密切的联系,时刻注意天气预报和天气变化情况,如遇雨天提前采取防雨和雨天施工措施,以确保工程施工的正常进行。

(2)合理安排施工。对实施性施工组织设计、施工项目和施工进度要作出合理安排。雨季、冬季施工必须从思想上、组织上和技术上认真做好防雨、防冻工作,合理安排。必要时,调整工程施工计划,以确保工程总进度计划的实现。

(3)维护好施工现场原有的排水管渠,如遇雨天,须派专人负责疏通,排除现场积水,必要时启用现场备用水泵抽排积水,以免影响雨后的正常工作。如因工程建设需要,原有排水管需要损坏时,必须提前提出拆除或改道或迁移及回移的施工方案,经报监理工程师审批后,认真组织实施。

(4)低洼地段、高填地段和地质不良地段的土质路基,避开雨季施工。

(5)在路基土方施工前,要开挖好全线的纵向和横向临时排水沟,以使雨季时节将雨水排出路基范围以外,避免雨水浸泡已填好的路堤,同时还应做好边坡和路堤的防范措施。

(6)雨天开挖土方,为避免雨水、地表水渗入土体内,使挖掘发生困难,在掘土面和工作场地,都应注意随时保持一定较陡的坡度,这样雨后在工作面复工,只需铲除表层少量湿土。

(7)路基填筑要做到随挖、随运、随填、随压。每层填土表面应筑成2% ~3%的横坡,随时掌握好天气变化情况,在雨前和收工前及时将铺填的松土碾压密实。由于松土吸水率高,故挖、装、运应很好配合,挖松了的土及时运走,下雨停工前或收工前,工地上不准留有松土。加强施工前道路的养护,保证道路畅通。

(8)现场所有电器设备(包括总配电箱、配电分箱和开关插座等)一律加设(或备用)防雨罩。在浇注混凝土时,要随时准备蔽雨的设备。

(9)做好现场水泥库的防雨、防潮工作,仓内水泥堆放,必须垫离地面30cm,仓外必须有疏通雨水的设施,以保证排水顺畅。

(10)当地进入冬季施工,施工应按冬季施工要求进行。冬季施工参照《公路路基施工技术规范》(JTG F10—2006)和《公路桥涵施工技术规范》(JTJ 041—2000)中冬季施工的有关规定进行施工。

(11)当气温或构件温度低于5℃时,不得进行压浆;当白天气温高于35℃时,压浆作业宜在夜间进行。

(12)基础工程施工时,基坑内不得有冰屑、冰块、雪片等,混凝土吊斗、漏斗串筒和集料亦如此。

(13)拌和时,各项材料的温度应满足混凝土拌和所需的温度。为满足拌和温度,材料可分别加热。首先考虑水,再为集料、水泥保温,水泥不得加热,材料加热的温度,按《公路桥涵施工技术规范》(JTJ 041—2000)的规定执行,在确保拌和料的拌和温度时,应考虑混凝土拌和时及运输至成型的热量损失。

(14)在已硬化的混凝土上继续浇注混凝土时,接合面应有5℃或以上的温度且在浇注混凝土过程中仍应维持5℃或以上的温度。

(15)对易受冻的设备,如水、油管路做好防寒过冬检查,整修和防护,以保证冬季施工需要。

(16)高空、水上作业。做好高空、水上作业的防冻、防滑工作,完善安全设施并加强平时的检查和管理,以保证安全,并做好冬季的防火安全工作。

(17)加强各项温度测量及冬季施工的各项工作，且有专人负责记录、检查。

(四)夜间施工组织措施

施工安排时，尽量避免或减少夜间作业。需要连续施工的工程，夜间施工将采取如下措施，确保工程质量和安全：

(1)各级组织机构建立夜间值班制度，亲临现场指挥，检查施工。

(2)夜间施工，加强复核检查制度，确保技术资料准确无误。

(3)严格隐蔽工程检查签证制度，夜间必须进行隐蔽工程施工时，事先通知监理工程师到场检查，并办理签证手续。未经监理工程师验收签证，决不进行下一道工序。

(4)安装足够的照明设备，保证夜间工作有良好的照明条件，确保安全和质量。

(5)夜间施工，严格按照环境保护的有关规定。在工程施工现场周围配备、架立并维修必要路灯、灯标，为施工人员和公众提供安全和方便。

(五)履行合同的技术措施

(1)切实落实施工技术分工责任制，总工程师负责制，保证技术工作的制度化、规范化、标准化。

(2)严把"三关"。"三关"分别为：

①严把"图纸"关，对施工设计图纸进行认真复核、审查，并作好技术交底。

②严把"测量"关，配备先进的测量仪器，如全站仪、精密水准仪等，成立专业测量组，严格按照复核制度进行施工准备、施工过程及施工验收等三阶段的测量工作，保证构筑物结构尺寸及位置的准确。

③"试验"关，建立工地试验室，配备齐全的设备器具和经验丰富的试验工程师，负责本工程试验检查工作。严格进行各种材料、半成品的检测，负责混凝土配合比选定、施工配合比的调整和试件的制作、养护、试压工作，积极配合现场监理完成其他试验工作。

(3)对重点工序和项目：软基处理、混凝土拌和、基础施工、T梁预制及架设等采用先进的施工技术，以保证工程质量和工期。

(4)建立工程档案室、配备专职档案员，负责做好整个施工过程中的工程日志、施工记录、施工草图、各种签证、验标等原始资料及有关文件的收集、整理和保管，建立完善的工程技术档案。

(六)确保既有公路和材料主便道畅通的主要措施

(1)工程施工前，妥善考虑分析对本标段路基和桥梁施工的影响，在制订工程施工措施上必须考虑：

①确保既有公路和材料主便道畅通的对策、基本措施和方案；

②实施既有公路和材料主便道维护基本措施和方案的投资估算。

(2)工程施工前向业主提供确保既有公路和材料主便道畅通的措施、方案，具体确定便道的标准、数量或其他管制措施。

(3)施工时一般应考虑满足双向通车的需要。特殊情况下不能保证双向通车时，其单向通车的距离不能过长，一般应能通视或根据交通量，使每个方向停车等候的时间不超过2h。

(4)开工前应会同当地政府、公安交警部门在施工地段工程起止点设立通告，说明工程情况、交通维护的措施及对行人车辆通过施工路段的具体要求等内容。

(5)施工中实行挂牌作业。工程开工前，工程的起讫点应悬挂工程标志牌、施工标志牌，其尺寸、形式及内容按有关规定办理。

(6)工程开工前应根据安全要求,先期完成对工程施工及过往车辆有影响路段的防护措施及其他交通安全设施,未完成临时工程或未采取管制措施,不能开工。

(7)防护工程必须按照有关规定的质量标准和要求施工,以保证在施工期间既有公路和材料主便道的畅通。防护工程完成后,需经验收并设置限速、分离等各种交通安全标志后方可放行过往车辆。

(8)在既有公路和材料主便道施工路段,应设置醒目标志,并采取必要的隔离措施,以保证过往车辆及行人安全。必须组织专门交通管理人员疏导交通。重点对紧急情况下,单行道及施工便道进行指挥调度,使车辆有序通过,同时在施工便道区域配置专用的拖移设备,将停在便道以内的非施工车辆拖运到行车道以外。

(9)根据合同要求合理组织、精心安排施工路段和工程施工,使施工作业对既有道路和材料主便道的影响降低到最低程度。一旦出现由于施工原因造成既有道路和材料主便道的交通堵塞,积极采取措施尽快疏通。主动与当地政府及公安交通部门联系,并积极配合建设单位落实各项保证既有道路和材料主便道畅通的措施。

参 考 文 献

[1] 李宗佳. 公路工程管理[M]. 北京:人民交通出版社,2000.
[2] 张起森. 公路施工组织及概预算[M]. 北京:人民交通出版社,2001.
[3] 高民欢. 工程项目施工组织设计原理及实例[M]. 北京:中国建材工业出版社,2004.
[4] 姚玉玲. 公路工程施工组织学[M]. 北京:人民交通出版社,2001.
[5] 田克平. 桥梁施工组织设计与实例[M]. 北京:人民交通出版社,2002.
[6] 李辉,蒋宁生. 工程施工组织设计编制与管理[M]. 北京:人民交通出版社,2003.
[7] 关庆年. 公路公程管理[M]. 北京:人民交通出版社,1995.
[8] 马敬坤. 公路施工组织设计[M]. 第 2 版. 北京:人民交通出版社,2008.